프레이즈

비전북출판사

프 레 이 즈　합본 1집

1판 1쇄 발행 : 2001년 12월 20일
1판 8쇄 발행 : 2003년 8월 30일

편 자 : 편집부 / 악보정사 : 박아영
발행인 : 이원우 / 발행처 : **비전북출판사**
주 소 : (411-834) 경기도 고양시 일산구 장항동 585-11호
전 화 : (02)966-3090(대) / 팩 스 : (02)3293-6620

E-mail : vsbook@hanmail.net
등록번호 : 제10-1452호

공급인 : 박종태 / 공급처 : **비전북**
전 화 : (031)907-3927 / 팩 스 : (080)403-1004

Copyright ⓒ 1999 **비전북출판사**　Printed in Korea
값 7,000원

ISBN 89-87613-62-3 03230

프레이즈 합본1집을 내면서 …

왕되신 우리의 하나님!
우리가 주님을 높이고 영원히 주님의 이름을 찬양합니다.
우리가 날마다 주님을 찬양하며 영원토록 주님의 이름을 찬양합니다.

이제 우리의 고백을 바꾸어야만 합니다.
누구를 찬양할 것인지 결정해야 하며
또한 주님을 찬양하기로 결정했다면 언제 찬양할 것인지 결심해야 합니다.
찬양은 하나님의 참된 자녀들에게 나타나는 특징적인 행위로서
바로 지금, 이곳에서 찬양하라고 성경은 명령하고 있습니다.
별로 즐겁지 않을 때에도 "하나님 감사합니다"라고 외쳐 보십시오!
슬픔으로 활기가 없고, 고통으로 먼지가 될 것 같이 느껴질 때에도
큰 소리로 찬양하십시오!
바로 그때 그 찬양의 소리는 상쾌한 실재가 되어 돌아옵니다.
슬픔은 우리를 약하게 하고 의심은 우리를 쇠하게 합니다.
그러나 하나님께 드리는 찬양은 우리를 크고 강하고 힘있게 합니다.
모든 사람들이 다 주님을 찬양하지 않는다 해도
모든 피조물들이 다 주님을 잊는다 해도 이렇게 외쳐 보십시오!
"나의 하나님을 찬양하라!"
오늘 찬양할 이유가 없다면 내일에 대해 찬양하십시오!
어느 그 때가 아닌 바로 지금, 이곳에서 나의 하나님을 기뻐 외치십시오! 할렐루야!

"할렐루야 그 성소에서 하나님을 찬양하며 그 권능의 궁창에서 그를 찬양할지어다 그의 능하신 행동을 인하여 찬양하며 그의 지극히 광대하심을 좇아 찬양할지어다 나팔 소리로 찬양하며 비파와 수금으로 찬양할지어다 소고 치며 춤추어 찬양하며 현악과 퉁소로 찬양할지어다 큰 소리 나는 제금으로 찬양하며 높은 소리 나는 제금으로 찬양할지어다 호흡이 있는 자마다 여호와를 찬양할지어다 할렐루야"   (시 150 : 1-6).

Hallelujah!
Hosanna!

나의 하나님 여호와가 너의 가운데 계시니 ♪
그는 구원을 베푸실 전능자 전능자시라 ♫

편집하면서

프레이즈 합본1집은 청년들과 청소년들을 위해 그 대상에 맞게 엄선한 찬양곡들의 모음입니다.
새로운 편집에 의한 차례와 구성을 살펴보겠습니다.

Chapter 1 : BEST SONG

많이 드려질 수 있는 찬양을 따로 분류함으로써 찬양 예배시 곡 선정에 도움이 되도록 했습니다.

Chapter 2 : 새노래

새노래를 따로 분류함으로써 배움과 나눔에 있어서 효율성을 기했습니다.
그리고 각각의 새노래는 진행되는 차례와 주제에 맞게끔 재분류를 하였습니다.

Chapter 3 : 경배와 찬양

예배의 중심이 되는 찬양으로서 주제별로 구분하였습니다. 구분은 **경배와 찬양, 간구, 감사, 헌신
과 의탁, 기쁨, 구원, 치유와 회복, 선교와 전도, 선포와 명령, 영적전쟁과 승리** 등으로 되어 있어
예배 성격과 흐름에 맞는 곡 선정에 도움이 되도록 하였습니다.

Chapter 4 : 축복과 평안

교제와 축복 그리고 평안과 화합을 위한 찬양을 따로 분류하여 회중들 간의 교제에
도움이 되도록 하였습니다.

Chapter 5 : 특별찬양

특송과 발표를 위한 곡들을 선정하여 분류하였습니다.

INDEX : 수록음반색인

본서에 게재된 곡들이 수록된 음반명을 기록하여 쉽게 곡을 배울 수 있도록 하였습니다.

프레이즈 합본1집이 여러분들의 예배와 삶의 일치에 도움이 된다면 실로 큰 감사가 아닐 수 없습니다.
영원토록 영광을 받으실 하나님을 찬양합시다!

프레이즈

Index

색 인 노래번호순

새노래

1-1. 세상향한 발걸음들
1-2. 거룩하고 순결한
1-3. 거룩하신 주님
1-4. 거룩하신 주 임할 때
1-5. 거룩한 성전에 거하시며
1-6. 거룩한 주하나님
1-7. 거룩한 하나님
1-8. 그 무엇보다
1-9. 나 기뻐하리
1-10. 나는 믿음으로
1-11. 나를 단련하시는 주
1-12. 너 시온아
1-13. 모두다 나아와
1-14. 머리 들라 문들아
1-15. 사랑합니다 Ⅱ
1-16. 승리관 쓰신 주님
1-17. 여호와 춤추리
1-18. 영광영광 어린양 예수
1-19. 예수는 나의 영광
1-20. 오직 예수
1-21. 온맘다해 주사랑 하라
1-22. 왕의왕 주의주
1-23. 왕의 지성소에 들어가
1-24. 우리 함께 기뻐해
1-25. 이날은 주가 지으신 날
1-26. 존귀한 주의 이름
1-27. 주 날 위하시면
1-28. 주는 나의 피난처
1-29. 주님 내 아버지
1-30. 주님을 무엇보다 더
1-31. 주의 위엄 전하리
1-32. 주의 아름다움은
1-33. 주의 이름 송축하리
1-34. 주의 이름은 강하고 견고한 망대
1-35. 주의 인자하심이 Ⅱ
1-36. 찬양의 제사 드리며
1-37. 찬양해 주님의 종들아
1-38. 할렐루야 주가 다스리네

BEST SONG

2-1. 이 땅의 황무함을(부흥)
2-2. 고요한 아침의 나라
2-3. 나는 광대한
2-4. 나의 가는 길
2-5. 나 주님의 기쁨 되기 원하네
2-6. 너를 사랑해
2-7. 너의 가는 길에(파송의 노래)
2-8. 모든 민족에게
2-9. 보라 세상 죄를(하나님의 어린양)
2-10. 성령이여
2-11. 세상에 소중하고(사랑하며)
2-12. 우리는 주님의 흘리신 피로
2-13. 우리는 한 몸
2-14. 우리 보좌 앞에 모였네(비전)
2-15. 주님 나라 임하시네
2-16. 주의 사랑을
2-17. 주의 이름 높이며
2-18. 하나님의 사랑을 (주만 바라볼찌라)
2-19. ROMANS 16:19

C CODE

1-39. 사랑하는 나의 아버지
1-40. 내 입술로
1-41. 주께와 엎드려(예배드림이 기쁨 됩니다)
1-42. 주의 거룩하심(주께 경배해)
1-43. 하나님의 음성을(시편 40편)
1-44. 찬양을 드리며
1-45. 오 하나님 받으소서
1-46. 예수 사랑해요
1-47. 주는 알파와 오메가
1-48. 눈을 들어 주를 보라
1-49. 그 이름 높도다
1-50. 언제나 내모습
1-51. 거룩거룩 만군의 주여
1-52. 거룩하신 주님
1-53. 어린양 예수
1-54. 내 영혼아 여호와를 송축하라

1-55. 항상 진실케
1-56. 주님의 시간에
1-57. 목마른 사슴
1-58. 하나님 오른편에
1-59. 주의 신을 내가 떠나
1-60. 능력의 이름 예수
1-61. 모두다 나아와
1-62. 보좌에 계신 이와
1-63. 주님의 성령 지금 이곳에(임하소서)
1-64. 승리관을 쓰신 주님
1-65. 사랑스런 주의 손길
1-66. 주께 감사하세
1-67. 내 이름으로(역대하 7:14)
1-68. 나를 단련하시는 주
1-69. 내가 사는 것
1-70. 주가 나의 죄를(나이제 자유하네)
1-71. 먼저 그 나라와
1-72. 우리의 만남은
1-73. 온 세상의 왕이 되신
1-74. 우리는 예수님 따르는(그리스도의 제자)
1-75. 온 땅과 만민들아
1-76. 주찬양 전심으로
1-77. 새노래로 주찬양해
1-78. 해 돋는데부터
1-79. 구원이 하나님과(구원이 하나님께)
1-80. 주의 강한 용사들
1-81. 주님 이곳에
1-82. 즐거웁게 찬양하면서
1-83. 영광영광 왕께 영광을
1-84. 복음들고(주다스리시네)
1-85. 주 날 위하시면
1-86. 사람들은 이해할 수 없네
2-20. 나는 여호와니
2-21. 이 시간 주님께 나온 우리들
2-22. 나의 영혼아 잠잠히
2-23. 날 만나라
2-24. 놀라운 인도자
2-25. 살아 계신 성령님
2-26. 주 예수여 오시옵소서

Hallelujah!
Praise

2-27. 나의 주 찬양합니다
2-28. 주께 나아가세
2-29. 내 안에 사는 이
2-30. 나를 사랑하는 자들이(잠 8:17)
2-31. 능히 너를 보호하사
2-32. 거룩하신 성령이여
2-33. 여호와 우리 주여(시 8편)
2-34. 주님의 사랑
2-35. 나를 정결케 하며
2-36. 하나님 한 번도 나를(오 신실하신 주)
2-37. 주님은 나의 죄와 허물
2-38. 얼마나 아프실까
2-39. 예수님의 모습을(전능하신 하나님)
2-40. 주의 강가로
2-41. 주 알기 원합니다
2-42. 심령이 가난한 자는
2-43. 평강의 주님
2-44. 광야를 지날 때
2-45. 우리 주님(내 주를)
2-46. 온유와 위엄
2-47. 나의 만족과 유익을 위해
2-48. 주를 보네
2-49. 이린양 보라
2-50. 주 날개 밑에서
2-51. 셀라 셀라
2-52. 우리 모두 찬양하세
2-53. 찬송할 수 있을 때에
2-54. 우리 모두 손뼉을 치며
2-55. 우리들은 여호와를(주 여호와는 나의 힘)
2-56. 주안에서 다 기뻐하세
2-57. 내가 산을 향하여
2-58. 전능한 하나님 아버지
2-59. 나의 하나님 Ⅱ
2-60. 우리는 모두 다(주님의 증인)
2-61. 너는 결코(너 결코 용기 잃지 말아라)
2-62. 메마른 우리 마음
2-63. 위대한 주

2-64. 오라 주님께 즐거이(오라 우리가 주님께 노래하며)
2-65. 천지 지으신

D CODE

1-87. 내주 되신 주
1-88. 영광영광 어린양 예수
1-89. 모든 이름위에 뛰어난
1-90. 주 찬양합니다
1-91. 때가 차매
1-92. 주님께 경배 드리세
1-93. 주님 내가 여기 있사오니(나를 받으옵소서)
1-94. 내 평생 사는 동안
1-95. 이와 같은 때엔
1-96. 주님을 무엇보다 더
1-97. 사슴이 시냇물을(시편 42편)
1-98. 하나님 나 여기 있으니
1-99. 주는 나의 피난처
1-100. 우리 모일 때
1-101. 오직 예수
1-102. 눈을 들어 영광의 왕을
1-103. 왕의 왕께 영광을
1-104. 거룩 거룩 거룩하신 주 Ⅱ
1-105. 거룩하고 순결한
1-106. 거룩 거룩 거룩
1-107. 보좌에 앉으소서
1-108. 나의 안에 계신 주님
1-109. 내가 그리스도와 함께
1-110. 내게 있는 향유 옥합
1-111. 그 무엇보다
1-112. 사랑합니다 Ⅰ
1-113. 주님 그 큰사랑
1-114. 오 나의 자비로운 주여(Spirit Song)
1-115. 왕의 왕 예수
1-116. 온 세상죄 지고가신(하나님의 어린양)
1-117. 주는 승리의 왕
1-118. 감사해요

1-119. 복의 근원되신 주
1-120. 아침에 나로
1-121. 주의 인자는 끝이 없고
1-122. 주님나라가 이곳에 임했네
1-123. 하나님이 세상을
1-124. 보라 그날이(주여 오소서)
1-125. 나의 하나님 내 구주를(구속하신 주찬양)
1-126. 나는 믿음으로
1-127. 내가 주를 찬송하리
1-128. 나는 주를 부르리
1-129. 찬양의 제사 드리며
1-130. 감사로 제사 드리는 자가
1-131. 주님께 영광을
1-132. 영광의 주
1-133. 오라 우리가 Ⅰ
1-134. 여호와 춤추리
1-135. 내 주는 크고 큰 능력으로
1-136. 내가 여호와의 인자하심을
1-137. 나의 주 크고 놀라운 하나님
1-138. 세상권세 멸하시려
2-66. 주님을 따르리
2-67. 거룩하신 하나님
2-68. 주께 노래하세
2-69. 주여 나를 주의 성소
2-70. 두손 들고 소리 높여
2-71. 주님 이곳에
2-72. 내 영혼 주 찬양하며
2-73. 내 맘 깊은 곳
2-74. 주님은 나의 힘
2-75. 주의 임재 앞에 잠잠해
2-76. 생명의 주 말씀
2-77. 주의 사랑을
2-78. 주는 우리의 소망
2-79. 하나님이 세상을
2-80. 우리를 사랑하신
2-81. 천사의 말을(사랑은 가장 귀한 것)
2-82. 주 앞에 이렇게 나와
2-83. 주여 이 시간 주께
2-84. 겸손하게 무릎 끓고

2-85. 기다려요
2-86. 주는 보이지 아니하시는
2-87. 주 내 삶의 주인 되시고
2-88. 아침 안개 눈앞(언제나 주님께 감사해)
2-89. 나는 가난하고(시편 40편)
2-90. 존귀한 주의 보혈
2-91. 온 세상 위한 십자가
2-92. 영문 밖으로
2-93. 선하신 목자
2-94. 내 성의 기쁨의 기름
2-95. 해 뜨는 곳부터
2-96. 주께 찬양드리세
2-97. 우리는 주님이 흘리신 피로
2-98. 온유한 마음을 주옵소서

E CODE

1-139. 예수 이름 찬양
1-140. 왕의 지성소에 들어가
1-141. 두손들고 찬양합니다
1-142. 예수 가장 귀한 그 이름
1-143. 사랑해요 목소리 높여
1-144. 주를 높일지라
1-145. 구하라
1-146. 거룩한 땅에 I
1-147. 거룩한 땅에 II
1-148. 나의 마음을
1-149. 주 하나님 아버지(크고도 놀라와라)
1-150. 주님 내 아버지
1-151. 전심으로 주 찬양
1-152. 평강의 왕이요
1-153. 우리찬양 향기되게 하시고
1-154. 우리가 여호와께 노래하며 부르자
1-155. 내 영이
1-156. 우리함께 기뻐해
1-157. 기뻐하며 승리의 노래
1-158. 승리의 노래
1-159. 강한 용사
1-160. 위대하고 강하신 주님

1-161. 크신 주께
1-162. 찬송하라
1-163. 찬양해 주님의 종들아
1-164. 손을 높이 들고
1-165. 손을 잡고서
1-166. 해 뜨는 데부터
1-167. 이날은 주가 지으신 날
1-168. 존귀 오 존귀하신 주
1-169. 기묘라 모사라
1-170. 확정되었네
1-171. 주님의 사랑
1-172. 주의 나라에서(종이 되어 섬기세요)
1-173. 재대신 화관을
1-174. 내가 어둠 속에서
1-175. 감사함으로
1-176. 할렐루야 전능하신 주께서 다스리네
2-99. 아버지 큰 사랑 감사해요
2-100. 주의 이름 높이며 II
2-101. 이 시간 주님께
2-102. 와서 찬양
2-103. 알렐루야
2-104. 오 귀한 주이름
2-105. 주님의 성령이
2-106. 주님의 영광이
2-107. 수고하고 무거운
2-108. 여호와는 나의
2-109. 나의 앞에 계신 주님(계신 주님)
2-110. 구원자 주 예수
2-111. 내 영혼의 구 세주
2-112. 내 주 같은 분 없네
2-113. 나는 용서받았네
2-114. 좋으신 하나님
2-115. 주의 긍휼로
2-116. 나의 주님께(선물)
2-117. 오랫동안 기다려 온(그 믿음 간직하여라)
2-118. 형제여 우리
2-119. 사랑해요 아름다운 이름

2-120. 너 있는 곳에서(거기서 찬양하라)
2-121. 만왕의 왕께
2-122. 들으라 이스라엘
2-123. 찬양하라 내 영혼아 II
2-124. 맑고 밝은 날
2-125. 나의 발은 춤을 추며
2-126. 주는 우리의 도움
2-127. 너 근심 걱정 와도(주 너를 지키리)
2-128. 보라 그 놀라운 주의 사랑을

F CODE

1-177. 왕이신 나의 하나님
1-178. 왕이신 하나님
1-179. 예수는 나의 영광
1-180. 주를 찬양하며
1-181. 거룩하신 주 임할 때
1-182. 거룩한 하나님
1-183. 찬양 알렐루야 I
1-184. 거룩하신 하나님 I
1-185. 거룩하신 하나님 II
1-186. 존귀 존귀하신 주
1-187. 열어주소서
1-188. 온맘다해 주 사랑하라
1-189. 주님만 사랑하리
1-190. 찬양 알렐루야 II
1-191. 주는 땅위에서(나는 주를 높이리라)
1-192. 하늘과 땅의
1-193. 우리는 주의 백성이오니
1-194. 오 할렐루야
1-195. 감사드려요
1-196. 송축하리 주의 이름을
1-197. 주의 이름 송축하리
1-198. 만군의 주(나의 손을 가르쳐)
2-129. 내가 길을 잃고
2-130. 예수 경배하리
2-131. 두손 들고 송축하며
2-132. 아침해 하늘에 솟아(주 찬얙)
2-133. 찬양의 보좌에
2-134. 신실한 하나님
2-135. 이 땅에 오직 (주밖에 없네)

2-136. 예수 날 위하여
2-137. 나의 하나님 Ⅰ
2-138. 나 여호와 치료의 주
2-139. 아버지 날 붙들어 주소서
2-140. 아버지여 구하오니
2-141. 내 감은 눈안에(전부)
2-142. 실수하여 힘을(내가 네 안에 착
한 일을)
2-143. 너를 사랑해
2-144. 세상 끝날까지 (가라)
2-145. 주님께서 보낸(사랑의 편지)
2-146. 우리는 한 몸
2-147. 오 할렐루야
2-148. 주말씀
2-149. 문들아 너희 머리를
2-150. 주님의 진리를
2-151. ROMANS 16:19
2-152. 기뻐하며 즐거워하라
2-153. 무지개를 찾아(주님께 드려요)

G CODE

1-199. 어린양 찬양
1-200. 주의 인자하심이 Ⅱ
1-201. 전능하신 주님
1-202. 당신은 영광의 왕
1-203. 존귀한 주의 이름
1-204. 내 영혼이
1-205. 내 손을 주께(찬송의 옷을 주셨네)
1-206. 거룩 거룩 거룩하신 주 Ⅰ
1-207. 거룩한 주 하나님
1-208. 여호와 거룩하신 주
1-209. 오 예수님
1-210. 예수의 이름으로
1-211. 예수 알렐루야 구주
1-212. 우리를 사랑하사
1-213. 살아 계신 하나님
1-214. 찬양하라 내영혼아
1-215. 지존하신 주님이름 앞에
1-216. 주님의 손으로
1-217. 모든 영광을 하나님께

1-218. 보라 하나님은
1-219. 보좌에 앉으신
1-220. 왕이신 예수
1-221. 주님이나를 사랑하사(그 사랑)
1-222. 사랑합니다 Ⅱ
1-223. 사모합니다
1-224. 사랑의 노래 드리네
1-225. 주님 사랑해요
1-226. 주와 같은 분
1-227. 주를 바라보며
1-228. 주의 위엄 전하리
1-229. 아버지 내 삶의 모든 것 되신 주
1-230. 나의 사랑 나의 생명(나의 예수님)
1-231. 새노래로
1-232. 나의 말에 귀를(시편 5편)
1-233. 정결한 마음 주시옵소서
1-234. 주의 장막이 어찌 그리 아름다
운지요
1-235. 예수 예수 예수(예수 영원히 통
치하시네)
1-236. 승리하였네
1-237. 죄악에서
1-238. 감사해
1 239. 주님의 성령이(전하세 예수)
1-240. 할렐루야 주가 다스리네
1-241. 세상향한 발걸음들
1-242. 예수는 왕
1-243. 왕의 왕 주의 주
1-244. 기뻐하며 왕께
1-245. 나 기뻐하리
1-246. 주이름에 합당한 영광을
1-247. 다와서 찬양해
1-248. 나의 주님을 찬양합니다
1-249. 주님의 영광 나타나셨네
1-250. 오주여 나의 마음이
1-251. 호산나 Ⅰ
1-252. 호산나 Ⅲ
1-253. 우리함께 모여
1-254. 이스라엘 하나님 찬양
1-255. 주 우리 아버지

1-256. 그리 아니하실지라도
1-257. 그날이 도적같이
1-258. 주의 이름은 강하고 견고한 망대
1-259. 승리관 쓰신 주님
1-260. 승리 나에게 주셨네
1-261. 우리 주예수님께서
1-262. 선포하라 Ⅱ
1-263. 나를 사랑하는 주님
1-264. 주를 높이리라
1-265. 문들아 머리들어라
1-266. 일어나라 찬양을 드리라
1-267. 우리모두 노래합시다
1-268. 입술로만(주님처럼 어디서나)
1-269. 주님 한분 만으로
1-270. 주의 인자하심을
1-271. 주의 인자하심이 Ⅰ
2-154. 나 주님의 기쁨되기 원하네
2-155. 오 주님
2-156. 내 영혼이 주를
2-157. 여호와 나의 하나님
2-158. 위대하신 주 하나님
2-159. 경배하리 내 온맘 다해
2-160. 주를 부르라
2-161. 주의 거룩하심 임할 때
2-162. 주의 이름 부를 때
2-163. 나의 주 다스리시네
2-164. 그 이름 예수
2-165. 주 여호와가 통치하시네
2-166. 하늘에 있는
2-167. 거룩한 보좌 앞에
2-168. 오 나의 주님
2-169. 수많은 무리들 줄지어(예수 이
름 높이세)
2-170. 주의 이름 높이며
2-171. 모든 민족에게
2-172. 더 넓은 세계를
2-173. 나의 가는 길
2-174. 주 내 맘에 모신 후에
2-175. 오직 주님만
2-176. 주님의 날개 아래 살리라

Hallelujah!
Praise

Praise
Hosamma!

2-177. 해아래 새것이 없나니(새롭게 하소서)
2-178. 나 약해 있을 때에도(주님만이)
2-179. 내 영 자유케
2-180. 하나님께로 더 가까이
2-181. 지치고 상한(주여 인도하소서)
2-182. 주님과 같이
2-183. 보라 세상 죄를(하나님의 어린양)
2-184. 놀라워라
2-185. 날마다 떠오르는(신실하신 주)
2-186. 주 예수 우리 죄 위해
2-187. 고아들의 아버지
2-188. 한 아기가 우리에게
2-189. 주여 여기 오소서
2-190. 여호와의 영광을
2-191. 예수 존귀한 주이름
2-192. 영광과 존귀
2-193. 주 예수의 이름 높이세
2-194. 주 예수 경배하세
2-195. 나는 노래하리
2-196. 영광을 돌리세(주님의 영광)
2-197. 샬롬 예루살렘
2-198. 해방되었네
2-199. 예수 안에 있는 나에게
2-200. 날 도우시네
2-201. 길 만들라
2-202. 항상 기뻐해요
2-203. 나팔소리 천사의 노래
2-204. 내게 오라
2-205. 우리 주만 참 하나님
2-206. 가난한 자가(기쁨의 탄성)
2-207. 외로움에 지친(오시오)
2-208. 세상의 유혹 시험이(주를 찬양)
2-209. 주님은 항상 살아 계셔서
2-210. 주 예수 다스리시네
2-211. 죽임을 당하신

A CODE

1-272. 여호와여
1-273. 들어오라 지성소로

1-274. 고개 들어
1-275. 나는 찬양하리라
1-276. 하나님 어린양
1-277. 주님 큰 영광 받으소서
1-278. 모든 존귀와
1-279. 예수이름 높이리라
1-280. 주 여호와는 광대하시도다
1-281. 거룩한 성전에 거하시며
1-282. 찬양하리라
1-283. 호산나 Ⅱ
1-284. 하나님 아버지
1-285. 예수 우리 왕이여
1-286. 온 맘으로 송축하리
1-287. 내가 만민중에
1-288. 주님 당신은 사랑의 빛(비추소서)
1-289. 우리 보좌 앞에 모였네(비전)
1-290. 선포하라 Ⅰ
1-291. 보좌에 계신 하나님
1-292. 오라 우리가 Ⅱ
1-293. 오 주님 나 주님을
1-294. 주의 아름다움은
1-295. 나의 백성이
1-296. 나의 영혼이(오직 주만이)
1-297. 너의 하나님 여호와가
1-298. 주의 신을 내가 떠나 Ⅱ
1-299. 가라 너희는
1-300. 예수만이 참 길(오직 예수님)
1-301. 만방의 족속들아
1-302. 오 하나님 온 땅위에
1-303. 형제여 우리 모두 다함께
1-304. 평강의 왕이요 Ⅰ
1-305. 그 이름 예수
1-306. 찬양하라
1-307. 찬양찬양 Ⅰ
1-308. 찬양찬양 Ⅱ
1-309. 찬양하세
1-310. 머리들라 문들아
1-311. 영광의 주님 찬양하세
1-312. 주 하나님(살아 계신 주)
2-212. 나는 광대한

2-213. 거룩하신 하나님
2-214. 왕되신 주
2-215. 오 하나님 영광 존귀
2-216. 주님 보좌 앞에 나아가
2-217. 나는 생명 양식
2-218. 나의 영이
2-219. 하늘이여 외치라
2-220. 죽임 당하신 어린양
2-221. 지금 우리는(일어나 새벽을 깨우리라)
2-222. 날 구원하신 주
2-223. 나는 알아요
2-224. 우물가의 여인
2-225. 사람들은
2-226. 새벽
2-227. 이 땅의 황무함을(부흥)
2-228. 우리 보좌 앞에 모였네(비전)
2-229. 주님 나라 임하시네
2-230. 주님이 주신 땅으로
2-231. 무화가 나뭇잎이(난 여호와로 즐거워하리)
2-232. 주께 구속된 자들이
2-233. 갈릴리 마을(가서 제자 삼으라)
2-234. 성령이여
2-235. 유월절 어린양의 피로
2-236. 위엄의 주 하나님

MINOR CODE

1-313. 주님을 송축하리
1-314. 깨어라 이스라엘
1-315. 유빌라테 우리모두
1-316. 저 성벽을 향해
1-317. 주께서 전진해온다
1-318. 주님과 담대히
1-319. 경배와 사랑 드리네
1-320. 글로리아
1-321. 내 슬픔 춤이 되게 하고
1-322. 성령님 이곳에 오소서
1-323. 온 땅이여 주를 찬양
1-324. 그는 여호와

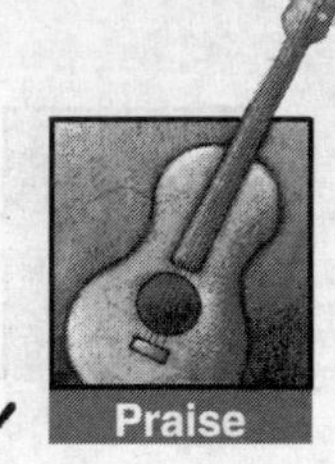
Hallelujah!
Praise

1-325. 기뻐 찬양해
1-326. 기쁨으로 주께 외치세
1-327. 너 시온아
1-328. 들으라 이스라엘
1-329. 들어주소서
1-330. 온 땅이여
1-331. 감사하며
1-332. 사랑의 기 높이들고
2-237. 고요한 아침의 나라
2-238. 나는 주의 깃발 든 군사
2-239. 나는 주님을 찬양합니다
2-240. 다 와서 주께 찬양 드리며
2-241. 샬루 샬롬 예루살라엠
2-242. 이스라엘의 하나님
2-243. 나 항상 주 송축하며
2-244. 구름같이 허다한(예수를 깊이 생각하자)
2-245. 휘장을 지나
2-246. 나에게 생수 부으시니(내 잔이 넘치나이다)
2-247. 주 그 이름 거룩
2-248. GOD IS GOOD
2-249. 거룩하신 주님
2-250. 선신갑구 입고
2-251. 우리 주의 성령이
2-252. 저 높은 보좌에
2-253. 우주 만물 창조하신
2-254. 주의 사랑 주의 능력
2-255. 왕의 왕과 주의 주께
2-256. 주 나의 은신처
2-257. 하나님 우리와 함께 하시네
2-258. 기뻐하라 시온의 딸
2-259. 너의 가는 길에(파송의 노래)

Bb CODE

2-260. 주의 이름을
2-261. 내 구주 예수님
2-262. 예수 예수 예수
2-263. 담대하라
2-264. 우리 함께 만나는(참 기쁜 노래)

축복과 평안

1-333. 축복하소서
1-334. 만나서 반가와요
1-335. 매일 스치는 사람들(그들은 모두 주가 필요해)
1-336. 아주 먼 옛날(당신을 향한 노래)
1-337. 이 시간 이곳에(주안에서)
1-338. 그대는 주님 보내신
1-339. 사랑의 주님이
1-340. 우리모두 다함께
1-341. 위로하여라
1-342. 평안을 너에게
1-343. 너는 시냇가에
1-344. 넌 하나님의 집에 있는
1-345. 예수 사랑
1-346. 우리에게 향하신
1-347. 주가 만드신 이 날을
1-348. 주가 주신 이날은
1-349. 주는 평화
1-350. 나에게 당신은(사랑의 노래)
1-351. 우리 안에 사랑을
1-352. 주님의 사랑이(주님 사랑 온 누리에)
1-353. 형제의 모습 속에
1-354. 날 사랑하신
1-355. 당신이 지쳐서(누군가 널 위해 기도하네)
1-356. 때로는 너의 앞에(축복송)
1-357. 외로움도 견디어나겠소(우리)
1-358. 주님께서 주시는
1-359. 우리 함께 걸어요(우린 주안에 한 가족)
1-360. 주님의 그 사랑이
1-361. 주의 사랑으로 사랑하게 하소서
1-362. 하나님께서는(하나되게 하소서)
2-265. 세상에 소중하고(사랑하며)
2-266. 우리의 만남은(왕국과 소명)
2-267. 우리가 하나되어(시편 133편)
2-268. 저는 시냇가에(복 있는 사람은)

2-269. 지금 우리가(아름답게 하리라)
2-270. 주의 사랑 안에서
2-271. 서로 용납하라
2-272. 형제와 함께 사는 것
2-273. 갈릴리 호숫가에서
2-274. 하나님 앞에서(헤어짐 속에서)
2-275. 이날은 이날은
2-276. 하나님은 너를 지키시는 자
2-277. 하나님은 우리를
2-278. 사랑의 나눔
2-279. 주의 사랑으로 사랑합니다
2-280. 주님께서 주시는 그 사랑으로
2-281. 주님의 그 사랑이
2-282. 아버지여 우리는
2-283. 사랑합니다.
2-284. 하나님의 큰 사랑이
2-285. 모든 일이 끝나고
2-286. 하나님의 사랑을(주만 바라볼찌라)

특별 찬양

1-363. 나의 가장 낮은 마음(낮은 자의 하나님)
1-364. 나의 하나님
1-365. 내 기뻐하는 자
1-366. 마음이 가난한 자(마 5:3-10)
1-367. 어찌하여야
1-368. 여호와는 나의 반석
1-369. 영광 가장 높은 곳에(영광 메들리)
1-370. 예수 사랑하심은(널 사랑하심)
1-371. 이 세상 어둠 속에서(어린양 되신 예수님)
1-372. 저 하늘나라 아기별님(예수님의 사랑 알까요)
1-373. 짙은 안개 가득하던(평안을)
1-374. 하나님은 우리의 피난처시요(피난처)
1-375. 하나님이시여(주는 나의)
1-376. 하늘을 바라보라(주님의 솜씨)
2-287. 나 비록(꿈이 있는 자유)
2-288. 나의 사랑이 되시는 주여

2-289. 내게 음악 주신 분
2-290. 볼찌어다
2-291. 세상 슬픔에(사람들에게)
2-292. 양을 치는 목자들에게(아기 예수를 보고)
2-293. 여호와는 나의 목자시니
2-294. 예수 그분은
2-295. 예수 그 이름(그 이름)

2-296. 예수 나의 주님(귀한 이름 예수)
2-297. 예수님은 나의(모든 것 되시는 주님)
2-298. 왕 만왕의 왕(왕께 찬양해)
2-299. 우리가 간직해야 할(하연이에게)
2-300. 주의 얼굴 바라봅니다(주님만을 사랑합니다)
2-301. 크고 작은 만물속에(나 누구이기에)

2-302. 피곤한 하루(내일 일은 내일 염려하라)
2-303. 하나님께서는(물고기가 살 수 있도록)
2-304. 한 걸음 두 걸음(골목길 걸을 때)

가사첫줄 가나다순

가

가난한 자가(기쁨의 탄성) 2-206
가라 너희는 1-299
갈릴리 마을 2-233
갈릴리 호숫가에서 2-273
감사드려요 1-195
감사로 제사 드리는 자가 1-130
감사하며 1-331
감사함으로 1-175
감사해 1-238
감사해요 1-118
강한 용사 1-159
거룩 거룩 거룩 1-106
거룩 거룩 거룩하신 주 Ⅰ 1-206
거룩 거룩 거룩하신 주 Ⅱ 1-104
거룩 거룩 만군의 주여 1-51
거룩하고 순결한 1-2, 105
거룩하신 성령이여 2-32
거룩하신 주님 1-3, 52
거룩하신 주님 2-249
거룩하신 주 임할 때 1-4, 181
거룩하신 하나님 Ⅰ 1-184
거룩하신 하나님 Ⅱ 1-185
거룩하신 하나님 2-213
거룩하신 하나님 2-67
거룩한 땅에 Ⅰ 1-146
거룩한 땅에 Ⅱ 1-147

거룩한 보좌 앞에 2-167
거룩한 성전에 거하시며 1-5, 281
거룩한 주하나님 1-6, 207
거룩한 하나님 1-7, 182
겸손하게 무릎 꿇고 2-84
경배와 사랑 드리네 1-319
경배하리 내 온 맘 다해 2-159
고개 들어 1-274
고아들의 아버지 2-187
고요한 아침의 나라 2-2, 237
광야를 지날 때 2-44
구름같이 허다한(예수를 깊이 생각하자) 2-244
구원이 하나님과(구원이 하나님께) 1-79
구원자 주 예수 2-110
구하라 1-145
그날이 도적같이 1-257
그는 여호와 1-324
그대는 주님 보내신(주님의 선물) 1-338
그리 아니하실지라도 1-256
그 무엇보다 1-8, 111
그 이름 높도다 1-49
그 이름 예수 1-305
그 이름 예수 2-164
글로리아 1-320
기다려요 2-85
기묘라 모사라 1-169
기뻐 찬양해 1-325

기뻐하라 시온의 딸 2-258
기뻐하며 승리의 노래 1-157
기뻐하며 왕께 1-244
기뻐하며 즐거워하라 2-152
기쁨으로 주께 외치세 1-326
길 만들라 2-201
깨어라 이스라엘 1-314

나

나 기뻐하리 1-9, 245
나는 가난하고(시편 40편) 2-89
나는 광대한 2-3, 212
나는 노래하리 2-195
나는 믿음으로 1-10, 126
나는 생명 양식 2-217
나는 알아요 2-223
나는 여호와니 2-20
나는 용서받았네 2-113
나는 주님을 찬양합니다 2-239
나는 주를 부르리 1-128
나는 주의 깃발 든 군사 2-238
나는 찬양하리라 1-275
나를 단련하시는 주 1-11, 68
나를 사랑하는 자들이(잠 8:17) 2-30
나를 사랑하는 주님 1-263
나를 정결케 하며 2-35
나 비록(꿈이 있는 자유) 2-287
나 약해 있을 때에도(주님만이) 2-178

Praise

나에게 당신은(사랑의 노래) 1-350
나에게 생수 부으시니(내 잔이 넘치나이다) 2-246
나 여호와 치료의 주 2-138
나의 가는 길 2-4, 173
나의 가장 낮은 마음(낮은 자의 하나님) 1-363
나의 마음을 1-148
나의 만족과 유익을 위해 2-47
나의 말에 귀를(시편5편) 1-232
나의 발은 춤을 추며 2-125
나의 백성이 1-295
나의 사랑 나의 생명(나의 예수님) 1-230
나의 사랑이 되시는 주여 2-288
나의 안에 계신 주님 1-108
나의 앞에 계신 주님 2-109
나의 영이 2-218
나의 영혼아 잠잠히 2-22
나의 영혼이(오직 주만이) 1-296
나의 주님께(선물) 2-116
나의 주님을 찬양합니다 1-248
나의 주 다스리시네 2-163
나의 주 찬양합니다 2-27
나의 주 크고 놀라운 하나님 1-137
나의 하나님 1-364
나의 하나님 Ⅰ 2-137
나의 하나님 Ⅱ 2-59
나의 하나님 내구주를(구속하신 주 찬양) 1-125
나 주님의 기쁨되기 원하네 2-5, 154
나팔소리 천사의 노래 2-203
나 항상 주 송축하며 2-243
날 구원하신 주 2-222
날 도우시네 2-200
날마다 떠오르는(신실하신 주)2-185
날 만나라 2-23
날 사랑하신 1-354
내가 그리스도와 함께 1-109
내가 길을 잃고 2-129
내가 만민 중에 1-287
내가 사는 것 1-69

내가 산을 향하여 2-57
내가 어둠 속에서 1-174
내가 여호와의 인자하심을 1-136
내가 주를 찬송하리 1-127
내 감은 두눈에(전부) 2-141
내게 오라 2-204
내게 음악 주신 분 2-289
내게 있는 향유옥합 1-110
내 구주 예수님 2-261
내 기뻐하는 자 1-365
내 맘 깊은 곳 2-73
내 성의 기쁨의 기를 2-94
내손을 주께 높이(찬송의 옷을 주셨네) 1-205
내 슬픔 춤이 되게 하고 1-321
내 안에 사는 이 2-29
내 영이 1-155
내 영 자유케 2-179
내 영혼아 여호와를 송축하라 1-54
내 영혼의 구세주 2-111
내 영혼이 1-204
내 영혼이 주를 2-156
내 영혼 주 찬양하며 2-72
내 이름으로(역대하 7:14) 1-67
내 입술로 1-40
내 주 같은 분 없네 2-112
내 주는 크고 큰 능력으로 1-135
내 주되신 주 1-87
내 평생 사는 동안 1-94
너 근심 걱정 와도(주 너를 지키리) 2-127
너는 결코(너 결코 용기 잃지 말아라) 2-61
너는 시냇가에 1-343
너를 사랑해 2-6, 143
너 시온아 1-12, 327
너의 가는 길에(파송의 노래) 2-7, 259
너의 하나님 여호와가 1-297
너 있는 곳에서(거기서 찬양하라) 2-120
넌 하나님의 집에 있는 1-344
놀라운 인도자 2-24
놀라워라 2-184
눈을 들어 영광의 왕을 1-102

눈을 들어 주를 보라 1-48
능력의 이름 예수 1-60
능히 너를 보호하사 2-31

다

다 와서 주께 찬양 드리며 2-240
다 와서 찬양해 1-247
담대하라 2-263
당신은 영광의 왕 1-202
당신이 지쳐서 1-355
더 넓은 세계를 2-172
두손 들고 소리 높여 2-70
두손 들고 송축하며 2--131
두손 들고 찬양합니다 1-141
들어오라 지성소로 1-273
들어주소서 1-329
들으라 이스라엘 1-328
들으라 이스라엘 2-122
때가 차매 1-91
때로는 너의 앞에(축복송) 1-356

마

마음이 가난한 자(마 5:3-10) 1-366
만 군의 주(나의 손을 가르쳐) 1-198
만나서 반가와요 1-334
만방의 족속들아 1-301
만왕의 왕께 2-121
맑고 밝은 날 2-124
매일 스치는 사람들(그들은 모두 주가 필요해) 1-335
머리 들라 문들아 1-14, 310
먼저 그 나라와 1-71
메마른 우리 마음 2-62
모두 다 나아와 1-13, 61
모든 민족에게 2-8, 171
모든 영광을 하나님께 1-217
모든 이름 위에 1-89
모든 일이 끝나고 2-285
모든 존귀와 1-278
목마른 사슴 1-57

Hosamma!

무지개를 찾아(주님께 드려요) 2-153
무화과 나뭇잎이(난 여호와로 즐거워하리) 2-231
문들아 너희 머리를 2-149
문들아 머리 들어라 1-265

바

보라 그날이(주여 오소서) 1-124
보라 그 놀라운 주의 사랑을 2-128
보라 세상 죄를(하나님의 어린양) 2-9, 183
보라 하나님은 1-218
보좌에 계신 이와 1-62
보좌에 계신 하나님 1-291
보좌에 앉으소서 1-107
보좌에 앉으신 1-219
복음들고(주 다스리시네) 1-84
복의 근원 되신 주 1-119
볼찌어다 2-290

사

사람들은 2-225
사람들은 이해할 수 없네 1-86
사랑스런 그 주의 손길(영원하신 그 사랑) 1-65
사랑의 기 높이 들고 1-332
사랑의 나눔 2-278
사랑의 노래드리네 1-224
사랑의 주님이 1-339
사랑하는 나의 아버지 1-39
사랑합니다 2-283
사랑합니다 Ⅰ 1-112
사랑합니다 Ⅱ 1-15, 222
사랑해요 아름다운 이름 2-119
사랑해요 목소리 높여 1-143
사모합니다 1-223
사슴이 시냇물을(시편 42편) 1-97
살아 계신 성령님 2-25
살아 계신 하나님 1-213
새노래로 1-231

새노래로 주찬양해 1-77
새벽 2-226
생명의 주 말씀 2-76
샬롬 예루살렘 2-197
샬루 샬롬 예루살라엠 2-241
서로 용납하라 2-271
선포하라 Ⅰ 1-290
선포하라 Ⅱ 1-262
선하신 목자 2-93
성령님 이곳에 오소서 1-322
성령이여 2-10, 234
세상권세 멸하시려 1-138
세상 끝날까지 (가라) 2-144
세상 슬픔에(사람들에게) 2-291
세상에 소중하고(사랑하며) 2-11, 265
세상의 유혹 시험이(주를 찬양) 2-208
세상 향한 발걸음들 1-1, 241
셀라 셀라 2-51
손을 높이 들고 1-164
손을 잡고서 1-165
송축하리 주의 이름을 1-196
수고하고 무거운 2-107
수많은 무리들 줄지어(예수 이름 높이세) 2-169
승리관 쓰신 주님 1-16, 259
승리관을 쓰신 주님 1-64
승리 나에게 주셨네 1-260
승리의 노래 1-158
승리하였네 1-236
신실한 하나님 2-134
실수하여 힘을(내가 네안에 착한 일을) 2-142
심령이 가난한 자는 2-42

아

아버지 큰 사랑 감사해요 2-99
아버지 날 붙들어 주소서 2-139
아버지 내 삶의 모든 것 되신 주 1-229
아버지여 구하오니 2-140
아버지여 우리는 2-282
아주 먼 옛날(당신을 향한 노래) 1-336

아침 안개 눈앞(언제나 주님께 감사해) 2-88
아침에 나로 주의 1-120
아침해 하늘에 솟아(주찬양) 2-132
알렐루야 2-103
양을 치는 목자들에게(아기 예수를 보고) 2-292
어린양 보라 2-49
어린양 예수 1-53
어린양 찬양 1-199
어찌하여야 1-367
언제나 내모습(주님 내안에) 1-50
얼마나 아프실까 2-38
여호와 거룩하신 주 1-208
여호와는 나의 2-108
여호와는 나의 목자시니 2-293
여호와는 나의 반석 1-368
여호와 나의 하나님 2-157
여호와여 1-272
여호와 우리 주여 (시편 8편) 2-33
여호와의 영광을 2-190
여호와 춤추리 1-17, 134
열어주소서 1-187
영광 가장 높은 곳에(영광메들리) 1-369
영광과 존귀 2-192
영광 영광 어린양 예수 1-18, 88
영광 영광 왕께 영광을 1-83
영광을 돌리세(주님의 영광) 2-196
영광의 주 1-132
영광의 주님 찬양하세 1-311
영문 밖으로 2-92
예수 가장 귀한 그 이름 1-142
예수 경배하리 2-130
예수 그분은 2-294
예수 그 이름(그 이름) 2-295
예수 나의 주님(귀한 이름 예수) 2-296
예수 날 위하여 2-136
예수는 나의 영광 1-19, 179
예수는 왕 1-242
예수님은 나의(모든 것 되시는 주님) 2-297

Hallelujah!
Praise

예수님의 모습을(전능하신 하나님) 2-39
예수만이 참 길(오직 예수님) 1-300
예수사랑 1-345
예수 사랑하심은(널 사랑하심) 1-370
예수 사랑해요 1-46
예수 안에 있는 나에게 2-199
예수 알렐루야 구주 1-211
예수 예수 예수 2-262
예수예수예수(예수 영원히 통치하시네) 1-235
예수 우리 왕이여 1-285
예수의 이름으로 1-210
예수 이름 높이리라 1-279
예수 이름 찬양 1-139
예수 존귀한 주이름 2-191
오 귀한 주이름 2-104
오 나의 자비로운 주여(Spirit Song) 1-114
오 나의 주님 2-168
오라 우리가 Ⅰ 1-133
오라 우리가 Ⅱ 1-292
오라 주님께 즐거이(오라 우리가 주님
께 노래하며) 64
오랫동안 기다려 온(그 믿음 간직하여
라) 2-117
오 예수님 1-209
오 주님 2-155
오 주님 나 주님을 1-293
오 주여 나의 마음이 1-250
오직 예수 1-20, 101
오직 주님만 2-175
오 하나님 받으소서 1-45
오 하나님 영광 존귀 2-215
오 하나님 온 땅 위에 1-302
오 할렐루야 1-194
오 할렐루야 2-147
온땅과 만민들아 1-75
온 땅이여 1-330
온 땅이여 주를 찬양 1-323
온 맘다해 주 사랑하라 1-21, 188
온 맘으로 송축하리 1-286
온 세상 위한 십자가 2-91

온 세상의 왕이 되신 1-73
온 세상죄 지고 가신(하나님의 어린양)1-116
온유와 위엄 2-46
온유한 마음을 주옵소서 2-98
와서 찬양 2-102
왕되신 주 2-214
왕 만왕의 왕(왕께 찬양해) 2-298
왕의 왕과 주의 주께 2-255
왕의 왕께 영광을 1-103
왕의 왕 예수 1-115
왕의 왕 주의 주 1-22, 243
왕의 지성소에 들어가 1-23, 140
왕이신 나의 하나님 1-177
왕이신 예수 1-220
왕이신 하나님 1-178
외로움도 견디어 나겠소(우리) 1-357
외로움에 지친(오시오) 2-207
우리가 간직해야 할(하연이에게) 2-299
우리가 여호와께 노래하며 부르자 1-154
우리가 하나되어(시편 133편) 2-267
우리는 모두 다(주님의 증인) 2-60
우리는 예수님 따르는(그리스도의 제
자) 1-74
우리는 주님이 흘리신 피로 2-12, 97
우리는 주의 백성이오니 1-193
우리는 한 몸 2-13, 146
우리들은 여호와를(주 여호와는 나의
힘) 2-55
우리를 사랑하사 1-212
우리를 사랑하신 2-80
우리 모두 노래합시다 1-267
우리 모두 다 함께 1-340
우리 모두 손뼉을 치며 2-54
우리 모두 찬양하세 2-52
우리 모일 때 1-100
우리 보좌 앞에 모였네(비전) 1-289
우리 보좌 앞에 모였네(비전) 2-14, 228
우리 안에 사랑을 1-351
우리에게 향하신 1-346
우리의 만남은(왕국과 소명) 1-72

우리의 만남은(왕국과 소명) 2-266
우리 주님(내주를) 2-45
우리 주만 참 하나님 2-205
우리 주 예수님께서 1-261
우리 주의 성령이 2-251
우리 찬양 향기 되게 하시고 1-153
우리함께 걸어요(우린 주 안에 한가족) 1-359
우리함께 기뻐해 1-24, 156
우리함께 만나는(참 기쁜 노래) 2-264
우리함께 모여 1-253
우물가의 여인 2-224
우주 만물 창조하신 2-253
위대하고 강하신 주님 1-160
위대하신 주 하나님 2-158
위대한 주 2-63
위로하여라 1-341
위엄의 주 하나님 2-236
유빌라데 우리 모두 1-315
유월절 어린양의 피로 2-235
이날은 이날은 2-275
이날은 주가 지으신 날 1-25, 167
이 땅에 오직(주밖에 없네) 2-135
이 땅의 황무함을(부흥) 2-1, 227
이 세상 어둠속에서(어린양 되신 예수
님) 1-371
이스라엘의 하나님 2-242
이스라엘 하나님 찬양 1-254
이 시간 이곳에(주 안에서) 1-337
이 시간 주님께 2-101
이 시간 주님께 나온 우리들 2-21
이와 같은 때엔 1-95
일어나라 찬양을 드리라 1-266
입술로만(주님처럼 어디서나) 1-268

자

재대신 화관을 1-173
저 높은 보좌에 2-252
저는 시냇가에(복 있는 사람은) 2-268
저 성벽을 향해 1-316
저 하늘나라 아기별님(예수님의 사랑

 Praise

Hosanna!

알까요) 1-372
전능하신 주님 1-201
전능한 하나님 아버지 2-58
전신갑주 입고 2-250
전심으로 주찬양 1-151
정결한 마음 주시옵소서 1-233
존귀 오 존귀하신 주 1-168
존귀 존귀하신 주 1-186
존귀한 주의 보혈 2-90
존귀한 주의 이름 1-26, 203
좋으신 하나님 2-114
죄악에서 1-237
주가 나의 죄를(나 이제 자유하네) 1-70
주가 만드신 이날을 1-347
주가 주신 이날은 1-348
주 그 이름 거룩 2-247
주께 감사하세 1-66
주께 구속된 자들이 2-232
주께 나아가세 2-28
주께 노래하세 2-68
주께 찬양드리세 2-96
주께서 전진해 온다 1-317
주께 와 엎드려(예배 드림이 기쁨 됩니다) 1-41
주께 찬양 드리세 2-96
주 나의 은신처 2-256
주 날개 밑에서 2-50
주 날 위하시면 1-27, 85
주 내 맘에 모신 후에 2-174
주 내 삶의 주인 되시고 2-87
주는 나의 피난처 1-28, 99
주는 땅 위에서(나는 주를 높이리라) 1-191
주는 보이지 아니하시는 2-86
주는 승리의 왕 1-117
주는 알파와 오메가 1-47
주는 우리의 도움 2-126
주는 우리의 소망 2-78
주는 평화 1-349
주님과 같이 2-182
주님과 담대히 1-318

주님 그 큰사랑 1-113
주님께 경배 드리세 1-92
주님께서 보낸(사랑의 편지) 2-145
주님께서 주시는 그 사랑으로 1-358
주님께서 주시는 2-280
주님만 사랑하리 1-189
주님나라가 이곳에 임했네 1-122
주님 나라 임하시네 2-15, 229
주님 내가 여기 있사오니(나를 받으옵소서) 1-93
주님 내 아버지 1-29, 150
주님 당신은 사랑의 빛(비추소서) 1-288
주님께 영광을 1-131
주님 보좌 앞에 나아가 2-216
주님 사랑해요 1-225
주님은 나의 죄와 허물 2-37
주님은 나의 힘 2-74
주님은 항상 살아 계셔서 2-209
주님을 따르리 2-66
주님을 무엇보다 더 1-30, 96
주님을 송축하리 1-313
주님의 그 사랑이 1-360
주님의 그 사랑이 2-281
주님의 날개 아래 살리라 2-176
주님의 사랑 1-171
주님의 사랑 2-34
주님의 사랑이(주님사랑 온 누리에) 1-352
주님의 성령이 2-105
주님의 성령이(전하세 예수) 1-239
주님의 성령 지금 이곳에(임하소서) 1-63
주님의 손으로 1-216
주님의 시간에 1-56
주님의 영광 나타나셨네 1-249
주님의 진리를 2-150
주님 이곳에 1-81
주님 이곳에 2-71
주님이 나를 사랑하사(그 사랑) 1-221
주님이 주신 땅으로 2-230
주님 큰 영광 받으소서 1-277
주님 한 분만으로 1-269

주를 높이리라 1-264
주를 높일지라 1-144
주를 바라보며 1-227
주를 보네 2-48
주를 부르라 2-160
주를 찬양하며 1-180
주말씀 2-148
주안에서 다 기뻐하세 2-56
주 알기 원합니다 2-41
주 앞에 이렇게 나와 2-82
주여 나를 주의 성소 2-69
주여 여기 오소서 2-189
주여 이 시간 주께 2-83
주 여호와가 통치하시네 2-165
주 여호와는 광대하시도다 1-280
주 예수 경배하세 2-194
주 예수 다스리시네 2-210
주 예수여 오시옵소서 2-26
주 예수 우리 죄 위해 2-186
주 예수의 이름 높이세 2-193
주와 같은 분 1-226
주 우리 아버지 1-255
주의 강가로 2-40
주의 강한 용사들 1-80
주의 거룩하심 생각할 때(주께 경배해) 1-42
주의 거룩하심 임할 때 2-161
주의 긍휼로 2-115
주의 나라에서(종이 되어 섬기세요) 1-172
주의 사랑 주의 능력 2-254
주의 사랑 안에서 2-270
주의 사랑으로 사랑하게 하소서 1-361
주의 사랑으로 사랑합니다 2-279
주의 사랑을 2-16, 77
주의 신을 내가 떠나 Ⅰ 1-59
주의 신을 내가 떠나 Ⅱ 1-298
주의 아름다움은 1-32, 294
주의 얼굴 바라봅니다(주님만을 사랑합니다) 2-300
주의 위엄 전하리 1-31, 228
주의 이름 높이며 2-17, 170

Hallelujah!
Praise

주의 이름 높이며 Ⅱ 2-100
주의 이름 부를 때 2-162
주의 이름 송축하리 1-33, 197
주의 이름은 강하고 견고한 망대 1-34, 258
주의 이름을 2-260
주의 인자는 끝이 없고 1-121
주의 인자하심을 1-270
주의 인자하심이 Ⅰ 1-271
주의 인자하심이 Ⅱ 1-35, 200
주의 임재 앞에 잠잠해 2-75
주의 장막이 어찌 그리 아름다운 지요 1-234
주이름에 합당한 영광을 1-246
주님의 영광이 2-106
주찬양 전심으로 1-76
주찬양합니다 1-90
주하나님(살아 계신 주) 1-312
주하나님 아버지(크고도 놀라워라) 1-149
죽임 당하신 어린양 2-220
죽임을 당하신 2-211
즐거웁게 찬양하면서 1-82
지금 우리가(아름답게 하리라) 2-269
지금 우리는(일어나 새벽을 깨우리라) 2-221
지존하신 주님이름 앞에 1-215
지치고 상한(주여 인도하소서) 2-181
짙은 안개 가득하던(평안을) 1-373

차

찬송하라 1-162
찬송할 수 있을 때에 2-53
찬양 알렐루야 Ⅰ 1-183
찬양 알렐루야 Ⅱ 1-190
찬양을 드리며(주앞에 옵니다) 1-44
찬양의 보좌에 2-133
찬양의 제사 드리며 1-36, 129
찬양 찬양 Ⅰ 1-307
찬양 찬양 Ⅱ 1-308
찬양하라 1-306
찬양하라 내 영혼아 1-214
찬양하라 내 영혼아 Ⅱ 2-123
찬양하리라 1-282

찬양하세 1-309
찬양해 주님의 종들아 1-37, 163
천사의 말을(사랑은 가장 귀한 것) 2-81
천지 지으신 2-65
축복하소서 1-333

카

크고 작은 만물 속에(나 누구이기에) 2-301
크신 주께 1-161

파

평강의 주님 2-43
평강의 왕이요 Ⅰ 1-304
평강의 왕이요 Ⅱ 1-152
평안을 너에게 1-342
피곤한 하루(내일 일은 내일 염려하라) 2-302

하

하나님께로 더 가까이 2-180
하나님께서는(물고기가 살 수 있도록) 2-303
하나님께서는(하나되게 하소서) 1-362
하나님 나 여기 있으니 1-98
하나님 이버지 1-284
하나님 앞에서(헤어짐 속에서) 2-274
하나님 어린양 1-276
하나님 오른편에 1-58
하나님 우리와 함께 하시네 2-257
하나님은 너를 지키시는 자 2-276
하나님은 우리를 2-277
하나님은 우리의 피난처시요(피난처) 1-374
하나님의 사랑을(주만 바라볼지라) 2-18, 286
하나님의 음성을(시편 40편) 1-43
하나님의 큰사랑이 2-284
하나님 이 세상을 (요 3:16) 1-123
하나님이 세상을 2-79
하나님이시여(주는 나의) 1-375
하나님 한 번도 나를(오 신실하신 주) 2-36

하늘과 땅의(가라) 1-192
하늘에 있는 2-166
하늘을 바라보라(주님의 솜씨) 1-376
하늘이여 외치라 2-219
한 걸음 두 걸음(골목길 걸을 때) 2-304
한 아기가 우리에게 2-188
할렐루야 전능하신 주께서 다스리네 1-176
할렐루야 주가 다스리네 1-38, 240
항상 기뻐해요 2-202
항상 진실케 1-55
해 돋는 데부터 1-78
해 뜨는 곳부터 2-95
해 뜨는 데부터 1-166
해방되었네 2-198
해아래 새것이 없나니(새롭게 하소서) 2-177
형제여 우리 2-118
형제여 우리 모두 다 함께 1-303
형제와 함께 사는 것 2-272
형제의 모습 속에 1-353
호산나 Ⅰ 1-251
호산나 Ⅱ 1-283
호산나 Ⅲ 1-252
확정되었네 1-170
휘장을 지나 2-245

G·R

GOD IS GOOD 2-248
ROMANS 16:19 2-19, 151

새노래

거룩하고 순결한 1-2
거룩하신 주님 1-3
거룩하신 주 임할 때 1-4
거룩한 성전에 거하시며 1-5
거룩한 주 하나님 1-6
거룩한 하나님 1-7
그 무엇보다 1-8
나 기뻐하리 1-9
나는 믿음으로 1-10
나를 단련하시는 주 1-11
너 시온아 1-12
머리 들라 문들아 1-14
모두 다 나아와 1-13
사랑합니다 Ⅱ 1-15
세상 향한 발걸음들 1-1
승리관 쓰신 주님 1-16
여호와 춤추리 1-17
영광 영광 어린양 예수 1-18
예수는 나의 영광 1-19
오직 예수 1-20
온 맘 다해 주 사랑하라 1-21
왕의 왕 주의 주 1-22
왕의 지성소에 들어가 1-23
우리 함께 기뻐해 1-24
이날은 주가 지으신 날 1-25
존귀한 주의 이름 1-26
주 날 위하시면 1-27
주는 나의 피난처 1-28
주님 내 아버지 1-29
주님을 무엇보다 더 1-30
주의 아름다움은 1-32
주의 위엄 전하리 1-31
주의 이름 송축하리 1-33
주의 이름은 강하고 견고한 망대 1-34
주의 인자하심이 Ⅱ 1-35
찬양의 제사 드리며 1-36
찬양해 주님의 종들아 1-37
할렐루야 주가 다스리네 1-38

BEST SONG

ROMANS 16:19 2-19, 151
고요한 아침의 나라 2-2, 237
나는 광대한 2-3, 212
나의 가는 길 2-4, 173
나 주님의 기쁨 되기 원하네 2-5, 154
너를 사랑해 2-6, 143
너의 가는 길에 2-7, 259
모든 민족에게 2-8, 171
보라 세상 죄를 2-9, 183
성령이여 2-10, 234
세상에 소중하고 2-11, 265
우리는 주님의 흘리신 피로 2-12, 97
우리는 한 몸 2-13, 146
우리 보좌 앞에 모였네 2-14, 228
이 땅의 황무함을 2-1, 227
주님 나라 임하시네 2-15, 229
주의 사랑을 2-16, 77
주의 이름 높이며 2-17, 170
하나님의 사랑을 2-18, 286

경배와 찬양

거룩 거룩 거룩 1-106
거룩 거룩 거룩하신 주 Ⅰ 1-206
거룩 거룩 거룩하신 주 Ⅱ 1-104
거룩 거룩 만군의 주여 1-51
거룩하고 순결한 1-2, 105
거룩하신 주님 1-3, 52
거룩하신 주님 2-249
거룩하신 주 임할 때 1-4, 181
거룩하신 하나님 2-213
거룩하신 하나님 Ⅰ 1-184
거룩하신 하나님 Ⅱ 1-185
거룩하신 하나님 2-67
거룩한 보좌 앞에 2-167
거룩한 성전에 거하시며 1-5, 281
거룩한 주 하나님1-6, 207
거룩한 하나님 1-7, 182
겸손하게 무릎 꿇고 2-84

경배와 사랑드리네 1-319
경배하리 내 온 맘 다해 2-159
고개들어 1-274
고아들의 아버지 2-187
그 무엇보다 1-8, 111
그 이름 높도다 1-49
그 이름 예수 1-305
그 이름 예수 2-164
글로리아 1-320
기다려요 2-85
기묘라 모사라 1-169
기뻐 찬양해 1-325
기뻐하며 왕께 1-244
기쁨으로 주께 외치세 1-326
나는 광대한 2-3, 212
나는 노래하리 2-195
나는 알아요 2-223
나는 주님을 찬양합니다 2-239
나는 주를 부르리 1-128
나는 찬양하리라 1-275
나의 가는 길 2-4, 173
나의 사랑 나의 생명(나의 예수님) 1-230
나의 앞에 계신 주님(계신 주님) 2-109
나의 영이 2-218
나의 영혼아 잠잠히 2-22
나의 주님께(선물) 2-116
나의 주님을 찬양합니다 1-248
나의 주 다스리시네 2-163
나의 주 찬양합니다 2-27
나의 주 크고 놀라운 하나님 1-137
나의 하나님 Ⅰ 2-137
나의 하나님 Ⅱ 2-59
나의 하나님 내 구주를(구속하신 주찬양) 1-125
나 항상 주 송축하며 2-243
날마다 떠오르는(신실하신 주) 2-185
날 만나라 2-23
내가 만민중에 1-287
내가 산을 향하여 2-57
내가 여호와의 인자하심을 1-136

Hallelujah!
Praise

내가 주를 찬송하리 1-127
내 감은 눈안에(전부) 2-141
내 구주 예수님 2-261
내 맘 깊은 곳 2-73
내 손을 주께 높이(찬송의 옷을 주셨네) 1-205
내 영이 1-155
내 영혼아 여호와를 1-54
내 영혼이 1-204
내 영혼이 주를 2-156
내 영혼 주 찬양하며 2-72
내 입술로 1-40
내 주 같은 분 없네 2-112
내 주는 크고 큰 능력으로 1-135
내 주 되신 주 1-87
내 평생 사는 동안 1-94
너의 하나님 여호와가 1-297
놀라운 인도자 2-24
눈을 들어 영광의 왕을 1-102
눈을 들어 주를 보라 1-48
능히 너를 보호하사 2-31
다 와서 주께 찬양 드리며 2-240
다 와서 찬양해 1-247
당신은 영광의 왕 1-202
두손 들고 소리 높여 2-70
두손 들고 송축하며 2-131
두손 들고 찬양합니다 1-141
들어오라 지성소로 1-273
때가 차매 1-91
만군의 주(나의 손을 가르쳐) 1-198
만방의 족속들아 1-301
만왕의 왕께 2-121
머리들라 문들아 1-14, 310
모두 다 나아와 1-13, 61
모든 영광을 하나님께 1-217
모든 이름위에 뛰어난 1-89
모든 존귀와 1-278
무지개를 찾아(주님께 드려요) 2-153
문들아 머리 들어라 1-265
보라 그 놀라운 주의 사랑을 2-128
보라 하나님은 1-218

보좌에 계신 이와 1-62
보좌에 계신 하나님 1-291
보좌에 앉으소서 1-107
보좌에 앉으신 1-219
복의 근원 되신 주 1-119
사랑의 기 높이 들고 1-332
사랑의 노래 드리네 1-224
사랑의 주님이 1-339
사랑하는 나의 아버지 1-39
사랑합니다 Ⅰ 1-112
사랑합니다 Ⅱ 1-15, 222
사랑해요 목소리 높여 1-143
사모합니다 1-223
살아 계신 성령님 2-25
살아 계신 하나님 1-213
새노래로 1-231
새노래로 주 찬양해 1-77
생명의 주 말씀 2-76
샬롬 예루살렘 2-197
샬루 샬롬 예루살라엠 2-241
선하신 목자 2-93
셀라 셀라 2-51
손을 높이 들고 1-164
손을 잡고시 1 165
송축하리 주의 이름을 1-196
수많은 무리들(예수 이름 높이세) 2-169
신실한 하나님 2-134
심령이 가난한 자는 2-42
아버지 날 붙들어 주소서 2-139
아버지 내 삶의 모든 것 1-229
아침해 하늘에 솟아(주 찬양) 2-132
알렐루야 2-103
어린양 보라 2-49
어린양 예수 1-53
어린양 찬양 1-199
언제나 내 모습 1-50
여호와 거룩하신 주 1-208
여호와는 나의 2-108
여호와는 나의 반석 1-368
여호와여 1-272

여호와 우리 주여(시편 8편) 2-33
여호와의 영광을 2-190
영광과 존귀 2-192
여호와 춤추리 1-17, 134
영광 영광 어린양 예수 1-18, 88
영광 영광 왕께 영광을 1-83
영광의 주 1-132
영광의 주님 찬양하세 1-311
예수 가장 귀한 그 이름 1-142
예수 경배하리 2-130
예수는 나의 영광 1-19, 179
예수는 왕 1-242
예수님의 모습을(전능하신 하나님) 2-39
예수만이 참 길이라면서(오직 예수님) 1-300
예수 사랑해요 1-46
예수 알렐루야 구주 1-211
예수 예수 예수(예수 영원히 통치하시
네) 1-235
예수 우리 왕이여 1-285
예수 이름 높이리라 1-279
예수 이름 찬양 1-139
예수 존귀한 주이름 2-191
오 귀한 주 이름 2-104
오 나의 자비로운 주여 1-114
오 주님 2-155
오 주여 나의 마음이 1-250
오직 예수 1-20, 101
오직 주님만 2-175
오 하나님 받으소서 1-45
오 하나님 영광 존귀(오 하나님) 2-215
오 하나님 온 땅위에 1-302
오 할렐루야 1-194
온 땅이여 주를 찬양 1-323
온 맘 다해 주 사랑하라 1-21, 188
온 맘으로 송축하리 1-286
온 세상의 왕이 되신 1-73
온 세상 죄 지고가신(하나님의 어린양) 1-116
온유와 위엄 2-46
와서 찬양 2-102
왕되신 주 2-214

Praise
Hosanna!

왕의 왕과 주의 주께 2-255
왕의 왕께 영광을 1-103
왕의 왕 예수 1-115
왕의 왕 주의 주 1-22, 243
왕의 지성소에 들어가 1-23, 140
왕이신 나의 하나님 1-177
왕이신 예수 1-220
왕이신 하나님 1-178
우리가 여호와께 노래하며 부르자(우리가 여호와께) 1-154
우리 모두 다 함께 1-340
우리를 사랑하사 1-212
우리 모두 노래합시다 1-267
우리 모일 때 1-100
우리 주 예수님께서 1-261
우리 찬양 향기 되게 1-153
우리 함께 모여 1-253
우주 만물 창조하신 2-253
위대하고 강하신 주님 1-160
위대하신 주 하나님 2-158
위대한 주 2-63
위엄의 주 하나님 2-236
유빌라데 우리 모두 1-315
이 날은 주가 지으신 날 1-25, 167
이 땅에 오직(주밖에 없네) 2-135
이스라엘의 하나님 2-242
이스라엘 하나님 찬양 1-254
이 시간 주님께 2-101
이 시간 주님께 나온 우리들 2-21
이와 같은 때엔 1-95
일어나라 찬양을 드리라 1-266
입술로만(주님처럼 어디서나) 1-268
저 높은 보좌에 2-252
전능하신 주님 1-201
전능한 하나님 아버지 2-58
전심으로 주 찬양 1-151
존귀 오 존귀하신 주 1-168
존귀 존귀하신 주 1-186
존귀한 주의 이름 1-26, 203
좋으신 하나님 2-114

죄악에서 1-237
주 그 이름 거룩 2-247
주께 나아가세 2-28
주께 노래하세 2-68
주께 와 엎드려(예배 드림이 기쁨 됩니다) 1-41
주께 찬양드리세 2-96
주 나의 은신처 2-256
주 날개 밑에서 2-50
주 날 위하시면 1-27, 85
주 내 맘에 모신 후에 2-174
주 내 삶의 주인 되시고 2-87
주는 땅 위에서(나는 주를 높이리라) 1-191
주는 보이지 아니하시는 2-86
주는 알파와 오메가 1-47
주는 우리의 소망 2-78
주님 그 큰사랑 1-113
주님께 경배드리세 1-92
주님께서 보낸(사랑의 편지) 2-145
주님나라 이곳에 임했네 1-122
주님 내 아버지 1-29, 150
주님만 사랑하리 1-189
주님 보좌 앞에 나아가 2-216
주님 사랑해요 1-225
주님은 나의 힘 2-74
주님은 항상 살아 계셔서 2-209
주님을 무엇보다 더 1-30, 96
주님을 송축하리 1-313
주님의 날개 아래 살리라 2-176
주님의 사랑 1-171
주님의 사랑 2-34
주님의 손으로 1-216
주님의 영광 나타나셨네 1-249
주님의 진리를 2-150
주님 이곳에 1-81
주님 이곳에 2-71
주님이 나를 사랑하사(그사랑) 1-221
주님 큰 영광 받으소서 1-277
주님 한분만으로 1-269
주를 높이리라 1-264

주를 높일지라 1-144
주를 바라보며 1-227
주를 부르라 2-160
주를 찬양하며 1-180
주말씀 2-148
주 여호와가 통치하시네 2-165
주 여호와는 광대하시도다 1-280
주 예수 경배하세 2-194
주 예수 다스리시네 2-210
주 예수여 오시옵소서 2-26
주와 같은 분 1-226
주 우리 아버지 1-255
주의 거룩하심 생각할 때(주께 경배해) 1-42
주의 거룩하심 임할 때 2-161
주의 사랑 주의 능력 2-254
주의 아름다움은 1-32, 294
주의 이름 높이며 Ⅰ 2-17, 170
주의 이름 높이며 Ⅱ 2-100
주의 이름 부를 때 2-162
주의 이름 송축하리 1-33, 197
주의 이름은 강하고 견고한 망대 1-34, 258
주의 이름을 2-260
주의 인자는 끝이 없고 1-121
주의 인자하심을 1-270
주의 인자하심이 Ⅰ 1-271
주의 인자하심이 Ⅱ 1-35, 200
주의 임재 앞에 잠잠해 2-75
주의 장막이 어찌 그리 아름다운지요(주의 장막이) 1-234
주 이름에 합당한 영광을 1-246
주 찬양 전심으로 1-76
주 찬양합니다 1-90
주 하나님(살아계신 주) 1-312
주 하나님 아버지(크고도 놀라와라) 1-149
죽임 당하신 어린양 2-220
죽임을 당하신 2-211
즐거웁게 찬양하면서 1-82
지존하신 주님이름 앞에 1-215
찬송하라 1-162
찬송할 수 있을 때에 2-53

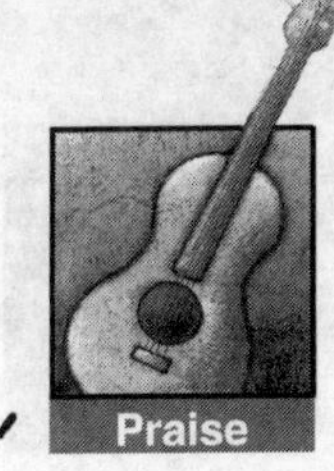

찬양 알렐루야 Ⅰ 1-183
찬양 알렐루야 Ⅱ 1-190
찬양을 드리며 1-44
찬양의 보좌에 2-133
찬양의 제사 드리며 1-36, 129
찬양 찬양 Ⅰ 1-307
찬양 찬양 Ⅱ 1-308
찬양하라 1-306
찬양하라 내 영혼아 1-214
찬양하라 내 영혼아 Ⅱ 2-123
찬양하리라 1-282
찬양하세 1-309
찬양해 주님의 종들아 1-37, 163
천사의 말을(사랑은 가장 귀한 것) 2-81
천지 지으신 2-65
크신 주께 1-161
평강의 왕이요 Ⅰ 1-304
평강의 왕이요 Ⅱ 1-152
평강의 주님 2-43
하나님께로 더 가까이 2-180
하나님 아버지 1-284
하나님 어린양 1-276
하나님 오른편에 1 58
하나님 우리와 함께(하나님 우리와 함께 하시네) 2-257
하나님은 한 번도 나를(오 신실하신 주) 2-36
하나님의 음성을(시편 40편) 1-43
하늘에 있는 2-166
하늘이여 외치라 2-219
할렐루야 전능하신 주께서 다스리네(전능하신 주께서 다시리네) 1-176
할렐루야 주가 다스리네 1-38, 240
해 돋는 데부터 1-78
해 뜨는 곳부터 2-95
해 뜨는 데부터 1-166
형제여 우리 모두 다 함께 1-303
호산나 Ⅰ 1-251
호산나 Ⅱ 1-283
호산나 Ⅲ 1-252
휘장을 지나 2-245

간구

거룩하신 성령이여 2-32
구하라 1-145
나를 사랑하는 자들이(잠 8:17) 2-30
나의 마음을 1-148
나의 말에 귀를(시편 5편) 1-232
나의 백성이 1-295
나의 영혼이(오직 주만이) 1-296
나 주님의 기쁨 되기 원하네 2-5, 154
내 이름으로 1-67
들어주소서 1-329
목마른 사슴 1-57
보라 그날이(주여 오소서) 1-124
사슴이 시냇물을(시편 42편) 1-97
성령이여 2-10, 234
아버지여 구하오니 2-140
아침에 나로 1-120
언제나 내모습 1-50
열어주소서 1-187
온유한 마음을 주옵소서 2-98
이 땅의 황무함을(부흥) 2-1, 227
정결한 마음 주시옵소서 1-233
주님 당신은 사랑의 빛(비추소서) 1 288
주님의 성령 지금 이곳에 1-63
주 알기 원합니다 2-41
주 앞에 이렇게 나와 2-82
주여 나를 주의 성소 2-69
주여 이 시간 주께 2-83
주의 강가로 2-40
주의 긍휼로 2-115
하나님의 음성을(시편 40편) 1-43
항상 진실케 1-55

감사

감사드려요 1-195
감사로 제사 드리는 자가 1-130
감사하며 1-331
감사함으로 1-175
감사해 1-238

감사해요 1-118
그리 아니하실지라도 1-256
날 구원하신 주 2-222
아버지 큰 사랑 감사해요 2-99
아침 안개 눈앞(언제나 주님께 감사해) 2-88
주께 감사하세 1-66

헌신과 의탁

나의 만족과 유익을 위해 2-47
나의 백성이 1-295
내게 있는 향유옥합 1-110
내 안에 사는 이 2-29
내 이름으로 1-67
보라 하나님은 1-218
아버지 내삶에 모든것 1-229
영문 밖으로 2-92
오 예수님 1-209
오 주님 나 주님을 1-293
오 주여 나의 마음이 1-250
우리는 예수님 따르는(그리스도의 제자) 1-74
우리는 한 몸 2-13, 146
우리의 만남은 1-72
입술로만(주님처럼 어디서나) 1-268
주는 알파와 오메가 1-47
주님 내가 여기 있사오니(나를 받으옵소서) 1-93
주님을 따르리 2-66
주님의 성령이 2-105
주님의 손으로 1-216
주님의 시간에 1-56
주의 나라에서(종이 되어 섬기세요) 1-172
주의 신을 내가 떠나 1 1-59
주의 신을 내가 떠나 2 1-298
지금 우리는(일어나 새벽을 깨우리라) 2-221
하나님 나 여기 있으니 1-98
형제여 우리 2-118
확정되었네 1-170

Praise
Hosanna!

기쁨

GOD IS GOOD 2-248
가난한 자가(기쁨의 탄성) 2-206
기뻐 찬양해 1-325
기뻐하라 시온의 딸 2-258
기뻐하며 승리의 노래 1-157
기뻐하며 왕께 1-244
기뻐하며 즐거워하라 2-152
기쁨으로 주께 외치세 1-326
나 기뻐하리 1-9, 245
나에게 생수 부으시니(내 잔이 넘치나이다) 2-246
나의 발은 춤을 추며 2-125
나팔소리 천사의 노래 2-203
내 성의 기쁨의 기를 2-94
너 있는 곳에서(거기서 찬양하라) 2-120
맑고 밝은 날 2-124
무화과 나뭇잎이(난 여호와로 즐거워하리) 2-231
오라 주님께 즐거이(오라 우리가 주님께 노래하며) 2-64
오 할렐루야 2-147
우리들은 여호와를(주 여호와는 나의 힘) 2-55
우리 모두 손뼉을 치며 2-54
우리 모두 찬양하세 2-52
우리 주의 성령이 2-251
우리 함께 기뻐해 1-24, 156
우리 함께 만나는(참 기쁜 노래) 2-264
주께 구속된 자들이 2-232
주는 우리의 도움 2-126
주 안에서 다 기뻐하세 2-56
주여 여기 오소서 2-189
한 걸음 두 걸음(골목길 걸을 때) 2-304
항상 기뻐해요 2-202

구원

구원의 하나님과(구원이 하나님께) 1-79
내가 길을 잃고 2-129

내 영혼의 구세주 2-111
너를 사랑해 2-6, 143
너의 하나님 여호와가 1-297
보라 세상 죄를(하나님의 어린 양) 2-9, 183
사람들은 2-225
새벽 2-226
어린양 찬양 1-199
얼마나 아프실까 2-38
예수 날 위하여 2-136
온 세상 위한 십자가 2-91
외로움에 지친(오시오) 2-207
우리 보좌 앞에 모였네(비젼) 1-289
우리 주님(내 주를) 2-45
존귀한 주의 보혈 2-90
주님은 나의 죄와 허물 2-37
하나님이 세상을 2-79
한 아기가 우리에게 2-188

치유와 회복

광야를 지날 때 2-44
나는 믿음으로 1-10, 126
나는 용서받았네 2-113
나를 정결케 하며 2-35
나 약해 있을 때에도(주님만이) 2-178
나 여호와 치료의 주 2-138
내가 어둠속에서 1-174
내게 오라 2-204
내 슬픔 춤이 되게 하고 1-321
놀라워라 2-184
메마른 우리 마음 2-62
사람들은 이해할 수 없네 1-86
사랑스런 그 주의 손길(사랑스런 주의 손길) 1-65
성령님 이곳에 오소서 1-322
수고하고 무거운 2-107
실수하여 힘을(내가 네안에 착한 일을) 2-142
언제나 내모습 1-50
예수 예수 예수 2-262
예수의 이름으로 1-210

오 나의 주님 2-168
우리를 사랑하신 2-80
우물가의 여인 2-224
재대신 화관을 1-173
주가 나의 죄를(나 이제 자유하네) 1-70
주님과 같이 2-182
주의 사랑을 2-16, 77
지치고 상한(주여 인도하소서) 2-181
해아래 새것이 없나니(새롭게 하소서) 2-177

선교와 전도

가라 너희는 1-299
갈릴리 마을(가서 제자 삼으라) 2-233
내가 만민중에 1-287
너의 가는 길에(파송의 노래) 2-7, 259
더 넓은 세계를 2-172
복음 들고(주 다스리시네) 1-84
세상 끝날까지(가라) 2-144
세상 향한 발걸음들 1-1, 241
우리는 모두 다(주님의 증인) 2-60
우리는 주의 백성이오니 1-193
주님의 성령이(전하세 예수) 1-239
주님이 주신 땅으로 2-230
주의 위엄 전하리 1-31, 228
하늘과 땅의 1-192

선포와 명령

거룩한 땅에 I 1-146
거룩한 땅에 II 1-147
고요한 아침의 나라 2-2, 237
구름같이 허다한(예수를 깊이 생각하자) 2-244
그날이 도적같이 1-257
길 만들라 2-201
깨어라 이스라엘 1-314
나는 여호와니 2-20
너 시온아 1-12, 327
눈을 들어 주를 보라 1-48
들으라 이스라엘 2-122

만방의 족속들아 1-301
먼저 그 나라와 1-71
모든 민족에게 2-8, 171
문들아 너희 머리를 2-149
문들아 머리 들어라 1-265
선포하라 Ⅰ 1-290
선포하라 Ⅱ 1-262
오라 우리가 Ⅰ 1-133
오라 우리가 Ⅱ 1-292
오랫동안 기다려 온(그 믿음 간직하여라) 2-117
온 땅과 만민들아 1-75
온땅이여 1-330
온 땅이여 주를 찬양 1-323
우리는 주님이 흘리신 피로 2-12, 97
주님 나라가 이곳에 임했네 1-122
주님 나라 임하시네 2-15, 229
주님의 영광이 2-106

영적 전쟁과 승리

강한 용사 1-159
나는 주의 깃발 든 군사 2-238
내 영 자유게 2-179
너는 결코(너 결코 용기 잃지 말아라) 2-61
담대하라 2-263
세상권세 멸하시려 1-138
세상의 유혹 시험이(주를 찬양) 2-208
승리관 쓰신 주님 1-16, 259
승리관을 쓰신 주님 1-64
승리 나에게 주셨네 1-260
승리의 노래 1-158
승리하였네 1-236
예수 안에 있는 나에게 2-199
우리 주만 참 하나님 2-205
유월절 어린양의 피로 2-235
저 성벽을 향해 1-316
전신갑주 입고 2-250
주께서 전진해온다 1-317
주는 승리의 왕 1-117

주님과 담대히 1-318
주님의 영광이 2-106
주를 보네 2-48
주 예수의 이름 높이세 2-193
주의 강한 용사들 1-80
해방되었네 2-198

축복과 평안

갈릴리 호숫가에서 2-273
그대는 주님 보내신 1-338
나에게 당신은(사랑의 노래) 1-350
날 사랑하신 1-354
너는 시냇가에 1-343
넌 하나님의 집에 있는 1-344
당신이 지쳐서(누군가 널 위해 기도하네) 1-355
때로는 너의 앞에(축복송) 1-356
만나서 반가와요 1-334
매일 스치는 사람들(그들은 모두 주가 필요해) 1-335
모든 일이 끝나고 2-285
사랑의 나눔 2-278
사랑의 주님이 1-339
사랑합니다 2-283
서로 용납하라 2-271
세상에 소중하고(사랑하며) 2-265
아버지여 우리는 2-282
아주 먼 옛날(당신을 향한 노래) 1-336
예수 사랑 1-345
외로움도 견디어나겠오(우리) 1-357
우리가 하나되어(시편 133편) 2-267
우리 모두 다 함께 1-340
우리안에 사랑을 1-351
우리에게 향하신 1-346
우리의 만남은(왕국과 소명) 2-266
우리함께 걸어요(우리 주안에 한 가족) 1-359
위로하여라 1-341
이날은 이날은 2-275
이 시간 이곳에(주 안에서) 1-337
저는 시냇가에(복 있는 사람은) 2-268
주가 만드신 이 날을 1-347

주가 주신 이 날은 1-348
주는 평화 1-349
주님께서 주시는 1-358
주님께서 주시는 그 사랑으로(사랑송) 2-280
주님의 그 사랑이 1-360
주님의 그 사랑이 2-281
주님의 사랑이(주님 사랑 온누리에) 1-352
주의 사랑 안에서 2-270
주의 사랑으로 1-361
주의 사랑으로 사랑합니다 2-279
지금 우리가(아름답게 하리라) 2-269
축복하소서 1-333
평안을 너에게 1-342
하나님의 큰 사랑이 2-284
하나님께서는(하나되게 하소서) 1-362
하나님 앞에서(헤어짐 속에서) 2-274
하나님은 너를 지키시는 자 2-276
하나님은 우리를 2-277
하나님의 사랑을(주만 바라볼찌라) 2-286
형제와 함께 사는 것 2-272
형제의 모습 속에 1-353

특별찬양

나 비록(꿈이 있는 자유) 2-287
나의 가장 낮은 마음(낮은자의 하나님) 1-363
나의 사랑이 되시는 주여 2-288
나의 하나님 1-364
내게 음악 주신 분 2-289
내 기뻐하는 자 1-365
마음이 가난한 자(마 5 : 3-10) 1-366
볼찌어다 2-290
세상 슬픔에(사람들에게) 2-291
양을 치는 목자들에게(아기예수를 보고) 2-292
어찌하여야 1-367
여호와는 나의 목자시니 2-293
여호와는 나의 반석 1-368
영광 가장 높은 곳에(영광 메들리) 1-369
예수 그분은 2-294
예수 그 이름(그 이름) 2-295

색 인 수록음반 가나다순

예수 나의 주님(귀한 이름 예수) 2-296
예수님은 나의(모든것 되시는 주님) 2-297
예수 사랑하심은(널 사랑하심) 1-370
왕 만왕의 왕(왕께 찬양해) 2-298
우리가 간직해야 할(하연이에게) 2-299
이 세상 어둠 속에서(어린양 되신 하나님) 1-371

저 하늘나라 아기별님(예수님의 사랑 알까요) 1-372
주의 얼굴 바라봅니다(주님만을 사랑합니다) 2-300
짙은 안개 가득하던(평안을) 1-373
크고 작은 만물 속에(나 누구이기에) 2-301
피곤한 하루(내일 일을 내일 염려하라) 2-302

하나님께서는(물고기가 살 수 있도록) 2-303
하나님은 우리의 피난처시요(피난처) 1-374
하나님이시여(주는 나의) 1-375
하늘을 바라보라(주님의 솜씨) 1-376
한 걸음 두 걸음(골목길 걸을 때) 2-304
GOD IS GOOD 2-248
ROMANS 16:19 2-19, 151

수록음반 가나다순

가

2-206 가난한 자가(기쁨의 탄성) "에클레시아 2", "에클레시아 베스트"

2-233 갈릴리 마을 "낮엔 해처럼 밤엔 달처럼" 최용덕 1

2-273 갈릴리 호숫가에서 "김영일 선교사 Bagpipes 성가집"

1-195 감사드려요 찬미예수 1500 (2), "들어 오라 지성소로 3"

1-130 감사로 제사 드리는 자가 "옹기장이 4"

1-331 감사하며 "전하세 예수 4" 두란노 경배와 찬양, "전하세 예수 Selection 1" 두란노 경배와 찬양

1-175 감사함으로 "Praise 15" Mranatha, "In His Presence" Hosanna P&W 15, "찬희의 시편찬양" 기쁨찬양 3

1-238 감사해 "예수 경배와 찬양 6" 은성예수찬양단

1-118 감사해요 "선한 사람들 1", "임동진 장로 골든 복음성가 1" "코리안 심포니-복음성가 3"

1-159 강한 용사 "Mighty Warrior" Hosanna P&W 13, "God with Us" Hosanna Integrity, "우리는 주의 백성이오니" 예수전도단 5

1-106 거룩 거룩 거룩 "Hymns Just For You" Sandi Patti, "경배와 찬양 찬송가 2" 두란노 경배와 찬양

1-206 거룩 거룩 거룩하신 주 Ⅰ "전하세 예수 1" 두란노 경배와 찬양, "Praise 6" 마라나타 싱어즈

1-104 거룩 거룩 거룩하신 주 Ⅱ "선한 사람들 1"

1-51 거룩 거룩 만군의 주여 "Praise & Honor" Hosanna P&W 10, "해 뜨는 데부터" 예수전도단 1, "예수 경배와 찬양 2" 은성예수찬양단

1-2, 105 거룩하고 순결한 1-2, 105 "전하세 예수 1" 두란노 경배와 찬양

2-32 거룩하신 성령이여 "Chris Bowater-Time for Tears" Kingsway, "찬양여행 Praise Musical" 광성찬양선교단

1-3, 52 거룩하신 주님 "Winds of Worship 2" Vineyard, "We welcome You" Worship Songs of the Vineyard 6, "전하세 예수 8" 두란노 경배와 찬양

2-249 거룩하신 주님 찬미예수 1500 (1)

1-4, 181 거룩하신 주 임할 때 "전하세 예수 8", 두란노 경배와 찬양

2-213 거룩하신 하나님 "America's Best Praise & Worship"

1-184 거룩하신 하나님 Ⅰ "I Exalt Thee" Hosanna P&W 6, "전하세 예수 4" 두란노 경배와 찬양

1-185 거룩하신 하나님 Ⅱ "Give Thanks" Hosanna P&W 7, "Praise 10" Maranatha, "일어나라 빛을 발하라" 주찬양 7, "Worship 1-주와 같은 분 내겐 없도다" 한사랑 1

2-67 거룩하신 하나님 어린양 "The Highest Place" Hosanna P&W 40, "열린 예배 Worship Best 25, With 조효성"

1-146 거룩한 땅에 Ⅰ "All Hail King Jesus" Hosanna P&W 3, "침묵기도4" 두란노 경배와 찬양

1-147 거룩한 땅에 Ⅱ "All Hail King Jesus" Hosanna P&W 3, "Holy Ground" Hosanna P&W 59 "침묵기도 4"
     두란노 경배와 찬양

2-167 거룩한 보좌 앞에 "Victor's Crown" Hosanna P&W 28

1-5, 281 거룩한 성전에 거하시며 "Praise 11" Maranatha, "비전 Vision" 예수전도단 6

1-6, 207 거룩한 주 하나님 "전하세 예수 8" 두란노 경배와 찬양

1-7, 182 거룩한 하나님 찬미예수 1000 (2), "있는 모습 그대로", "전하세 예수 8" 두란노 경배와 찬양

2-84 겸손하게 무릎 꿇고 "때가 차매" 예수전도단 3, "해 뜨는 데부터" 예수전도단 1

1-319 경배와 사랑 드리네 "예수 경배와 찬양 3" 은성예수찬양단

2-159 경배하리 내 온 맘 다해 Mercy Publishing, "Wind of Worship 1" Vineyard Music

1-274 고개 들어 "All Hail King Jesus" Hosanna P&W 3, "해 뜨는 데부터" 예수전도단 1 "Hosanna 이 땅을 고치소서"
     주찬양 8 "전하세 예수 3" 두란노 경배와 찬양

2-187 고아들의 아버지 "Join Our Hearts" Graham Kendrick, "As for my House" Hosanna P&W 58, "전하세 예수 8"
     두란노 경배와 찬양

2-2, 237 고요한 아침의 나라 "부흥" 예수전도단 8

2-44 광야를 지날 때 "전신갑주를 취하라" 주찬양 11

2-244 구름같이 허다한(예수를 깊이 생각하자) "꿈이 있는 자유" 정종원 한웅재, "주 다스리시네" 임마누엘 2

1-79 구원이 하나님과(구원이 하나님께) "우리는 주의 백성이오니" 예수 전도단 5

2-110 구원자 주 예수 "America's Best 25 favorite praise & worship choruses 4" Brentwood,
     "No Compromise-Remembering the Music of Keith Green" Sparrow, "Abba" 박종호 4

1-145 구하라 "전신갑주를 취하라" 주찬양 11, "이성균 4"

1-257 그날이 도적같이 "코리안 심포니 복음성가 2", "나의 등뒤에서 1" 조윤숙, "알렐루야 6", "찬양 찬양 메들리 2"

1-324 그는 여호와 "전하세 예수 5" 두란노 경배와 찬양

1-338 그대는 주님 보내신(주님의 선물) "예수마을 1(For The Faith)", "Love Song 1" 최인혁 김지애

1-256 그리 아니하실지라도 "우리 소망 이루어질 그날을 위해" 안성진 2

1-8, 111 그 무엇보다 "Eternal God" Hosanna P&W 34, "전하세 예수 8" 두란노 경배와 찬양

1-49 그 이름 높도다 "해 뜨는 데부터" 예수전도단 1

1-305 그 이름 예수 "동행" 이은수, 전혜영 2

2-164 그 이름 예수 찬미예수 1500 (4), "연합찬양집회실황 2"

1-320 글로리아 "침묵기도 1" 두란노 경배와 찬양, "예수 경배와 찬양 3" 은성예수찬양단

2-85 기다려요 "예수마을 1(For The Faith)"

1-169 기묘라 모사라 찬미예수 300 (1)

1-325 기뻐 찬양해 "Steadfast Love" Hosanna P&W 16, "전하세 예수 6" 두란노 경배와 찬양

2-258 기뻐하라 시온의 딸 "부활 1"

1-157 기뻐하며 승리의 노래 "우리는 주의 백성이오니" 예수전도단 5

1-244 기뻐하며 왕께 "은혜충만 메들리 4", "365 찬양메들리 1", "어린이 찬양과 경배 1" 은성교회 어린이 연합합창단,
     "예수님이 좋아요 2"

2-152 기뻐하며 즐거워 하라 찬미예수 1500 (4)

1-314 깨어라 이스라엘 찬미예수 1500 (4), "전하세 예수 7" 두란노 경배와 찬양, "은혜충만 메들리 1"

Hosanna!

나

1-9, 245　나 기뻐하리 "LIVE Worship with Bob Fitts" Maranatha, "지성소" 예수전도단 7

2-89　나는 가난하고(시편 40편) 찬미예수 1000 (4)

2-3, 212　나는 광대한 "지성소" 예수전도단 7

1-10, 126 나는 믿음으로 "Praise 6" Maranatha, 찬미예수 1500 (2)

2-223 나는 알아요 "쏠티와 함께 3" 샬롬노래선교단, 찬미예수 1000 (3)

2-20　나는 여호와니 "부흥" 예수전도단 8

2-113 나는 용서받았네 Kingsway's Thankyou Music

2-239 나는 주님을 찬양합니다 "Give Thanks" Hosanna P&W 7, "예수 경배와 찬양 4" 은성예수찬양단 "전하세 예수 12" 두란노 경배와 찬양

1-128 나는 주를 부르리 "Forever Grateful" Hosanna P&W 18, "지성소" 예수전도단 7

2-238 나는 주의 깃발 든 군사 "주님 아시지요" 찬양하는 사람들 2

1-275 나는 찬양하리라 "전하세 예수 7" 두란노 경배와 찬양, "America's Best Praise & Worship"

2-30　나를 사랑하는 자들이(잠 8:17) "임마누엘 1", 찬미예수 1000 (3)

1-263 나를 사랑하는 주님 "임마누엘 7", "임정선 골든 찬양 5", "찬양메들리 30곡 모음 2"

2-287 나 비록(꿈이 있는 자유) "꿈이 있는 자유" 정종원 한웅재

2-178 나 약해 있을 때에도(주님만이) "Praise 12" Maranatha, "나의 사랑 나의 신부" 이강혁 2, "어부들의 찬양 1"

1-350 나에게 당신은(사랑의 노래) "소리엘(Live)", "열려라 에바다" 임정선 Best 2, "With(위드)"

2-246 나에게 생수 부으시니(내 잔이 넘치나이다) "나의 등뒤에서 2" 임정선, "알렐루야 9", "전용대 4", "연합찬양집회실황 3"

2-138 나 여호와 치료의 주 "Give Thanks" Hosanna P&W 7, "예수 경배와 찬양 4" 은성예수찬양단

2-4, 173 나의 가는 길 "Eternal God" Hosanna P&W 34, "God is Good-Worship with Don Moen 2" Hosanna Integrity, "테마찬양-신실하신 하나님" 한사랑 3, "왕좌" 조효성

1-363 나의 가장 낮은 마음(낮은 자의 하나님) "소리엘 1" 장혁재 지명현

1-148 나의 마음을 "Refiner's Fire" Worship Songs of the Vineyard 10, "Winds of Worship 3" Vineyard, "전하세 예수 7" 두란노 경배와 찬양

2-47　나의 만족과 유익을 위해 "Is Anyone Thirsty" Graham Kendrick, "전하세 예수 10" 두란노 경배와 찬양

1-232 나의 말에 귀를(시편 5편) "Praise 4" Maranatha, "해 뜨는 데부터" 예수전도단 1, "복 있는 사람은" 송정미 2

2-125 나의 발은 춤을 추며 "어린이 찬양메들리", "찬양 찬양 메들리 3", "찬양메들리 베스트 1"

1-295 나의 백성이 "Army of God" Hosanna P&W 20, "전하세 예수 6" 두란노 경배와 찬양

1-230 나의 사랑 나의 생명(나의 예수님) "손영진 찬양모음" 손영진 1

1-108 나의 안에 계신 주님 "임마누엘 1"

2-109 나의 앞에 계신 주님 "내 안에 있는 그이름" 주찬양 6

2-218 나의 영이 "살아 계신 하나님" 박종호 1 "부흥" 예수전도단 8

1-296 나의 영혼이(오직 주만이) "잃어버린 영혼을 향하여" 송정미 1, "사랑" 좋은 씨앗 2

2-163 나의 주 다스리시네 "Chris Bowater-Time for Tears" Kingsway, "침묵기도 2" 두란노 경배와 찬양

2-27　나의 주 찬양합니다 Hosanna Music, "Victor's Cown" HMC 28

1-137 나의 주 크고 놀라운 하나님 "Mighty God" Hosanna P&W 25, "God for Us" Hosanna Integrity, "들어오라 지성소로 2" 여의도순복음교회 청년선교회 수요 찬양과 경배

1-364 나의 하나님 "소리엘(Live)", "옹기장이 4"

2-137 나의 하나님 Ⅰ "Gospel Concert 제2집" 혜븐 중창단

2-59 나의 하나님 Ⅱ "소리엘(Live)", "박종호 4(Abba)"

1-125 나의 하나님 내 구주를(구속하신 주 찬양) "박종호 최인혁 찬양모음" 예수전도단 4

2-5, 154 나 주님의 기쁨되기 원하네 "신세대 성령캠프 1"

2-203 나팔소리 천사의 노래 "Amazing Love" Hosanna P&W 30

2-243 나 항상 주 송축하며 찬미예수 1500 (3)

2-185 날마다 떠오르는(신실하신 주) "박종호 4(Abba)"

1-354 날 사랑하신 "내 영이" 임마누엘 4

1-109 내가 그리스도와 함께 "최덕신 15Years" 주찬양선교단, "정명옥 2", "임동진 장로 성가 11", "이계복 찬양특집 1"

2-129 내가 길을 잃고 "Hosanna 이 땅을 고치소서" 주찬양 8

1-287 내가 만민중에 "You are My God" Hosanna P&W 9, "전하세 예수 2" 두란노 경배와 찬양, "때가 차매" 예수전도단 3

2-57 내가 산을 향하여 "예수 경배와 찬양 6" 은성예수찬양단

1-174 내가 어둠 속에서 "다윗과 요나단 Best", "나의 등뒤에서 2" 조윤숙, "금보다도 귀하다 3", "이성호 1", "찬양메들리 모음집 2"

1-127 내가 주를 찬송하리 "지성소" 예수전도단 7

2-141 내 감은 두눈에(전부) "소리엘(Live)", "소리엘(Live 2)", "나의 귀한 자" 유상렬 1

2-204 내게 오라 "다윗과 요나단 2", "임정선 골든 찬양 1", "용덕중 복음성가모음 1"

2-289 내게 음악 주신 분 "내게 음악주신 분" 창문 1, "젊은 크리스찬 아티스트 30선 2"

1-110 내게 있는 향유옥합 "손영진 찬양모음" 손영진 1

2-261 내 구주 예수님 "Shout to the Lord" Hosanna P&W 72, "People just Like Us" Hillsong, "전하세 예수 11"
    두란노 경배와 찬양

1-365 내 기뻐하는 자 "임마누엘 7", "임마누엘 Selection"

1-205 내 손을 주께 높이(찬송의 옷을 주셨네) "아무것도 염려치 말고" 조건희, "연합찬양집회실황 2"

1-321 내 슬픔 춤이 되게 하고 "임마누엘 7"

2-29 내 안에 사는 이 "전하세 예수 3" 두란노 경배와 찬양, "들어오라 지성소로 2", "어린이 은혜캠프 1"

1-155 내 영이 "임마누엘 4(내 영이)"

1-54 내 영혼아 여호와를 송축하라 "I Exalt Thee" Hosanna P&W 6, "전하세 예수 4" 두란노 경배와 찬양

2-111 내 영혼의 구세주 "최미 복음성가 1", "이광희 새로운 성가집 2"

1-204 내 영혼이 "침묵기도 1" 두란노 경배와 찬양

1-67 내 이름으로(역대하 7:14) "보라 하나님은" 예수전도단 2

1-40 내 입술로 "내 입술로" 임마누엘 3

2-112 내 주 같은 분 없네 "I want To Know You" Worship Songs of the Vineyard 9

1-135 내 주는 크고 큰 능력으로 "예수 찬양과 경배" 은성예수찬양단

1-87 내 주 되신 주 "우리가 가야 할 길" 하늘그림 1, "임마누엘 3", "임마누엘 6", "골든합창시리즈 9"

1-94 내 평생 사는 동안 "To Him Who Sits on the Throne" Hosanna P&W 4,
    "Worship 1-주와 같은 분 내겐 없도다" 한사랑 1

2-127 너 근심 걱정 와도(주 너를 지키리) "Praise 2" Here I am, 91

2-61 너는 결코(너 결코 용기 잃지 말아라) "임마누엘 5", "임마누엘 Selection"

1-343 너는 시냇가에 "코리안 심포니-복음성가 4"

2-6, 143 너를 사랑해 "최덕신 15 Years" 주찬양선교단

1-12, 327 너 시온아 "전하세 예수 9" 두란노 경배와 찬양

Hosanna!

2-7, 259 너의 가는 길에(파송의 노래) "부흥" 예수전도단 8

1-297 너의 하나님 여호와가 "연합찬양집회실황 2"

2-120 너 있는 곳에서(거기서 찬양하라) "Morning Like This" Sandi Patti

2-24 놀라운 인도자 "Praise 6" Maranatha

2-184 놀라워라 "갈망" 최덕신, "우리가 살아가는 이유" 채한성

1-102 눈을 들어 영광의 왕을 "You are Here" Worship Songs of the Vineyard 2, "전하세 예수 2" 두란노 경배와 찬양

1-48 눈을 들어 주를 보라 "Our God is Good-Worshipping Churches" Kingsway, "전하세 예수 5" 두란노 경배와 찬양

1-60 능력의 이름 예수 "Praise 13" Maranatha, "오 기쁜 소식을 전하는 자여" 주찬양 9

2-31 능히 너를 보호하사 "I Will Rejoice" Hosanna P&W 11

다

1-247 다 와서 찬양해 "Clear the Road" Spring Harvest 5, "전하세 예수 6" 두란노 경배와 찬양

2-263 담대하라 "다윗과 요나단 Best", "전하세 예수-중국" 두란노 경배와 찬양, "1318 CCM Concert", "나의 등뒤에서 3" 김혜복

1-202 당신은 영광의 왕 "전하세 예수 2" 두란노 경배와 찬양

1-355 당신이 지쳐서(누군가 널 위해 기도하네) "소리엘", "어부들의 찬양 1", "최미 2(난 예수가 좋다오)",
　　　 "박종호 베스트 오브", "ICM 복음성가 4", "윤형주 성가모음 3", "최현숙 가스펠 1"

2-172 더 넓은 세계를 "선교한국 94" 연합찬양팀

2-70 두손 들고 소리 높여 "전하세 예수 10" 두란노 경배와 찬양

1-141 두손 들고 찬양합니다 "Blessed Jesus-Worshipping Churches" Kingsway,
　　　 "Songs of the Bride-Grapevine Celebration" Kingsway, "전하세 예수 7" 두란노 경배와 찬양

1-273 들어 오라 지성소로 "I Exalt Thee" Hosanna P&W 6, "우리는 주의 백성이오니" 예수전도단 5, "예수 경배와 찬양 3"
　　　 은성예수찬양단

1-329 들어 주소서 "침묵기도 3" 두란노 경배와 찬양, "나의 등뒤에서 3" 김혜복, "알렐루야 9", "전용대 2", "이성호 2",
　　　 "찬양메들리 모음집 2"

1-328 들으라 이스라엘 "보라 하나님은" 예수전도단 2

2-122 들으라 이스라엘아 "보라 하나님은" 예수전도단 2

1-91 때가 차매 "때가 차매" 예수전도단 3, "해 뜨는 데부터" 예수전도단 1

1-356 때로는 너의 앞에(축복송) "잃어버린 영혼을 향하여" 송정미 1

마

1-334 만나서 반가와요 "찬희의 생일축하" 기쁨찬양 2

1-301 만방의 족속들아 "임마누엘 4", "부활 1"

2-121 만왕의 왕께 영광을 "His Word" Hosanna P&W 17

2-124 맑고 밝은 날 "The First Sunday Song Sing-A-Long" The Maranatha Kids

1-335 매일 스치는 사람들(그들은 모두 주가 필요해) "Steve Green 1" Steve Green, "잃어버린 영혼을 향하여" 송정미 1

1-14, 310 머리 들라 문들아 Make Way Music, "전하세 예수 9" 두란노 경배와 찬양 , "Join Our Heart" HaertCry Records

2-62 메마른 우리 마음 "The Secret Place" Hosanna P&W 49

1-13, 61 모두 다 나아와 "He is Exalted" Songs of Fellowship 2, "전하세 예수 9" 두란노 경배와 찬양

2-8, 171 모든 민족에게 "We are One" Hosanna P&W 53, "전하세 예수 10" 두란노 경배와 찬양

1-217 모든 영광을 하나님께 "보라 하나님은" 예수전도단 2

1-89   모든 이름 위에 "비전 Vision" 예수전도단 6, "부흥" 예수전도단 8
2-285 모든 일이 끝나고 "주의 귀한 사랑" 옹기장이 2
1-278 모든 존귀와 "내 영이" 임마누엘 4
1-57   목마른 사슴 "Praise and Honor" Hosanna P&W 10, "We Draw Near" Hosanna P&W 73,
       "Praise 8" Maranatha, "전하세 예수 1" 두란노 경배와 찬양, "복 있는 사람은" 송정미 2
2-153 무지개를 찾아(주님께 드려요) "새벽별"
2-231 무화과 나뭇잎이(난 여호와로 즐거워하리) "나는 주의 군병"
2-149 문들아 너희 머리를 "하나되게 하소서 5"
1-265 문들아 머리 들어라 "예수 그리스도", "Vision" 예수전도단 6

바

1-124 보라 그날이(주여 오소서) "박종호 최인혁 찬양모음" 예수전도단 4
2-128 보라 그 놀라운 주의 사랑을 "Praise 3" Maranatha
1-218 보라 하나님은 "보라 하나님은" 예수 전도단 2
1-62   보좌에 계신 이와 "때가 차매" 예수전도단 3
1-291 보좌에 계신 하나님 "Army of God" Hosanna P&W 20, "전하세 예수 7" 두란노 경배와 찬양
1-219 보좌에 앉으신 "Praise 2.0"
1-84   복음 들고(주 다스리시네) "America's Best 25 Favorite Praise & Worship Choruses 1" Brentwood
2-290 볼찌어다 "볼찌어다" 김지현 김기석

사

2-225 사람들은 "오 기쁘도다" 주찬양 3
1-86   사람들은 이해할 수 없네 "박종호 최인혁 찬양모음" 예수전도단
1-65   사랑스런 그 주의 손길(영원하신 그 사랑) "박종호 최인혁 찬양모음" 예수선도딘
1-332 사랑의 기 높이 들고 "Amazing Love" Hosanna P&W 30, "전하세 예수 7" 두란노 경배와 찬양
2-278 사랑의 나눔 찬미예수 1500 (7)
1-224 사랑의 노래 드리네 "Winds of Worship 2" Vineyard, "Isn't He with Brian Doerksen" Vineyard,
       "전하세 예수 8" 두란노 경배와 찬양
1-339 사랑의 주님이 "찬희의 생일 축하" 기쁨찬양 2
1-39   사랑하는 나의 아버지 "I Will Rejoice" Hosanna P&W 11, "Praise 9" Maranatha,
       "전하세 예수 2" 두란노 경배와 찬양, "때가 차매" 예수전도단 3
1-112 사랑합니다 I "다윗과 요나단 5", "늘 그래왔던 것처럼" JJ, "Forever Love"
1-15, 222 사랑합니다 II "Come Holy Spirit" Worship Songs of the Vineyard 3, "전하세 예수 8" 두란노 경배와 찬양
2-119 사랑해요 아름다운 이름 "주의 귀한 사랑" 옹기장이 2
1-143 사랑해요 목소리 높여 "Praise 4" Maranatha, "God Can" Hosanna P&W 69, "아카펠라" 박종호,
       "주님 아시지요" 찬양하는 사람들 2
1-223 사모합니다 "Praise 1" Maranatha, "해 뜨는 데부터" 예수전도단 1
1-97   사슴이 시냇물을(시편 42편) "큰사랑 인하여" 임마누엘 1
2-25   살아 계신 성령님 찬미예수 1000 (4)
1-213 살아 계신 하나님 "살아 계신 하나님" 박종호 1

Hosanna!

1-231 새노래로 "365 찬양 메들리 2"

1-77 새노래로 주 찬양해 "Glory to the King" Hosanna P&W 5, "우리는 주의 백성이오니" 예수전도단 5

2-226 새벽 "임마누엘 6"

2-76 생명의 주 말씀 찬미예수 500 ⑴

2-271 서로 용납하라 "보라 하나님은" 예수전도단 2

1-290 선포하라 Ⅰ "Winds of Worship 2" Vineyard, "Praise 13" Maranatha,
　　　 "Come To The Throne" Hosanna P&W 68, "전하세 예수 4" 두란노 경배와 찬양

2-93 선하신 목자 "Forever Grateful" Hosanna Music

2-10, 234 성령이여 "들어오라 지성소로 3"

1-138 세상권세 멸하시려 "Army of God" Hosanna P&W 20, "Crown Him" Hosanna P&W 39,
　　　 "전하세 예수 1" 두란노 경배와 찬양

2-144 세상 끝날까지(가라) "잃어버린 영혼을 향하여" 송정미 1

2-291 세상 슬픔에(사람들에게) "최인혁 3(Holy)", "최인혁 Holy(Remake)"

2-11, 265 세상에 소중하고(사랑하며) "Love Song 1" 최인혁 김지애, "Forever Love"

2-208 세상의 유혹 시험이(주를 찬양) "내 주는 강한 성이요" 주찬양 5, "일어나라 빛을 발하라" 주찬양 7,
　　　 "최덕신 15 Years" 주찬양

1-1, 241 세상 향한 발걸음들 "King of the Nations Graham Kendrick," "Men in Worship" Hosanna P&W 63,
　　　 "비전 Vision" 예수전도단 6

1-164 손을 높이 들고 "어린이 찬양과 경배 1" 은성교회 어린이 연합찬양단

1-165 손을 잡고서 "Praise Together" 하늘노래

1-196 송축하리 주의 이름을 "Give Thanks" Hosanna P&W 7, "예수 경배와 찬양 4" 은성예수찬양단

2-107 수고하고 무거운 "하늘에 계신 아버지" 찬양하는 사람들 3

2-169 수많은 무리들 줄지어(예수 이름 높이세) "나를 받으옵소서" 박종호 2, "일어나라 빛을 발하라" 주찬양 7

1-16, 259 승리관 쓰신 주님 "예수 찬양과 경배 5", "지성소" 예수전도단 7

1-64 승리관을 쓰신 주님 "Victor's Crown" Hosanna P&W 28, "예수 경배와 찬양 5" 은성예수찬양단

1-260 승리 나에게 주셨네 "임마누엘 4"

1-158 승리의 노래 "예수경배와 찬양 5" 은성예수찬양단, "Worship 1-주와 같은 분 내겐 없도다" 한 사랑 1

1-236 승리하였네 "지성소" 예수전도단 7, "예수 찬양과 경배" 은성예수찬양단, "프라미스키퍼 시리즈-경건한 자"

2-134 신실한 하나님 "Chris Bowater-Better than Sacrifice" Kingsway, "침묵기도 4" 두란노 경배와 찬양

2-142 실수하여 힘을(내가 네 안에 착한 일을) "내 주는 강한 성이요" 주찬양 5

2-42 심령이 가난한 자는 "똑바로 보고 싶어요 2" 김혜복, "전용대 7"

아

2-139 아버지 날 붙들어 주소서 "Give Him Praise" Worship Songs of the Vineyard 8

1-229 아버지 내 삶의 모든 것 되신 주 찬미예수 1000 ⑴

2-140 아버지여 구하오니 "Enter His Gates" Hosanna P&W 22, "시와 찬미" SFC 50주년 기념 음반

2-282 아버지여 우리는 "보라 하나님은" 예수전도단

1-336 아주 먼 옛날(당신을 향한 노래) "비전 Vision" 예수전도단 6, "내게 음악 주신 분" 창문

2-88 아침안개 눈앞 가리듯(언제나 주님께 감사해) "평안" 좋은 씨앗 1

1-120 아침에 나로 주의 "주 다스리시네" 임마누엘 2

2-132 아침해 하늘에 솟아 (주찬양) "Worship & Praise 2" Dan McCraw, "아무것도 염려치 말고" 조건희

2-103 알렐루야 "전하세 예수 5" 두란노 경배와 찬양

2-292 양을 치는 목자들에게 (아기 예수를 보고) "에클레시아 1"

2-49   어린양 보라 "보혈찬양집 3"

1-53   어린양 예수 "주의 보혈 능력 있도다" 복사골 목요찬양 집회실황 1

1-199 어린양 찬양 "연합찬양집회실황 1"

1-367 어찌하여야 "America's Best 25 favorite praise & worship choruses 3" Brentwood,
       "유익회 with 소리보기" 호흡이 있는 자 2, "주님 아시지요" 찬양하는 사람들 2

1-50   언제나 내 모습 (주님 내 안에) "다윗과 요나단" Solo 1, "주님 아시지요" 찬양하는 사람들 2

2-38   얼마나 아프실까 "그사랑" 찬양하는 사람들 1, "박종호 최인혁 찬양모음" 예수전도단 4

2-108 여호와는 나의 "위로" 이은수 1

2-293 여호와는 나의 목자시니 (시편 23편) "오 기쁜 소식을 전하는 자여" 주찬양 9

1-368 여호와는 나의 반석 "위로 Comfort Me, O Lord" 이은수

2-33   여호와우리 주여 (시편 8편) "살아 계신 하나님" 박종호 1, "Hosanna 이 땅을 고치소서" 주찬양 8

2-190 여호와의 영광을 "주 다스리시네" 임마누엘 2

1-187 열어주소서 "복음성가 1" 코리안 심포니, "내 안에 있는 그이름" 주찬양 6, "일어나라 빛을 발하라" 주찬양 7

1-369 영광 가장 높은 곳에 (영광메들리) "열린 예배 Worship Best 25", "예수 찬양과 경배 5" 은성예수찬양단

2-192 영광과 존귀 "영광의 구세주(칸타타)", "연합찬양집회실황 1"

1-18, 88 영광 영광 어린양 예수 "Vision" 예수전도단

1-83   영광 영광 왕께 영광을 "Glory to the King" Hosanna P&W 5, "예수경배와 찬양 4" 은성예수찬양단

2-196 영광을 돌리세 (주님의 영광) "부흥" 예수전도단 8

1-132 영광의 주 "전하세 예수 1" 두란노 경배와 찬양, "경배와 찬양 Best 25" 두란노 경배와 찬양, "선한 사람들 2",
       "며섬가합창곡 Best 3", "횃불합창단성가 2"

1-311 영광의 주님 찬양하세 "As For My House" Hosanna P&W 58, "Majesty" Hosanna P&W,
       "전하세 예수 1" 두란노 경배와 찬양, "연합찬양집회실황 2"

2-92   영문 밖으로 "부흥" 예수전도단 8

1-142 예수 가장 귀한 그 이름 "Praise 4" Maranatha, "Lord of All" Hosanna P&W 21,
       "십대들을 위한 찬양대축제" Cross Life

2-130 예수 경배하리 "침묵기도 5" 두란노 경배와 찬양

2-294 예수 그분은 "임마누엘 3", "임마누엘 6", "임마누엘 Selection"

2-295 예수 그 이름 (그 이름) "그 이름" 주찬양 1

2-136 예수 날 위하여 "민족과 열방" 두란노 경배와 찬양, "전하세 예수 - 중국" 두란노 경배와 찬양

1-19, 179 예수는 나의 영광 "내 기뻐하는 자" 임마누엘 7

1-242 예수는 왕 "Mighty God" Hosanna P&W 25, "비전 Vision" 예수전도단 6, "Worship 2-카도쉬" 한사랑 2

2-297 예수님은 나의 (모든 것 되시는 주님) "주만 섬기리" 옹기장이 3

2-39   예수님의 모습을 (전능하신 하나님) "옹기장이 1", "365 찬양 메들리 2", "총신대 남성합창단 1"

1-300 예수만이 참길이라면서 (오직 예수님) "임마누엘 1"

1-345 예수 사랑 "전하세 예수 3" 두란노 경배와 찬양

1-370 예수 사랑하심은 (널 사랑하심) "한국 찬송가 대선집", "임마누엘 5"

1-46   예수 사랑해요 "Hosanna" Worship Songs of the Vineyard 1, "Mighty Warrior" Hosanna P&W 13,

Hosanna!

　　　 "전하세 예수 12" 두란노 경배와 찬양, "연합찬양집회실황 1"

2-199 예수안에 있는 나에게 "김평강 어린이 찬양집 1", "찬양 찬양 메들리 1", "찬양메들리 모음집 3", "민희라 주제별 복음성가 6"

1-211 예수 알렐루야 구주 "침묵기도 1" 두란노 경배와 찬양

1-235 예수 예수 예수(예수 영원히 통치하시네) "살아 계신 하나님" 박종호 1

2-262 예수 예수 예수 "살아 계신 하나님" 박종호 1

1-285 예수 우리 왕이여 "Revers of Joy" Hosanna P&W 65, "Emmanuel Has Come" Hosanna Integrity.
　　　 "연합찬양집회실황 1", "예수 경배와 찬양 3" 은성예수찬양단, "코리안 심포니 복음성가 1", "목요찬양실황 3"

1-210 예수의 이름으로 "전하세 예수 6" 두란노 경배와 찬양

1-279 예수 이름 높이리라 "내 기뻐하는 자" 임마누엘 7

1-139 예수 이름 찬양 "In His Presence" Hosanna P&W 15, "해 뜨는 데부터" 예수전도단 1,
　　　 "오 기쁜 소식을 전하는 자여" 주찬양 9

2-191 예수 존귀한 주 이름 "전하세 예수 1" 두란노 경배와 찬양

2-104 오 귀한 주이름 "때가 차매" 예수전도단 3

1-114 오 나의 자비로운 주여(Spirit Song) "Draw Me Closer" Worship Songs of the Vineyard 5,
　　　 "Praise 3" Maranatha, "전하세 예수 3" 두란노 경배와 찬양, "연합찬양집회실황 3"

2-168 오 나의 주님 "쏠티와 함께 2" 샬롬노래선교단

1-292 오라 우리가 Ⅱ "낮엔 해처럼 밤엔 달처럼" 최용덕, "예수님이 좋아요 3", "어린이 찬양마을 3", "어린이 주찬양 4",
　　　 "깨돌이와 찬양하는 아이들 1"

2-117 오랫동안 기다려온(그 믿음 간직하여라) "주 다스리시네" 임마누엘 2

1-209 오 예수님 "나누고 싶은 이야기" 곽재혁, "박종호 최인혁 찬양모음" 예수전도단, "바디메오 중창단 2", "365 찬양메들리 3"

2-155 오 주님 "때가 차매" 예수전도단 3

1-293 오 주님 나 주님을 "주 다스리시네" 임마누엘 2

1-250 오 주여 나의 마음이 "어린이 예수님 찬양 34곡 2", "은혜충만 메들리 2", "어린이 주찬양 4", "예수님이 좋아요 3"

1-20, 101 오직 예수 "Victor's Crown" Hosanna P&W 28, "전하세 예수 8" 두란노 경배와 찬양, "지성소" 예수전도단 7

2-175 오직 주님만 "We Welcome You" Worship Songs of the Vineyard 6, "전하세 예수 8" 두란노 경배와 찬양

2-215 오 하나님 영광 존귀 "Praise 2" Maranatha, "때가 차매" 예수전도단 3, "해 뜨는 데부터" 예수전도단 1

1-302 오 하나님 온 땅위에 "전하세 예수 3" 두란노 경배와 찬양, "전하세 예수 Selection 1" 두란노 경배와 찬양,
　　　 "우리는 주의 백성이오니" 예수전도단

1-194 오 할렐루야 찬미예수 1000 (3), "연합찬양집회실황 4", "어린이 찬양과 경배 4", 은성교회 어린이 연합합창단,
　　　 "어린이 애창복음성가 101곡"

2-147 오 할렐루야 찬미예수 1000 (3), "그 사랑" 찬양하는 사람들 1, "연합찬양집회실황 4", "아기천사찬송 1",
　　　 "어린이 찬양과 경배 4" 은성교회 어린이 연합합창단

1-75　 온 땅과 만민들아 "전하세 예수 1" 두란노 경배와 찬양

1-330 온 땅이여 찬미예수 500 (2), "복 있는 사람은" 송정미, "임마누엘 4", "예수 그리스도(찬양비전)"

1-323 온 땅이여 주를 찬양 "I AM(A Celebration of Praises)" Maranatha, "전하세 예수 5" 두란노 경배와 찬양

1-21, 188 온 맘 다해 주 사랑하라 "Praise 13" Maranatha, "전하세 예수 9" 두란노 경배와 찬양

1-286 온 맘으로 송축하리 "전하세 예수 4" 두란노 경배와 찬양

2-91　 온 세상 위한 십자가 "부흥" 예수전도단 8

1-116 온 세상죄 지고 가신(하나님의 어린양) "Lamb of God" Hosanna P&W 14, "Praise 12" Maranatha,
　　　 "지성소" 예수전도단 7

2-46　온유와 위엄 "Illuninations" Graham Kendrick, 찬미예수 1000 (3)

2-98　온유한 마음을 주옵소서 "Praise 11" Maranatha, 찬미예수 1000 (1)

2-102 와서 찬양 "예수 경배와 찬양 5" 은성예수찬양단

2-214 왕 되신 주 "Winds of Worship 1" Vineyard, "침묵기도 5" 올네이션스 경배와 찬양

2-298 왕 만왕의 왕(왕께 찬양해) "나를 받으옵소서" 박종호 2

2-255 왕의 왕과 주의 주께 "Enter His Gates" Hosanna P&W 22

1-103 왕의 왕께 영광을 "살아 계신 하나님" 박종호 1

1-115 왕의 왕 예수 찬미예수 500 (1)

1-22, 243 왕의 왕 주의 주 "전하세 예수 9" 두란노 경배와 찬양

1-23, 140 왕의 지성소에 들어가 "Glory to the King" Hosanna P&W 5, "지성소" 예수전도단 7

1-177 왕이신 나의 하나님 "침묵기도 1" 두란노 경배와 찬양, "여의도 광장집회 경배와 찬양" 두란노 경배와 찬양

1-220 왕이신 예수 "김수지 2", "해 뜨는 데부터", "경배와 찬양 베스트 25", 두란노 경배와 찬양 "크리스찬 라이브 은혜찬양2"

1-178 왕이신 하나님 "Glorify Thy Name" Hosanna P&W 8, "Praise 11" Maranatha, "전하세 예수 4" 두란노 경배와 찬양

1-357 외로움도 견디어 나겠소(우리) "평화나라"

2-207 외로움에 지친(오시오) "최인혁 2(Remake)"

2-299 우리가 간직해야 할(하연이에게) "꿈이 있는 자유" 정종원 한웅재

1-154 우리가 여호와께 노래하며 부르자 "우리는 주의 백성이오니" 예수전도단 5

2-267 우리가 하나되어 "이제는 일어나야 할 때" 소리엘 3

2-60　우리는 모두 다(주님의 증인) "증인들의 고백" 주찬양 4

2-12, 97 우리는 주님의 흘리신 피로 "Amazing Love" Hosanna P&W 30, "King of the Nations" Graham Kendrick,
　　　　 "전하세 예수 7" 두란노 경배와 찬양

1-193 우리는 주의 백성이오니 "우리는 주의 백성이오니" 예수전도단 5, "일어나라 빛을 발하라" 주찬양 7

2-55　우리들은 어호아를(주 여후와는 나의 힘) "옹기장이 1", 찬미예수 550 (1), 찬미예수 1500 (4)

1-212 우리를 사랑하사 "우리를 사랑하사" 송명수 1

2-80　우리를 사랑하신 "Firm Foundation" Hosanna P&W 56

1-267 우리 모두 노래합시다 "견딜만한 아픔을 주시는" 신형원, "찬양메들리 3", "열린 찬양 1"

1-340 우리 모두 다 함께 "교제 Song" Friends

2-54　우리 모두 손뼉을 치며 "쏠티와 함께 3"

2-52　우리 모두 찬양하세 "주의 귀한 사랑" 옹기장이 2

1-100 우리 모일 때 "Praise 5" Maranatha, "예수 경배와 찬양 4" 은성예수찬양단

1-289, 2-14, 228 우리 보좌 앞에 모였네(비전) "비전 Vision" 예수전도단 6, "부흥" 예수전도단 8, "지명" 박종호 8

1-351 우리안에 사랑을 "예수 경배와 찬양 4" 은성예수찬양단

1-346 우리에게 향하신 "전하세 예수 3" 두란노 경배와 찬양

1-72, 2-266 우리의 만남은(왕국과 소명) "다윗과 요나단 2", 찬미예수 300 (1)

2-45　우리 주님 크신 사랑(내주를) "임마누엘 6"

2-205 우리 주만 참 하나님 찬미예수 500 (1)

1-261 우리 주 예수님께서 "내 영이" 임마누엘 4

2-251 우리 주의 성령이 "연합찬양집회실황 1", "예수 경배와 찬양 3" 은성예수찬양단

1-153 우리 찬양 향기 되게 하시고 "보라 하나님은" 예수전도단 2, "날 이끄시네" 예아이

1-359 우리 함께 걸어요(우린 주안에 한가족) "쏠티와 함께 1" 샬롬노래선교단

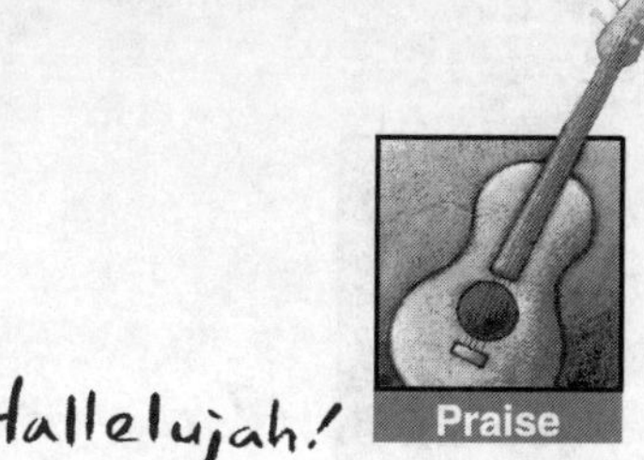
Hallelujah!
Praise

Hosanna!

1-24, 156 우리 함께 기뻐해 "Up to Zion" Hosanna P&W 41, "지성소" 예수전도단 7, "예수 경배와 찬양 6" 은성예수찬양단
2-264 우리 함께 만나는(참 기쁜 노래) "옹기장이 2"
1-253 우리 함께 모여 "예수 경배와 찬양 4" 은성예수찬양단, "Celebration 2" 올네이션스 경배와 찬양
2-224 우물가의 여인처럼 "코리안 심포니 복음성가 3", "조윤숙 간증시 3", "예수 찬양과 경배 4" 은성예수찬양단,
    "초대교회 1" 이성균 친구들, "최현수 가스펠 2"
2-253 우주만물 창조하신 "전하세 예수 10" 두란노 경배와 찬양
1-160 위대하고 강하신 주님 "예수 경배와 찬양 2" 은성예수찬양단, "아브라조 1"
2-158 위대하신 주 하나님 "Steadfast Love" Hosanna P&W 16
1-341 위로하여라 "지명" 박종호 8, "박종호 최인혁 찬양모음" 예수전도단, "박종호 Best of", "박종호(the journey)"
2-236 위엄의 주 하나님 "A People Prepared-Worshipping Churches" Kingsway
1-315 유빌라테 우리 모두 "예수 경배와 찬양 4" 은성예수찬양단, "전하세 예수 9" 두란노 경배와 찬양
2-235 유월절 어린양의 피로 "Come to the Table" Hosanna P&W 37
2-275 이날은 이날은 "예수 찬양과 경배 2" 은성예수찬양단, "목요찬양실황 2", "연합찬양집회실황 3", "어린이 은혜 camp"
1-25, 167 이날은 주가 지으신 날 "열린 예배 Worship Best 25", "예수 찬양과 경배 6" 은성예수찬양단
2-135 이 땅에 오직(주밖에 없네) "나의 사랑 나의 신부" 이강혁 2
2-1, 227 이 땅의 황무함을(부흥) "부흥" 예수전도단 8
1-371 이 세상 어둠속에서(어린양 되신 예수님) "좋은 씨앗 1"
2-242 이스라엘의 하나님 "전하세 예수 7" 두란노 경배와 찬양
1-254 이스라엘 하나님 찬양 "예수 찬양과 경배 4" 은성예수찬양단
1-337 이 시간 이곳에(주안에서) "소리엘 Live", "소리엘 2", "에클레시아 3"
2-21 이 시간 주님께 나온 우리들 "방송 Best 2", 찬미예수 500 (2), "나의 등뒤에서 2" 임정선, "나의 등뒤에서" 조윤숙,
    "조윤숙 골든 5", "전용대 복음성가 4", "초대교회 1"
1-95 이와 같은 때엔 "Praise and Honor" Hosanna P&W 10, "Praise 5" Maranatha,
    "전하세 예수 3" 두란노 경배와 찬양, "찬희의 생일 축하" 기쁨찬양 2
1-266 일어나라 찬양을 드리라 "Arise and Sing" Hosanna P&W 12, "연합찬양집회실황 2",
    "예수경배와 찬양2" 은성예수찬양단
1-268 입술로만(주님처럼 어디서나) "임마누엘 3"

자

1-173 재대신 화관을 "아멘 코러스-1 기쁨"
2-252 저 높은 보좌에 "목요찬양집회실황 3", 찬미예수 1000 (3), "예수 찬양과 경배" 은성예수찬양단, "찬양 찬양 메들리 1",
    "어린이 찬양과 경배 1" 은성교회 어린이 연합합창단, "예수님이 좋아요 3", "깨돌이와 찬양하는 아이들 1"
2-268 저는 시냇가에(복 있는 사람은) "내게 음악 주신 분" 창문 1, "복 있는 사람은" 송정미
1-316 저 성벽을 향해 "Mighty Warrior" Hosanna P&W 13, "전하세 예수 5" 두란노 경배와 찬양
1-372 저 하늘나라 아기별님(예수님의 사랑 알까요) "방황하는 친구에게" 조환곤 1
1-201 전능하신 주님 "임마누엘 3"
2-58 전능한 하나님 아버지 "Chris Bowater-Better than Sacrifice" Kingsway
2-250 전신갑주 입고 "Praise 11" Maranatha, "In His Presence" Hosanna P&W 15, "전하세 예수 6" 두란노 경배와 찬양
1-151 전심으로 주 찬양 "부흥" 예수전도단 8
1-233 정결한 맘 주시옵소서 "Hymns & Choruses 3" Maranatha, 찬미예수 1000 (1),

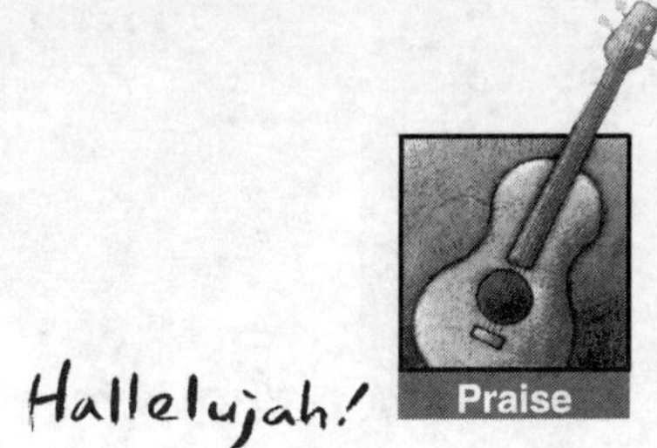Hallelujah!
Praise

"왕이 다시 오시리-김성수" ICM 복음성가 3
1-168 존귀 오 존귀하신 주 "연합찬양집회실황 4", "예수 경배와 찬양 2" 은성예수찬양단
1-186 존귀 존귀하신 주 "예수경배와 찬양 4" 은성예수찬양단, "America's Best Praise & Worship"
2-90 존귀한 주의 보혈 "Draw Me Closer" Worship Songs of the Vineyard 5, "전하세 예수 9" 두란노 경배와 찬양
1-26, 203 존귀한 주의 이름 "Draw Me Closer" Worship Songs of the Vineyard 5, "전하세 예수 9" 두란노 경배와 찬양
2-114 좋으신 하나님 "박종호 Hymns(The symphony 1)", "쏠티와 함께 6", "전하세 예수 3" 두란노 경배와 찬양,
      "늘노래의 옛노래 2", "박종호 3", "이성호 3", "은혜 충만 메들리 3", "최현수 가스펠 2", "열린 찬양 2", "찬양 찬양 메들리 3"
1-237 죄악에서 "임마누엘 4"
1-70 주가 나의 죄를(나 이제 자유하네) "We have Overcome" Hosanna P&W 27, "널 사랑하심" 임마누엘 5
1-66 주께 감사하세 "보라 하나님은" 예수전도단 2, "예수 경배와 찬양 2" 은성예수찬양단
2-232 주께 구속된 자들이 "아멘 코러스-1 기쁨"
2-68 주께 노래하세 "제1회 전국 청소년 복음성가 경연대회"
1-317 주께서 전진해 온다 "Glorify Thy Name" Hosanna P&W 8, "전하세 예수 5" 두란노 경배와 찬양
1-41 주께 와 엎드려(예배 드림이 기쁨 됩니다) "To Him Who Sits on the Throne" Hosanna P&W 4,
      "Sing Out with one voice Hosanna" P&W 67, "우리는 주의 백성이오니" 예수전도단 5
2-96 주께 찬양 드리세 찬미예수 1000 (1)
2-256 주 나의 은신처 Maranatha Music, "Giorify Thy Name" HMC 6
2-50 주 날개 밑에서 "복 있는 사람은" 송정미
2-174 주 내 맘에 모신 후에 "침묵기도 4" 두란노 경배와 찬양
2-87 주 내 삶의 주인 되시고 "어린이 찬미(둘)"
1-28, 99 주는 나의 피난처 "경배와 찬양 Best 25 (3)" 두란노 경배와 찬양
1-191 주는 땅위에서(나는 주를 높이리라) "I Exalt Thee" Hosanna P&W 6, "오 주를 찬미하세" 한국 컨티넨탈 싱어즈 1,
      "Worship 1-주의 같은 분 내겐 없도다" 하사랑 1
2-86 주는 보이지 아니하시는 For Lane Music Publishing, "Psalm 2", "No One but You" Vineyard Music 7
1-47 주는 알파와 오메가 "해 뜨는 데부터" 예수전도단 1
2-126 주는 우리의 도움 "다시 부르는 노래" 소리엘
2-78 주는 우리의 소망 "임마누엘", "임마누엘 Selestion"
1-349 주는 평화 "Praise 7" Maranatha, "연합찬양집회실황 1"
2-182 주님과 같이 "Pure Heart" Hosanna P&W 38, "전하세 예수 9" 두란노 경배와 찬양
1-318 주님과 담대히 "Glorify Thy Name" Hosanna P&W 8, "전하세 예수 5" 두란노 경배와 찬양
1-113 주님 그 큰사랑 "Amazing Love" Hosanna P&W 30, "전하세 예수 8" 두란노 경배와 찬양
1-92 주님께 경배 드리세 찬미예수 1000 (2), "Project 마라나타", "경배하는 이시간 1",
      "경배와 찬양 Best 25 (3)" 두란노 경배와 찬양
2-145 주님께서 보낸(사랑의 편지) "에클레시아 4", "에클레시아 Best"
1-358 주님께서 주시는 "America's Best 25 favorite praise & Worship choruses 1" Brentwood, 찬미예수 500 (1)
2-280 주님께서 주시는 "예수 경배와 찬양 4" 은성예수찬양단
1-131 주님께 영광을 "어부들의 찬양 2(감사해)", "어린이 찬양마을 1", "아기천사찬송 2"
2-15, 229 주님나라 임하시네 "부흥" 예수전도단 8
1-93 주님 내가 여기 있사오니(나를 받으옵소서) "나를 받으옵소서" 박종호 2, "일어나라 빛을 발하라" 주찬양 7
1-29, 150 주님 내 아버지 "침묵기도 4" 두란노 경배와 찬양

 Hosanna!

1-288 주님 당신은 사랑의 빛(비추소서) "Amazing Love" Hosanna P&W 30, "Praise 10" Maranatha,
　　　 "전하세 예수 6" 두란노 경배와 찬양

1-189 주님만 사랑하리 "I Exalt Thee" Hosanna P&W 6, "전하세 예수 5" 두란노 경배와 찬양

2-216 주님 보좌 앞에 나아가 "전하세 예수 1" 두란노 경배와 찬양

1-225 주님 사랑해요 "주님 아시지요" 찬양하는 사람들 2

2-37　 주님은 나의 죄와 허물 "Hosanna 이 땅을 고치소서" 주찬양 8

2-209 주님은 항상 살아 계셔서 "주 다스리시네" 임마누엘 2

2-66　 주님을 따르리 "LIVE Worship with Morris Chapman" Maranatha, "오 기쁜 소식을 전하는 자여" 주찬양 9

1-30, 96 주님을 무엇보다 더 "The Solid Rock" Hosanna P&W 19, "예수 경배와 찬양 5" 은성예수찬양단

1-313 주님을 송축하리 "성가대를 위한 가스펠 편곡집 새노래 1"

1-171 주님의사랑 "위로" 이은수 1, "다윗과 요나단 1", "다윗과 요나단 Best", "사랑(마음의 영가)", "좋은 씨앗 4",
　　　 "열린 예배 Worship Best 25", "알렐루야 6 "용덕중 복음성가 모음 2"

1-352 주님의 사랑이(주님사랑 온누리에) "주님 사랑 온누리에" 예문 옴니버스 1, "모두 주님의 것" 바탕색 1

2-105 주님의 성령이 "전하세 예수 1" 두란노 경배와 찬양, "전하세 예수 Selection 1" 두란노 경배와 찬양

1-239 주님의 성령이(전하세 예수) "Clear the Road" Spring Harvest 5, "전하세 예수 1" 두란노 경배와 찬양,
　　　 "전하세 예수 2" 두란노 경배와 찬양

1-63　 주님의 성령 지금 이곳에(임하소서) "송정미 (Live Concert)", "에클레시아 8", "잃어버린 영혼을 위하여" 송정미

1-216 주님의 손으로 "Come Holy Spirit" Worship Songs of the Vineyard 3, "전하세 예수 1" 두란노 경배와 찬양

1-56　 주님의 시간에 "Praise 4" Maranatha, "전하세 예수 3" 두란노 경배와 찬양

1-249 주님의 영광 나타나셨네 "전하세 예수 1" 두란노 경배와 찬양

2-106 주님의 영광이 "찬양 찬양 메들리 3", "요나의 기도 Best 2"

2-150 주님의 진리를 찬미예수 1500 (4)

1-81　 주님 이곳에 "임마누엘 3", "영광과 존귀 높임을 받으소서(인피니스)"

1-221 주님이 나를 사랑하사(그 사랑) 찬미예수 1500 (3), "찬양하는 사람들", "임마누엘 1", "임마누엘 Selection"

1-277 주님 큰 영광 받으소서 "전하세 예수 5" 두란노 경배와 찬양

1-269 주님 한 분만으로 "내 기뻐하는 자" 임마누엘 7

1-264 주를 높이리라 "경배와 찬양 Best 25-1" 두란노 경배와 찬양, "들어오라 지성소로 3"

1-144 주를 높일찌라 "To Him Who Sits on the Throne" Hosanna P&W 4, "Men In Worship" Hosanna P&W 63,
　　　 "우리는 주의 백성이오니" 예수전도단 5, "침묵기도 3" 두란노 경배와 찬양

2-48　 주를 보네 "프라미스키퍼 시리즈-96 경배와 찬양", "마라나타 싱어즈 1", "마라나타 Praise Best 3"

2-160 주를 부르라 "임마누엘 3"

1-180 주를 찬양하며 "Praise 9" Maranatha, "Come Holy Spirit" Worship Songs of the Vineyard 3,
　　　 "Draw Me Closer" Worship Songs of the Vineyard 5, "전하세 예수 1" 두란노 경배와 찬양

2-56　 주 안에서 다 기뻐하세 "예수 경배와 찬양 6" 은성예수찬양단

2-41　 주 알기 원합니다 찬미예수 1000 (4)

2-69　 주여 나를 주의 성소 "Be Magnified" Hosanna P&W 54, "오 주를 찬미하세" 한국 컨티넨탈 싱어즈 1

2-165 주 여호와가 통치하시네 "그 사랑" 찬양하는 사람들 1

1-280 주 여호와는 광대하시도다 "Lamb of God" Hosanna P&W 14, "Praise 16" Maranatha,
　　　 "전하세 예수 4" 두란노 경배와 찬양

2-194 주 예수 경배하세 "전하세 예수 10" 두란노 경배와 찬양

Hallelujah!
Praise

2-26　주 예수여 오시옵소서 "전하세 예수 6" 두란노 경배와 찬양

2-193 주 예수의 이름 높이세 "We lifted High" Doug Horley, "Live from Wembley Stadium" Kingsway,
　　　　"전하세 예수 10" 두란노 경배와 찬양

1-255 주 우리 아버지 "Celebration 2" 올네이션스 경배와 찬양, "찬양여행 Praise Musical" 광성찬양선교단

1-80　주의 강한 용사들 "Magnificent Warrior" Graham Kendrick, "전하세 예수 6" 두란노 경배와 찬양

1-42　주의 거룩하심 생각할 때(주께 경배해) "Glorify Thy Name" Hosanna P&W 8, "Praise 9" Maranatha,
　　　　"전하세 예수 2" 두란노 경배와 찬양

2-161 주의 거룩하심 임할 때 "Exalt the Lord" Hosanna P&W 31 "침묵기도 4" 올네이션스 경배와 찬양

2-115 주의 긍휼로 "Lamb of God" Hosanna P&W 14, "Praise 9" Maranatha, "Hosanna 이 땅을 고치소서" 주찬양 8

1-172 주의 나라에서(종이 되어 섬기세요) "Praise 2" Maranatha, "예수 경배와 찬양 6" 은성예수찬양단

2-270 주의 사랑 안에서 "최고의 작품", "Love Song" 최인혁 김지애

2-279 주의 사랑으로 사랑합니다 "오 기쁘도다" 주찬양 3

2-16, 77 주의 사랑을 "Lamb of God" Hosanna P&W 14, 찬미예수 1500 ⑹

1-59　주의 신을 내가 떠나 Ⅰ "다시 부르는 노래" 소리엘

1-32, 294 주의 아름다움은 "The Lord Reigns" Hosanna P&W 23, "지성소" 예수전도단 7,
　　　　　"전하세 예수 9" 두란노 경배와 찬양

2-300 주의 얼굴(주님만을 사랑합니다) "박종호 4"

1-31, 228 주의 위엄 전하리 "Vision" 예수전도단 6, 찬미예수 1000 ⑵, "있는 모습 그대로"

2-17, 170 주의 이름 높이며 "Praise 12" Maranatha, "He is faithful" Hosanna P&W 47,
　　　　　"전하세 예수 10" 두란노 경배와 찬양

2-100 주의 이름 높이며 Ⅱ "전하세 예수 10" 두란노 경배와 찬양, "Save Our People", "Project 마라나타", "희망",
　　　　"부활 1", "영혼의 찬양" 최미, "프레이즈 Best 3" 마라나타

2-162 주의 이름 부를 때 Lifestyle Music, "전하세 예수 10" 두란노 경배와 찬양,
　　　　"Chris Bowater-Better Than Sacrifice" Kingsway Music

1-33, 197 주의 이름 송축하리 "Almighty" Hosanna P&W 48, "전하세 예수 9" 두란노 경배와 찬양

2-260 주의 이름을 "You are Here" Worship Songs of the Vineyard 2, "전하세 예수 2" 두란노 경배와 찬양

1-121 주의 인자는 끝이 없고 "Lamb of God" Hosanna P&W 14, "Praise 5" Maranatha,
　　　　"침묵기도 2" 두란노 경배와 찬양, "보라 하나님은" 예수전도단 2

1-270 주의 인자하심을 "임마누엘 3", "좋은 씨앗 1"

1-271 주의 인자하심이 Ⅰ "내 영이" 임마누엘 4

2-75　주의 임재앞에 잠잠해 찬미예수 500 ⑴

1-234 주의 장막이 어찌 그리 아름다운지요 "보라 하나님은" 예수전도단 2

1-76　주 찬양 전심으로 "Draw Me Closer" Worship Songs of the Vineyard 5, "In His Presence" Hosanna P&W 15,
　　　　"전하세 예수 2" 두란노 경배와 찬양

1-90　주 찬양합니다 "침묵기도 1" 두란노 경배와 찬양, "복 있는 사람은" 송정미 2

1-312 주 하나님(살아 계신 주) "오케스트라 복음성가 2", "주찬양 2(알렐루야)", "전하세 예수 Selection 2", "여의도 광장집회
　　　　경배와 찬양" 두란노 경배와 찬양, "전하세 예수 5" 두란노 경배와 찬양, 찬미예수 1000 ⑶, "임정선 골든 찬양 1"

1-149 주 하나님 아버지(크고도 놀라워라) "임마누엘 1"

2-220 죽임 당하신 어린양 "주 이름을 찬양해", "전신갑주를 취하라" 주찬양 11, "극동방송 제22회 성가대 합창제"

2-211 죽임을 당하신 "임마누엘 3", "때가 차매" 예수전도단

 **Praise** *Hosanna!*

1-82 즐거웁게 찬양하면서 "첫사랑때" 안성진 1

2-269 지금 우리가(아름답게 하리라) "세상은 주의 품안에" 곽상엽

1-215 지존하신 주님이름 앞에 "Do Something New Lord" Chris Bowater,
　　　 "We shall conquer-Worshipping Churches" Kingsway, "전하세 예수 7" 두란노 경배와 찬양

1-373 짙은 안개 가득하던(평안을) "좋은 씨앗 1", "젊은 크리스찬 아티스트 30선 1"

차

1-162 찬송하라 "예수 경배와 찬양 2" 은성예수찬양단

1-183 찬양 알렐루야 Ⅰ "전하세 예수 1" 두란노 경배와 찬양, "전하세 예수 4" 두란노 경배와 찬양

1-44   찬양을 드리며(주앞에 옵니다) "우리는 주의 백성이오니" 예수전도단 5

2-133 찬양의 보좌에 Hosanna Music, "Worship the King" HMC 35

1-36, 129 찬양의 제사 드리며 "Glorify Thy Name" Hosanna P&W 8, "지성소" 예수전도단 7

1-307 찬양 찬양 Ⅰ "다윗과 요나단(Solo 1)", "찬양하는 사람들 3", "칼멘 찬송가 1", "임마누엘 3"

1-308 찬양 찬양 Ⅱ "전하세 예수 6" 두란노 경배와 찬양, "예수찬양과 경배 2, 3" 은성예수찬양단,
　　　 "목요찬양집회실황 (2), (3)", "찬양메들리 30곡 모음 1", "어린이 찬양과 경배 4" 은성교회 어린이 연합합창단

1-306 찬양하라 "살아 계신 하나님" 박종호 2, "전하세 예수 3" 두란노 경배와 찬양, "동행" 이은수 전혜영 2, "임마누엘 7",
　　　 "보리떡 1", "박종호 Selection", "365 찬양메들리 3"

1-214 찬양하라 내 영혼아 Ⅰ "일어나라 빛을 발하라" 주찬양 7, "요나의 기도 Best 1", "나의 등뒤에서",
　　　 "최귀라 성가 골든 (3), (4)", "열린 찬양 2"

2-123 찬양하라 내 영혼아 Ⅱ "어린이 경배와 찬양 1" 은성교회 어린이 연합합창단, "찬양메들리모음 4", "연합찬양집회실황 1",
　　　 "27곡 찬양메들리 1"

1-282 찬양하리라 "전하세 예수 6" 두란노 경배와 찬양

1-309 찬양하세 "A People Prepared-Worshipping Churches" Kingsway, "전하세 예수 5" 두란노 경배와 찬양,
　　　 "하나님 한번도 나를 2", "어린이 경배와 찬양 2" 은성교회 어린이 연합합창단

1-37, 163 찬양해 주님의 종들아 Hosanna Music, "Up to Zion" HMC 41

2-81   천사의 말을(사랑은 가장 귀한 것) "The First Sunday Song Sing-A-Long" The Maranatha Kids,
　　　 "쏠티와 함께 1" 샬롬노래선교단

2-65   천지 지으신 "Shouts of Joy" Hosanna P&W 33, "예수 경배와 찬양 6" 은성예수찬양단

1-333 축복하소서 "예수 경배와 찬양 5" 은성예수찬양단

카

1-161 크신 주께 "연합찬양집회실황 1", "예수 경배와 찬양 2" 은성예수찬양단

파

1-304 평강의 왕이요 Ⅰ "You are My God" Hosanna P&W 9, "전하세 예수 2" 두란노 경배와 찬양

1-152 평강의 왕이요 Ⅱ "전하세 예수 2" 두란노 경배와 찬양

2-43   평강의 주님 찬미예수 500 (2)

1-342 평안을 너에게 "Praise 2" Maranatha, "연합찬양집회실황 1"

2-302 피곤한 하루(내일 일은 내일 염려하라) "좋은 씨앗 4", "그대 곁에 있을 거야" 이성균, "내일 일은 내일 염려하라" 이성균 3

하

2-180 하나님께로 더 가까이 "여의도 광장 집회 경배와 찬양 (Live)" 두란노 경배와 찬양, "침묵기도 4" 두란노 경배와 찬양,
　　　 "이정림 1"

2-303 하나님께서는(물고기가 살 수 있도록) "좋은 씨앗 5"

1-362 하나님께서는(하나되게 하소서) "에클레시아 1", 찬미예수 400 , "이성호 3", "하나되게 하소서 5" "마라나타 싱어즈 2"

1-98　하나님 나 여기 있으니 "Come to the Table" Hosanna P&W 37, "전하세 예수 7" 두란노 경배와 찬양

1-284 하나님아버지 "어린이 은혜 Camp 4", "어린이 찬양마을 4"

1-276 하나님 어린양 "Chris Bowater-Time for Tears" Kingswag, "전하세 예수 5" 두란노 경배와 찬양

1-58　하나님 오른편에 "Chosen Treasure" Hosanna P&W 42, "전하세 예수 6" 두란노 경배와 찬양

2-257 하나님 우리와 함께 하시오니 "연합찬양집회실황 1"

2-276 하나님은 너를 지키시는 자 "꿈이 있는 자유" 정종원 한웅재

2-277 하나님은 우리를 "예수 경배와 찬양 3" 은성예수찬양단

1-374 하나님은 우리의 피난처시요 "노래하는 어부들 2"

2-18, 286 하나님의 사랑을(주만 바라볼찌라) "새신자를 위한 찬양 2", "다윗과 요나단 (Live Concert)", 찬미예수 1500 (3),
　　　　 "다윗과 요나단 5"

1-43　하나님의 음성을(시편 40편) "다시 부르는 노래" 소리엘, "십대들을 위한 찬양대축제 2" Cross Life

1-123 하나님이 세상을 (요 3:16) 임마누엘 2

2-79　하나님이 세상을 "임마누엘 2"

1-375 하나님이시여(주는 나의) "소리엘 1" 장혁재 지명현

2-36　하나님 한번도 나를(오 신실하신 주) "경배와 찬양 찬송가 1", "박종호 Hymns(The Symphony 1)",
　　　 "선한 사람들 1", "손영진 3", "최미 골든 찬양 3", "박종호 3", "그 사랑" 찬양하는 사람들 1

1-192 하늘과 땅의(가라) "전하세 예수 4" 두란노 경배와 찬양

2-166 하늘에 있는 찬미예수 1500 (7)

1-376 하늘을 바라보라(주님의 솜씨) "평안" 좋은 씨앗 1

2-219 하늘이여 외치라 "전하세 예수-중국" 두란노 경배와 찬양

2-304 한 걸음 두 걸음(골목길 걸을 때) "골목길 걸을 때" 이성균

2-188 한 아기가 우리에게 "Do Something New Lord" Chris Bowater

1-176 할렐루야 전능하신 주께서 다스리네 "You are My God" Hosanna P&W 9, "해 뜨는 데부터" 예수전도단 1,
　　　 "전신갑주를 취하라" 주찬양 11

1-38, 240 할렐루야 주가 다스리네 "Lord of All" Hosanna P&W 21, "지성소" 예수전도단 7

2-202 항상 기뻐해요 "에클레시아 4", "조하문(가스펠)", "임정선 골든 찬양 4", "옛날 옛적에 하나님이"

1-55　항상 진실케 "Draw Me Closer" Worship Songs of the Vineyard 5, "Praise 9" Maranatha,
　　　 "The Solid Rock" Hosanna P&W 19, "연합찬양집회실황 3"

1-78　해 돋는데 부터 "손영진 찬양모음" 손영진 1, "예수 경배와 찬양 6" 은성예수찬양단

1-166 해 뜨는 데부터 "Shouts of Joy" Hosanna P&W 33, "해 뜨는 데부터" 예수전도단 1, "연합찬양집회실황 1"

2-198 해방되었네 "샛별 어린이 복음성가 4"

2-177 해아래 새것이 없나니(새롭게 하소서) "전용대 복음성가 4", "찬양 메들리 모음 3", "최귀라 성가골든 2", "열방의 왕 2"

1-303 형제여 우리 모두 다 함께 "내 입술로" 임마누엘 3

2-272 형제와 함께 사는 것 "예수 경배와 찬양 4" 은성예수찬양단

Hosanna!

1-353 형제의 모습 속에 "예수 경배와 찬양 5" 은성예수찬양단, "Christian Camp Song" 다윗과 요나단
1-251 호산나 Ⅰ "증인들의 고백" 주찬양 4, "이 땅을 고치소서" 주찬양 8, "전하세 예수 1" 두란노 경배와 찬양, "A-Men-1",
    "찬양하는 사람들 3", "나의 등뒤에서 3"
1-283 호산나 Ⅱ "To Him Who Sits on the Throne" Hosanna P&W 4, "우리는 주의 백성이오니" 예수전도단 5
1-252 호산나 Ⅲ "전하세 예수 2" 두란노 경배와 찬양
2-245 휘장을 지나 찬미예수 500 (2)

 G

GOD IS GOOD 2-248 "Rivers of Joy (Don Moen)"

프레이즈

비전북출판사

사랑하는 나의 아버지 이름 높여 드립니다 ♪
주의 나라 찬양 속에 임하시니 능력의 주께 찬송하네 ♫

편집하면서

프레이즈 VOL 1.은 청년들과 청소년들을 위해 그 대상에 맞게 엄선한 찬양곡들의 모음입니다.
새로운 편집에 의한 차례와 구성을 살펴 보겠습니다.

Chapter 1 : 새노래

새노래를 따로 분류함으로써 배움과 나눔에 있어서 효율성을 기했습니다.
그리고 각각의 새노래는 진행되는 차례와 주제에 맞게끔 재분류를 하였습니다.

Chapter 2 : 경배와 찬양

예배의 중심이 되는 찬양으로서 주제별로 구분하였습니다. 구분은 **경배와 찬양, 간구, 감사, 헌신
과 의탁, 기쁨, 구원, 치유와 회복, 선교와 전도, 선포와 명령, 영적전쟁과 승리** 등으로 되어 있어
예배 성격과 흐름에 맞는 곡 선정에 도움이 되도록 하였습니다.

Chapter 3 : 축복과 평안

교제와 축복 그리고 평안과 화합을 위한 찬양을 따로 분류하여 회중들 간의 교제에
도움이 되도록 하였습니다.

Chapter 4 : 특별찬양

특송과 발표를 위한 곡들을 선정하여 분류하였습니다.

프레이즈 VOL 1.이 여러분들의 경배와 찬양 생활에 도움이 된다면 실로 큰 기쁨이 아닐 수 없습니다.
살아계신 하나님을 찬양합시다!

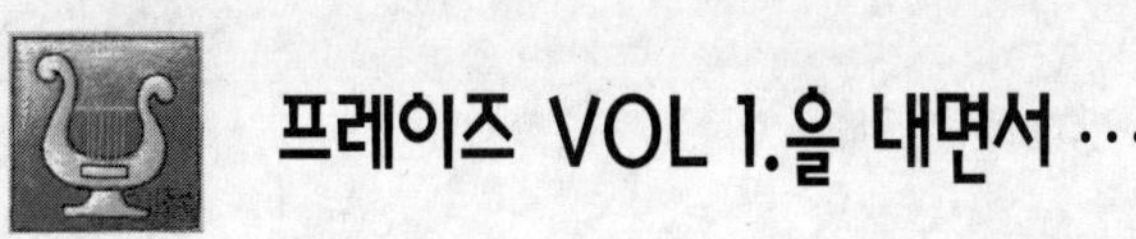

프레이즈 VOL 1.을 내면서 …

"너희 의인들아 여호와를 즐거워하라 찬송은 정직한 자의 마땅히 할 바로다" (시편 33 : 1).

사랑하는 하나님!

주의 이름을 송축합니다.

영광의 하나님께서는 죄인된 우리를 의인으로 부르시고

정직하고 순결한 고백을 듣기 원하십니다.

마땅히 그분의 이름을 높이고 찬양해야 할 것입니다.

살아계신 하나님께서는 찬양 가운데 우리와 거하시며 이 땅의 역사를 세워나가십니다.

"예배는 곧 삶" 이 되어야 하는 까닭에 참된 예배자로서 하나님을 찬양해야 하며,

영적인 침체와 그늘속의 매임으로부터 자유케 되는 역사를 위해 하나님을 찬양해야 하며,

황폐화된 이땅을 하나님 나라로서의 회복과

주님의 주권 회복을 위해 하나님을 찬양해야 합니다.

하늘사다리는 내적인 찬송의 부흥과 영적인 부요함을 위해

기도와 헌신속에서 경배와 찬양집을 준비했습니다.

이 찬양을 통해 한국교회의 찬송과 예배가 회복되기를 간절히 기도합니다.

"보좌에서 음성이 나서 가로되

하나님의 종들 곧 그를 경외하는 너희들아 무론 대소하고

다 우리 하나님께 찬송하라 하더라" (계 19 : 5).

Hosanna!

차 례 노래 번호순

새노래

1. 세상향한 발걸음들
2. 거룩하고 순결한
3. 거룩하신 주님
4. 거룩하신 주 임할 때
5. 거룩한 성전에 거하시며
6. 거룩한 주하나님
7. 거룩한 하나님
8. 그 무엇보다
9. 나 기뻐하리
10. 나는 믿음으로
11. 나를 단련하시는 주
12. 너 시온아
13. 모두다 나아와
14. 머리 들라 문들아
15. 사랑합니다 Ⅱ
16. 승리관 쓰신 주님
17. 여호와 춤추리
18. 영광영광 어린양 예수
19. 예수는 나의 영광
20. 오직 예수
21. 온맘다해 주사랑 하라
22. 왕의왕 주의주
23. 왕의 지성소에 들어가
24. 우리 함께 기뻐해
25. 이날은 주가 지으신 날
26. 존귀한 주의 이름
27. 주 날 위하시면
28. 주는 나의 피난처
29. 주님 내 아버지
30. 주님을 무엇보다 더
31. 주의 위엄 전하리
32. 주의 아름다움은
33. 주의 이름 송축하리
34. 주의 이름은 강하고 견고한 망대
35. 주의 인자하심이 Ⅱ
36. 찬양의 제사 드리며
37. 찬양해 주님의 종들아
38. 할렐루야 주가 다스리네

C CODE

39. 사랑하는 나의 아버지
40. 내 입술로
41. 주께와 엎드려(예배드림이 기쁨 됩니다)
42. 주의 거룩하심(주께 경배해)
43. 하나님의 음성을(시편 40편)
44. 찬양을 드리며
45. 오 하나님 받으소서
46. 예수 사랑해요
47. 주는 알파와 오메가
48. 눈을 들어 주를 보라
49. 그 이름 높도다
50. 언제나 내모습
51. 거룩거룩 만군의 주여
52. 거룩하신 주님
53. 어린양 예수
54. 내 영혼아 여호와를 송축하라
55. 항상 진실케
56. 주님의 시간에
57. 목마른 사슴
58. 하나님 오른편에
59. 주의 신을 내가 떠나
60. 능력의 이름 예수
61. 모두다 나아와
62. 보좌에 계신 이와
63. 주님의 성령 지금 이곳에(임하소서)
64. 승리관을 쓰신 주님
65. 사랑스런 주의 손길
66. 주께 감사하세
67. 내 이름으로(역대하 7:14)
68. 나를 단련하시는 주
69. 내가 사는 것
70. 주가 나의 죄를(나이제 자유하네)
71. 먼저 그 나라와
72. 우리의 만남은
73. 온 세상의 왕이 되신
74. 우리는 예수님 따르는(그리스도의 제자)

75. 온 땅과 만민들아
76. 주찬양 전심으로
77. 새노래로 주찬양해
78. 해 돋는 데부터
79. 구원이 하나님과(구원이 하나님께)
80. 주의 강한 용사들
81. 주님 이곳에
82. 즐거웁게 찬양하면서
83. 영광영광 왕께 영광을
84. 복음들고(주다스리시네)
85. 주 날 위하시면
86. 사람들은 이해할 수 없네

D CODE

87. 내주 되신 주
88. 영광영광 어린양 예수
89. 모든 이름위에 뛰어난
90. 주 찬양합니다
91. 때가 차매
92. 주님께 경배 드리세
93. 주님 내가 여기 있사오니(나를 받으옵소서)
94. 내 평생 사는 동안
95. 이와 같은 때엔
96. 주님을 무엇보다 더
97. 사슴이 시냇물을(시편 42편)
98. 하나님 나 여기 있으니
99. 주는 나의 피난처
100. 우리 모일 때
101. 오직 예수
102. 눈을 들어 영광의 왕을
103. 왕의 왕께 영광을
104. 거룩 거룩 거룩하신 주 Ⅱ
105. 거룩하고 순결한
106. 거룩 거룩 거룩
107. 보좌에 앉으소서
108. 나의 안에 계신 주님
109. 내가 그리스도와 함께
110. 내게 있는 향유 옥합
111. 그 무엇보다

112. 사랑합니다 Ⅰ
113. 주님 그 큰사랑
114. 오 나의 자비로운 주여 (Spirit Song)
115. 왕의 왕 예수
116. 온 세상죄 지고가신 (하나님의 어린양)
117. 주는 승리의 왕
118. 감사해요
119. 복의 근원되신 주
120. 아침에 나로
121. 주의 인자는 끝이 없고
122. 주님나라가 이곳에 임했네
123. 하나님이 세상을
124. 보라 그날이 (주여 오소서)
125. 나의 하나님 내 구주를 (구속하신 주찬양)
126. 나는 믿음으로
127. 내가 주를 찬송하리
128. 나는 주를 부르리
129. 찬양의 제사 드리며
130. 감사로 제사 드리는 자가
131. 주님께 영광을
132. 영광의 주
133. 오라 우리가 Ⅰ
134. 여호와 춤추리
135. 내 주는 크고 큰 능력으로
136. 내가 여호와의 인자하심을
137. 나의 주 크고 놀라운 하나님
138. 세상권세 멸하시려

E CODE

139. 예수 이름 찬양
140. 왕의 지성소에 들어가
141. 두손들고 찬양합니다
142. 예수 가장 귀한 그 이름
143. 사랑해요 목소리 높여
144. 주를 높일지라
145. 구하라
146. 거룩한 땅에 Ⅰ
147. 거룩한 땅에 Ⅱ

148. 나의 마음을
149. 주 하나님 아버지 (크고도 놀라와라)
150. 주님 내 아버지
151. 전심으로 주 찬양
152. 평강의 왕이요
153. 우리찬양 향기되게 하시고
154. 우리가 여호와께 노래하며 부르자
155. 내 영이
156. 우리함께 기뻐해
157. 기뻐하며 승리의 노래
158. 승리의 노래
159. 강한 용사
160. 위대하고 강하신 주님
161. 크신 주께
162. 찬송하라
163. 찬양해 주님의 종들아
164. 손을 높이 들고
165. 손을 잡고서
166. 해 뜨는 데부터
167. 이날은 주가 지으신 날
168. 존귀 오 존귀하신 주
169. 기묘라 모사라
170. 확정되었네
171. 주님의 사랑
172. 주의 나라에서 (종이 되어 섬기세요)
173. 재대신 화관을
174. 내가 어둠 속에서
175. 감사함으로
176. 할렐루야 전능하신 주께서 다스리네

F CODE

177. 왕이신 나의 하나님
178. 왕이신 하나님
179. 예수는 나의 영광
180. 주를 찬양하며
181. 거룩하신 주 임할 때
182. 거룩한 하나님
183. 찬양 알렐루야 Ⅰ
184. 거룩하신 하나님 Ⅰ
185. 거룩하신 하나님 Ⅱ

186. 존귀 존귀하신 주
187. 열어주소서
188. 온맘다해 주 사랑하라
189. 주님만 사랑하리
190. 찬양 알렐루야 Ⅱ
191. 주는 땅위에서 (나는 주를 높이리라)
192. 하늘과 땅의
193. 우리는 주의 백성이오니
194. 오 할렐루야
195. 감사드려요
196. 송축하리 주의 이름을
197. 주의 이름 송축하리
198. 만군의 주 (나의 손을 가르쳐)

G CODE

199. 어린양 찬양
200. 주의 인자하심이 Ⅱ
201. 전능하신 주님
202. 당신은 영광의 왕
203. 존귀한 주의 이름
204. 내 영혼이
205. 내 손을 주께 (찬송의 옷을 주셨네)
206. 거룩 거룩 거룩하신 주 Ⅰ
207. 거룩한 주 하나님
208. 여호와 거룩하신 주
209. 오 예수님
210. 예수의 이름으로
211. 예수 알렐루야 구주
212. 우리를 사랑하사
213. 살아 계신 하나님
214. 찬양하라 내영혼아
215. 지존하신 주님이름 앞에
216. 주님의 손으로
217. 모든 영광을 하나님께
218. 보라 하나님은
219. 보좌에 앉으신
220. 왕이신 예수
221. 주님이나를 사랑하사 (그 사랑)
222. 사랑합니다 Ⅱ
223. 사모합니다

224. 사랑의 노래 드리네
225. 주님 사랑해요
226. 주와 같은 분
227. 주를 바라보며
228. 주의 위엄 전하리
229. 아버지 내 삶의 모든 것 되신 주
230. 나의 사랑 나의 생명(나의 예수님)
231. 새노래로
232. 나의 말에 귀를(시편 5편)
233. 정결한 마음 주시옵소서
234. 주의 장막이 어찌 그리 아름다운 지요
235. 예수예수예수(예수 영원히 통치하시네)
236. 승리하였네
237. 죄악에서
238. 감사해
239. 주님의 성령이(전하세 예수)
240. 할렐루야 주가 다스리네
241. 세상향한 발걸음들
242. 예수는 왕
243. 왕의 왕 주의 주
244. 기뻐하며 왕께
245. 나 기뻐하리
246. 주이름에 합당한 영광을
247. 다와서 찬양해
248. 나의 주님을 찬양합니다
249. 주님의 영광 나타나셨네
250. 오주여 나의 마음이
251. 호산나 Ⅰ
252. 호산나 Ⅲ
253. 우리함께 모여
254. 이스라엘 하나님 찬양
255. 주 우리 아버지
256. 그리 아니하실지라도
257. 그날이 도적같이
258. 주의 이름은 강하고 견고한 망대
259. 승리관 쓰신 주님
260. 승리 나에게 주셨네
261. 우리 주예수님께서

262. 선포하라 Ⅱ
263. 나를 사랑하는 주님
264. 주를 높이리라
265. 문들아 머리들어라
266. 일어나라 찬양을 드리라
267. 우리모두 노래합시다
268. 입술로만(주님처럼 어디서나)
269. 주님 한분 만으로
270. 주의 인자하심을
271. 주의 인자하심이 Ⅰ

A CODE

272. 여호와여
273. 들어오라 지성소로
274. 고개 들어
275. 나는 찬양하리라
276. 하나님 어린양
277. 주님 큰 영광 받으소서
278. 모든 존귀와
279. 예수이름 높이리라
280. 주 여호와는 광대하시도다
281. 거룩한 성전에 거하시며
282. 찬양하리라
283. 호산나 Ⅱ
284. 하나님 아버지
285. 예수 우리 왕이여
286. 온 맘으로 송축하리
287. 내가 만민중에
288. 주님 당신은 사랑의 빛(비추소서)
289. 우리 보좌 앞에 모였네(비전)
290. 선포하라 Ⅰ
291. 보좌에 계신 하나님
292. 오라 우리가 Ⅱ
293. 오 주님 나 주님을
294. 주의 아름다움은
295. 나의 백성이
296. 나의 영혼이(오직 주만이)
297. 너의 하나님 여호와가
298. 주의 신을 내가 떠나 Ⅱ
299. 가라 너희는

300. 예수만이 참 길(오직 예수님)
301. 만방의 족속들아
302. 오 하나님 온 땅위에
303. 형제여 우리 모두 다함께
304. 평강의 왕이요 Ⅰ
305. 그 이름 예수
306. 찬양하라
307. 찬양찬양 Ⅰ
308. 찬양찬양 Ⅱ
309. 찬양하세
310. 머리들라 문들아
311. 영광의 주님 찬양하세
312. 주 하나님(살아 계신 주)

MINOR CODE

313. 주님을 송축하리
314. 깨어라 이스라엘
315. 유빌라데 우리모두
316. 저 성벽을 향해
317. 주께서 전진해온다
318. 주님과 담대히
319. 경배와 사랑 드리네
320. 글로리아
321. 내 슬픔 춤이 되게 하고
322. 성령님 이곳에 오소서
323. 온 땅이여 주를 찬양
324. 그는 여호와
325. 기뻐 찬양해
326. 기쁨으로 주께 외치세
327. 너 시온아
328. 들으라 이스라엘
329. 들어주소서
330. 온 땅이여
331. 감사하며
332. 사랑의 기 높이들고

축복과 평안

333. 축복하소서
334. 만나서 반가와요
335. 매일 스치는 사람들(그들은 모두

주가 필요해)
336. 아주 먼 옛날(당신을 향한 노래)
337. 이 시간 이곳에(주안에서)
338. 그대는 주님 보내신
339. 사랑의 주님이
340. 우리모두 다함께
341. 위로하여라
342. 평안을 너에게
343. 너는 시냇가에
344. 넌 하나님의 집에 있는
345. 예수 사랑
346. 우리에게 향하신
347. 주가 만드신 이 날을
348. 주가 주신 이날은
349. 주는 평화
350. 나에게 당신은(사랑의 노래)
351. 우리 안에 사랑을

352. 주님의 사랑이(주님 사랑 온 누리에)
353. 형제의 모습 속에
354. 날 사랑하신
355. 당신이 지쳐서(누군가 널 위해 기도하네)
356. 때로는 너의 앞에(축복송)
357. 외로움도 견디어나겠소(우리)
358. 주님께서 주시는
359. 우리 함께 걸어요(우린 주안에 한 가족)
360. 주님의 그 사랑이
361. 주의 사랑으로 사랑하게 하소서
362. 하나님께서는(하나되게 하소서)

특별찬양

363. 나의 가장 낮은 마음(낮은 자의 하나님)

364. 나의 하나님
365. 내 기뻐하는 자
366. 마음이 가난한 자(마 5:3-10)
367. 어찌하여야
368. 여호와는 나의 반석
369. 영광 가장 높은 곳에(영광 메들리)
370. 예수 사랑하심은(널 사랑하심)
371. 이 세상 어둠 속에서(어린양 되신 예수님)
372. 저 하늘나라 아기별님(예수님의 사랑 알까요)
373. 짙은 안개 가득하던(평안을)
374. 하나님은 우리의 피난처시요(피난처)
375. 하나님이시여(주는 나의)
376. 하늘을 바라보라(주님의 솜씨)

가사첫줄 가나다순

가

가라 너희는 299
감사드려요 195
감사로 제사 드리는 자가 130
감사하며 331
감사함으로 175
감사해 238
감사해요 118
강한 용사 159
거룩 거룩 거룩 106
거룩 거룩 거룩하신 주 Ⅰ 206
거룩 거룩 거룩하신 주 Ⅱ 104
거룩 거룩 만군의 주여 51
거룩하고 순결한 2, 105
거룩하신 주님 3, 52
거룩하신 주 임할 때 4, 181
거룩하신 하나님 Ⅰ 184

거룩하신 하나님 Ⅱ 185
거룩한 땅에 Ⅰ 146
거룩한 땅에 Ⅱ 147
거룩한 성전에 거하시며 5, 281
거룩한 주하나님 6, 207
거룩한 하나님 7, 182
경배와 사랑 드리네 319
고개 들어 274
구원이 하나님과(구원이 하나님께) 79
구하라 145
그날이 도적같이 257
그는 여호와 324
그대는 주님 보내신(주님의 선물) 338
그리 아니하실지라도 256
그 무엇보다 8, 111
그 이름 높도다 49
그 이름 예수 305
글로리아 320

기묘라 모사라 169
기뻐 찬양체 325
기뻐하며 승리의 노래 157
기뻐하며 왕께 244
기쁨으로 주께 외치세 326
깨어라 이스라엘 314

나

나 기뻐하리 9, 245
나는 믿음으로 10, 126
나는 주를 부르리 128
나는 찬양하리라 275
나를 단련하시는 주 11, 68
나를 사랑하는 주님 263
나에게 당신은(사랑의 노래) 350
나의 가장 낮은마음(낮은자의 하나님) 363
나의 마음을 148
나의 말에 귀를(시편 5편) 232

나의 백성이 295
나의 사랑 나의 생명(나의 예수님) 230
나의 안에 계신 주님 108
나의 영혼이(오직 주만이) 296
나의 주님을 찬양합니다 248
나의 주 크고 놀라운 하나님 137
나의 하나님 364
나의 하나님 내구주를(구속하신 주 찬양) 125
날 사랑하신 354
내가 그리스도와 함께 109
내가 만민 중에 287
내가 사는 것 69
내가 어둠 속에서 174
내가 여호와의 인자하심을 136
내가 주를 찬송하리 127
내게 있는 향유옥합 110
내 기뻐하는 자 365
내손을 주께 높이(찬송의 옷을 주셨네) 205
내 슬픔 춤이 되게 하고 321
내 영이 155
내 영혼아 여호와를 송축하라 54
내 영혼이 204
내 이름으로(역대하 7:14) 67
내 입술로 40
내 주는 크고 큰 능력으로 135
내 주되신 주 87
내 평생 사는 동안 94
너는 시냇가에 343
너 시온아 12, 327
너의 하나님 여호와가 297
넌 하나님의 집에 있는 344
눈을 들어 영광의 왕을 102
눈을 들어 주를 보라 48
능력의 이름 예수 60

다

다와서 찬양해 247
당신은 영광의 왕 202
당신이 지쳐서 355

두손들고 찬양합니다 141
들어오라 지성소로 273
들어주소서 329
들으라 이스라엘 328
때가 차매 91
때로는 너의 앞에(축복송) 356

마

마음이 가난한 자(마 5:3-10) 366
만 군의 주(나의 손을 가르쳐) 198
만나서 반가와요 334
만방의 족속들아 301
매일 스치는 사람들(그들은 모두 주가 필요해) 335
머리 들라 문들아 14, 310
먼저 그 나라와 71
모두다 나아와 13, 61
모든 영광을 하나님께 217
모든 이름 위에 89
모든 존귀와 278
목마른 사슴 57
문들아 머리 들어라 265

바

보라 그날이(주여 오소서) 124
보라 하나님은 218
보좌에 계신 이와 62
보좌에 계신 하나님 291
보좌에 앉으소서 107
보좌에 앉으신 219
복음들고(주 다스리시네) 84
복의 근원 되신 주 119

사

사람들은 이해할 수 없네 86
사랑스런 그 주의 손길(영원하신 그 사랑) 65
사랑의 기 높이들고 332
사랑의 노래드리네 224
사랑의 주님이 339

사랑하는 나의 아버지 39
사랑합니다 I 112
사랑합니다 II 15, 222
사링해요 목소리 높여 143
사모합니다 223
사슴이 시냇물을(시편 42편) 97
살아 계신 하나님 213
새노래로 231
새노래로 주찬양해 77
선포하라 I 290
선포하라 II 262
성령님 이곳에 오소서 322
세상권세 멸하시려 138
세상향한 발걸음들 1, 241
손을 높이 들고 164
손을 잡고서 165
송축하리 주의 이름을 196
승리관 쓰신 주님 16, 259
승리관을 쓰신 주님 64
승리 나에게 주셨네 260
승리의 노래 158
승리하였네 236

아

아버지 내 삶의 모든 것 되신 주 229
아주 먼 옛날(당신을 향한 노래) 336
아침에 나로 주의 120
어린양 예수 53
어린양 찬양 199
어찌하여야 367
언제나 내모습(주님 내안에) 50
여호와 거룩하신 주 208
여호와는 나의 반석 368
여호와여 272
여호와 춤추리 17, 134
열어주소서 187
영광 가장 높은 곳에(영광메들리) 369
영광 영광 어린양 예수 18, 88
영광 영광 왕께 영광을 83
영광의 주 132

영광의 주님 찬양하세 311
예수 가장 귀한 그 이름 142
예수는 나의 영광 19, 179
예수는 왕 242
예수만이 참 길(오직 예수님) 300
예수사랑 345
예수 사랑하심은(널 사랑하심) 370
예수 사랑해요 46
예수 알렐루야 구주 211
예수 예수 예수(예수 영원히 통치하시네) 235
예수 우리 왕이여 285
예수의 이름으로 210
예수이름 높이리라 279
예수 이름 찬양 139
오 나의 자비로운 주여(Spirit Song) 114
오라 우리가 Ⅰ 133
오라 우리가 Ⅱ 292
오 예수님 209
오 주님 나 주님을 293
오 주여 나의 마음이 250
오직 예수 20, 101
오 하나님 받으소서 45
오 하나님 온땅 위에 302
오 할렐루야 194
온땅과 만민들아 75
온땅이여 330
온땅이여 주를 찬양 323
온맘다해 주 사랑하라 21, 188
온 맘으로 송축하리 286
온 세상의 왕이 되신 73
온 세상죄 지고가신(하나님의 어린양) 116
왕의 왕께 영광을 103
왕의 왕 예수 115
왕의 왕 주의 주 22, 243
왕의 지성소에 들어가 23, 140
왕이신 나의 하나님 177
왕이신 예수 220
왕이신 하나님 178
외로움도 견디어 나겠소(우리) 357

우리가 여호와께 노래하며 부르자 154
우리는 예수님 따르는(그리스도의 제자) 74
우리는 주의 백성이오니 193
우리를 사랑하사 212
우리모두 노래합시다 267
우리모두 다함께 340
우리 모일 때 100
우리 보좌 앞에 모였네(비전) 289
우리 안에 사랑을 351
우리에게 향하신 346
우리의 만남은(왕국과 소명) 72
우리 주 예수님께서 261
우리찬양 향기 되게 하시고 153
우리함께 걸어요(우린 주 안에 한가족) 359
우리함께 기뻐해 24, 156
우리함께 모여 253
위대하고 강하신 주님 160
위로하여라 341
유빌라데 우리모두 315
이날은 주가 지으신 날 25, 167
이 세상 어둠속에서(어린양되신 예수님) 371
이스라엘 하나님 찬양 254
이 시간 이곳에(주 안에서) 337
이와 같은 때엔 95
일어나라 찬양을 드리라 266
입술로만(주님처럼 어디서나) 268

자

재대신 화관을 173
저 성벽을 향해 316
저 하늘나라 아기별님(예수님의 사랑 알까요) 372
전능하신 주님 201
전심으로 주찬양 151
정결한 마음 주시옵소서 233
존귀 오 존귀하신 주 168
존귀 존귀하신 주 186
존귀한 주의 이름 26, 203

죄악에서 237
주가 나의 죄를(나 이제 자유하네) 70
주가 만드신 이날을 347
주가 주신 이날은 348
주께 감사하세 66
주께서 전진해온다 317
주께와 엎드려(예배 드림이 기쁨 됩니다) 41
주 날 위하시면 27, 85
주는 나의 피난처 28, 99
주는 땅 위에서(나는 주를 높이리라) 191
주는 승리의 왕 117
주는 알파와 오메가 47
주는 평화 349
주님과 담대히 318
주님 그 큰사랑 113
주님께 경배 드리세 92
주님께서 주시는 358
주님께 영광을 131
주님나라가 이곳에 임했네 122
주님 내가 여기 있사오니(나를 받으옵소서) 93
주님 내 아버지 29, 150
주님 당신은 사랑의 빛(비추소서) 288
주님만 사랑하리 189
주님 사랑해요 225
주님을 무엇보다 더 30, 96
주님을 송축하리 313
주님의 그 사랑이 360
주님의 사랑 171
주님의 사랑이(주님사랑 온 누리에) 352
주님의 성령 지금 이곳에(임하소서) 63
주님의 성령이(전하세 예수) 239
주님의 손으로 216
주님의 시간에 56
주님의 영광 나타나셨네 249
주님 이곳에 81
주님이 나를 사랑하사(그 사랑) 221
주님 큰 영광 받으소서 277
주님 한 분만으로 269

차 례 주제별 분류

주를 높이리라 264
주를 높일지라 144
주를 바라보며 227
주를 찬양하며 180
주여호와는 광대하시도다 280
주와 같은 분 226
주우리 아버지 255
주의 강한 용사들 80
주의 거룩하심 생각할 때(주께 경배해) 42
주의 나라에서(종이 되어 섬기세요) 172
주의 사랑으로 사랑하게 하소서 361
주의 신을 내가 떠나 Ⅰ 59
주의 신을 내가 떠나 Ⅱ 298
주의 아름다움은 32, 294
주의 위엄 전하리 31, 228
주의 이름 송축하리 33, 197
주의 이름은 강하고 견고한 망대 34, 258
주의 인자는 끝이 없고 121
주의 인자하심을 270
주의 인자하심이 Ⅰ 271
주의 인자하심이 Ⅱ 35, 200
주의 장막이 어찌 그리 아름다운 지요 234
주이름에 합당한 영광을 246
주찬양 전심으로 76
주찬양합니다 90
주하나님(살아 계신 주) 312

주하나님 아버지(크고도 놀라워라) 149
즐거웁게 찬양하면서 82
지존하신 주님이름 앞에 215
짙은 안개 가득하던(평안을) 373

차

찬송하라 162
찬양 알렐루야 Ⅰ 183
찬양 알렐루야 Ⅱ 190
찬양을 드리며(주앞에 옵니다) 44
찬양의 제사 드리며 36, 129
찬양 찬양 Ⅰ 307
찬양 찬양 Ⅱ 308
찬양하라 306
찬양하라 내 영혼아 214
찬양하리라 282
찬양하세 309
찬양해 주님의 종들아 37, 163
축복하소서 333

카

크신 주께 161

파

평강의 왕이요 Ⅰ 304
평강의 왕이요 Ⅱ 152

평안을 너에게 342

하

하나님께서는(하나되게 하소서) 362
하나님 나 여기 있으니 98
하나님 아버지 284
하나님 어린양 276
하나님 오른편에 58
하나님은 우리의 피난처시요(피난처) 374
하나님의 음성을(시편 40편) 43
하나님 이 세상을(요 3:16) 123
하나님이시여(주는 나의) 375
하늘과 땅의(가라) 192
하늘을 바라보라(주님의 솜씨) 376
할렐루야 전능하신 주께서 다스리네 176
할렐루야 주가 다스리네 38, 240
항상 진실케 55
해 돋는 데부터 78
해 뜨는 데부터 166
형제여 우리모두 다함께 303
형제의 모습 속에 353
호산나 Ⅰ 251
호산나 Ⅱ 283
호산나 Ⅲ 252
확정되었네 170

주제별 분류

새노래

거룩하고 순결한 2
거룩하신 주 임할 때 4
거룩하신 주님 3
거룩한 성전에 거하시며 5
거룩한 주하나님 6
거룩한 하나님 7
그 무엇보다 8

나 기뻐하리 9
나는 믿음으로 10
나를 단련하시는 주 11
너 시온아 12
머리 들라 문들아 14
모두다 나아와 13
사랑합니다 Ⅱ 15
세상향한 발걸음들 1
승리관 쓰신 주님 16

여호와 춤추리 17
영광 영광 어린양 예수 18
예수는 나의 영광 19
오직 예수 20
온맘다해 주 사랑 하라 21
왕의 지성소에 들어가 23
왕의왕 주의주 22
우리 함께 기뻐해 24
이날은 주가 지으신 날 25

존귀한 주의 이름 26
주 날 위하시면 27
주는 나의 피난처 28
주님 내아버지 29
주님을 무엇보다 더 30
주의 아름다움은 32
주의 위엄 전하리 31
주의 이름 송축하리 33
주의 이름은 강하고 견고한 망대 34
주의 인자하심이 Ⅱ 35
찬양의 제사 드리며 36
찬양해 주님의 종들아 37
할렐루야 주가 다스리네 38

경배와 찬양

거룩 거룩 거룩 106
거룩 거룩 거룩하신 주 Ⅰ 206
거룩 거룩 거룩하신 주 Ⅱ 104
거룩 거룩 만군의 주여 51
거룩하고 순결한 2, 105
거룩하신 주님 3, 52
거룩하신 주 임할 때 4, 181
거룩하신 하나님 Ⅰ 184
거룩하신 하나님 Ⅱ 185
거룩한 성전에 거하시며 5, 281
거룩한 주 하나님 6, 207
거룩한 하나님 7, 182
경배와 사랑드리네 319
고개들어 274
그 무엇보다 8, 111
그 이름 높도다 49
그 이름 예수 305
글로리아 320
기묘라 모사라 169
기뻐 찬양해 325
기뻐하며 왕께 244
기쁨으로 주께 외치세 326
나는 주를 부르리 128
나는 찬양하리라 275
나의 사랑 나의 생명(나의 예수님) 230

나의 주님을 찬양합니다 248
나의 주 크고 놀라운 하나님 137
나의 하나님 내 구주를(구속하신 주찬양) 125
내가 만민중에 287
내가 여호와의 인자하심을 136
내가 주를 찬송하리 127
내 손을 주께 높이(찬송의 옷을 주셨네) 205
내 영이 155
내 영혼아 여호와를 54
내 영혼이 204
내 입술로 40
내 주는 크고 큰 능력으로 135
내 주 되신 주 87
내 평생 사는 동안 94
너의 하나님 여호와가 297
눈을 들어 영광의 왕을 102
눈을 들어 주를 보라 48
다와서 찬양해 247
당신은 영광의 왕 202
두손들고 찬양합니다 141
들어오라 지성소로 273
때가 자매 91
만군의 주(나의 손을 가르쳐) 198
만방의 족속들아 301
머리들라 문들아 14, 310
모두다 나아와 13, 61
모든 영광을 하나님께 217
모든 이름위에 뛰어난 89
모든 존귀와 278
문들아 머리 들어라 265
보라 하나님은 218
보좌에 계신 이와 62
보좌에 계신 하나님 291
보좌에 앉으소서 107
보좌에 앉으신 219
복의 근원 되신 주 119
사랑의 기 높이들고 332
사랑의 노래 드리네 224

사랑의 주님이 339
사랑하는 나의 아버지 39
사랑합니다 Ⅰ 112
사랑합니다 Ⅱ 15, 222
사랑해요 목소리 높여 143
사모합니다 223
살아계신 하나님 213
새노래로 231
새노래로 주 찬양해 77
손을 높이 들고 164
손을 잡고서 165
송축하리 주의 이름을 196
아버지 내 삶의 모든 것 229
어린양 예수 53
어린양 찬양 199
언제나 내모습 50
여호와 거룩하신 주 208
여호와는 나의 반석 368
여호와여 272
여호와 춤추리 17, 134
영광 영광 어린양 예수 18, 88
영광 영광 왕께 영광을 83
영광의 주 132
영광의 주님 찬양하세 311
예수 가장 귀한 그 이름 142
예수는 나의 영광 19, 179
예수는 왕 242
예수만이 참 길(오직 예수님) 300
예수 사랑해요 46
예수 알렐루야 구주 211
예수예수예수(예수 영원히 통치하시네) 235
예수 우리 왕이여 285
예수 이름 높이리라 279
예수 이름 찬양 139
오 나의 자비로운 주여 114
오 주여 나의 마음이 250
오직 예수 20, 101
오 하나님 받으소서 45
오 하나님 온 땅위에 302

오 할렐루야 194
온 땅이여 주를 찬양 323
온 맘다해 주 사랑하라 21, 188
온 맘으로 송축하리 286
온 세상의 왕이 되신 73
온 세상 죄 지고가신(하나님의 어린양) 116
왕의 왕께 영광을 103
왕의 왕 예수 115
왕의 왕 주의 주 22, 243
왕의 지성소에 들어가 23, 140
왕이신 나의 하나님 177
왕이신 예수 220
왕이신 하나님 178
우리가 여호와께 노래하며 부르자(우리가 여호와께) 154
우리를 사랑하사 212
우리 모두 노래합시다 267
우리 모두 다함께 340
우리 모일 때 100
우리 주 예수님께서 261
우리 찬양 향기 되게 153
우리 함께 모여 253
위대하고 강하신 주님 160
유빌라데 우리모두 315
이날은 주가 지으신 날 25, 167
이스라엘 하나님 찬양 254
이와 같은 때엔 95
일어나라 찬양을 드리라 266
입술로만(주님처럼 어디서나) 268
전능하신 주님 201
전심으로 주 찬양 151
존귀 오 존귀하신 주 168
존귀 존귀하신 주 186
존귀한 주의 이름 26, 203
죄악에서 237
주께와 엎드려(예배 드림이 기쁨 됩니다) 41
주 날 위하시면 27, 85
주는 땅 위에서(나는 주를 높이리라) 191
주는 알파와 오메가 47

주님 그 큰사랑 113
주님만 사랑하리 189
주님 내 아버지 29, 150
주님께 경배드리세 92
주님나라 이곳에 임했네 122
주님 사랑해요 225
주님을 무엇보다 더 30, 96
주님을 송축하리 313
주님의 사랑 171
주님의 손으로 216
주님의 영광 나타나셨네 249
주님 이곳에 81
주님이 나를 사랑하사(그사랑) 221
주님 큰 영광 받으소서 277
주님 한분만으로 269
주를 높이리라 264
주를 높일지라 144
주를 바라보며 227
주를 찬양하며 180
주 여호와는 광대하시도다 280
주와 같은 분 226
주 우리 아버지 255
주의 거룩하심 생각할 때(주께 경배해) 42
주의 아름다움은 32, 294
주의 이름 송축하리 33, 197
주의 이름은 강하고 견고한 망대 34, 258
주의 인자는 끝이 없고 121
주의 인자하심을 270
주의 인자하심이 Ⅰ 271
주의 인자하심이 Ⅱ 35, 200
주의 장막이 어찌 그리 아름다운지요(주의 장막)234
주 이름에 합당한 영광을 246
주 찬양 전심으로 76
주 찬양합니다 90
주 하나님(살아 계신 주) 312
주 하나님 아버지(크고도 놀라와라) 149
즐거웁게 찬양하면서 82
지존하신 주님이름앞에 215
찬송하라 162

찬양 알렐루야 Ⅰ 183
찬양 알렐루야 Ⅱ 190
찬양을 드리며 44
찬양의 제사 드리며 36, 129
찬양찬양 Ⅰ 307
찬양찬양 Ⅱ 308
찬양하라 306
찬양하라 내 영혼아 214
찬양하리라 282
찬양하세 309
찬양해 주님의 종들아 37, 163
크신 주께 161
평강의 왕이요 Ⅰ 304
평강의 왕이요 Ⅱ 152
하나님 아버지 284
하나님 어린양 276
하나님 오른편에 58
하나님의 음성을(시편 40편) 43
할렐루야 전능하신 주께서 다시리네(전능하신 주께서 다시리네) 176
할렐루야 주가 다스리네 38, 240
해 돋는 데부터 78
해 뜨는 데부터 166
형제여 우리 모두 다함께 303
호산나 Ⅰ 251
호산나 Ⅱ 283
호산나 Ⅲ 252

간구

구하라 145
나의 마음을 148
나의 말에 귀를(시편 5편) 232
나의 백성이 295
나의 영혼이(오직 주만이) 296
내 이름으로 67
들어주소서 329
목마른 사슴 57
보라 그날이(주여 오소서) 124
사슴이 시냇물을(시편 42편) 97
아침에 나로 120

Hosanna!
Praise

언제나 내모습 50
열어주소서 187
정결한 마음 주시옵소서 233
주님 당신은 사랑의 빛(비추소서) 288
주님의 성령 지금 이곳에 63
하나님의 음성을(시편 40편) 43
항상 진실케 55

감사

감사드려요 195
감사로 제사 드리는 자가 130
감사하며 331
감사함으로 175
감사해 238
감사해요 118
그리 아니하실지라도 256
주께 감사하세 66

헌신과 의탁

나의 백성이 295
내게 있는 향유옥합 110
내 이름으로 67
보라 하나님은 218
아버지 내삶에 모든것 229
오 예수님 209
오 주님 나 주님을 293
오 주여 나의 마음이 250
우리는 예수님 따르는(그리스도의 제자) 74
우리의 만남은 72
입술로만(주님처럼 어디서나) 268
주는 알파와 오메가 47
주님 내가 여기 있사오니(나를 받으옵소서) 93
주님의 손으로 216
주님의 시간에 56
주의 나라에서(종이 되어 섬기세요) 172
주의 신을 내가 떠나 Ⅰ 59
주의 신을 내가 떠나 Ⅱ 298
하나님 나 여기 있으니 98
확정되었네 170

기쁨

기뻐 찬양해 325
기뻐하며 승리의 노래 157
기뻐하며 왕께 244
기쁨으로 주께 외치세 326
나 기뻐하리 9, 245
우리 함께 기뻐해 24, 156

구원

구원이 하나님과(구원이 하나님께) 79
너의 하나님 여호와가 297
어린양 찬양 199
우리 보좌 앞에 모였네(비전) 289

치유와 회복

나는 믿음으로 10, 126
내가 어둠속에서 174
내 슬픔 춤이 되게 하고 321
사람들은 이해할 수 없네 86
사랑스런 그 주의 손길(사랑스런 주의 손길) 65
성령님 이곳에 오소서 322
언제나 내모습 50
예수의 이름으로 210
재대신 화관을 173
주가 나의 죄를(나 이제 자유하네) 70

선교와 전도

가라 너희는 299
내가 만민중에 287
복음들고(주 다스리시네) 84
세상향한 발걸음들 1, 241
우리는 주의 백성이오니 193
주님의 성령이(전하세 예수) 239
주의 위엄 전하리 31, 228
하늘과 땅의 192

선포와 명령

거룩한 땅에 Ⅰ 146

거룩한 땅에 Ⅱ 147
그날이 도적같이 257
깨어라 이스라엘 314
너 시온아 12, 327
눈을 들어 주를 보라 48
만방의 족속들아 301
먼저 그 나라와 71
문들아 머리 들어라 265
선포하라 Ⅰ 290
선포하라 Ⅱ 262
오라 우리가 Ⅰ 133
오라 우리가 Ⅱ 292
온 땅과 만민들아 75
온땅이여 330
온 땅이여 주를 찬양 323
주님 나라가 이곳에 임했네 122

영적전쟁과 승리

강한 용사 159
세상권세 멸하시려 138
승리관 쓰신 주님 16, 259
승리관을 쓰신 주님 64
승리 나에게 주셨네 260
승리의 노래 158
승리하였네 236
저 성벽을 향해 316
주께서 전진해온다 317
주는 승리의 왕 117
주님과 담대히 318
주의 강한 용사들 80

축복과 평안

그대는 주님 보내신 338
나에게 당신은(사랑의 노래) 350
날 사랑하신 354
너는 시냇가에 343
넌 하나님의 집에 있는 344
당신이 지쳐서(누군가 널 위해 기도하네) 355
때로는 너의 앞에(축복송) 356

만나서 반가와요 334
매일 스치는 사람들(그들은 모두 주가 필요해) 335
사랑의 주님이 339
아주 먼 옛날(당신을 향한 노래) 336
예수 사랑 345
외로움도 견디어나겠소(우리) 357
우리안에 사랑을 351
우리모두 다함께 340
우리에게 향하신 346
우리함께 걸어요(우리 주안에 한 가족) 359
위로하여라 341
이 시간 이곳에(주 안에서) 337
주가 만드신 이 날을 347

주가 주신 이날은 348
주는 평화 349
주님께서 주시는 358
주님의 그 사랑이 360
주님의 사랑이(주님 사랑 온누리에) 352
주의 사랑으로 361
축복하소서 333
평안을 너에게 342
하나님께서는(하나되게 하소서) 362
형제의 모습 속에 353

특별찬양

나의 가장 낮은 마음(낮은자의 하나님) 363
나의 하나님 364

내 기뻐하는 자 365
마음이 가난한 자(마 5 : 3-10) 366
어찌하여야 367
여호와는 나의 반석 368
영광 가장 높은 곳에(영광 메들리) 369
예수 사랑하심은(널 사랑하심) 370
이 세상 어둠 속에서(어린양 되신 하나님) 371
저 하늘나라 아기별님(예수님의 사랑 알까요) 372
짙은 안개 가득하던(평안을) 373
하나님은 우리의 피난처시요(피난처) 374
하나님이시여(주는 나의) 375
하늘을 바라보라(주님의 솜씨) 376

·새·노·래·

새노래로 여호와께 노래하라

온땅이여 여호와께 노래할찌어다

여호와께 노래하여 그 이름을 송축하며

그 구원을 날마다 선파할찌어다

그 영광을 열방 중에, 그 기이한 행적을 만민 중에 선포할찌어다

시편 96편 1~3절

1

세상향한 발걸음들

· Graham kendrick
· 예수전도단 번역

♩= 74
1. 세상향 -한- 발걸음 -들- 불타는 사 -랑과 기
(이천년) -전- 빛난햇 -불- 점점커져 -이땅에
(예수님) -의- 능력으 -로- 진리와사 -랑안에
도 소망 넘친 새날 위 해 온땅 위에 찬양
도 그날 위 해 헌신 하는 우리
서 이세 상을 치료 하며 주의
이 2.이천년 속에 타오르 네
사 랑 -전하 세 주의 햇불
들 고 만방에나 - 가세 어둠 깨친 영광의
날 우리하나 되어 찬양소리 높여 비추 세
- 비추 세 - 예수님
세 - 비추 세 - 비추
세 - 비추 세 - (비추)

2
거룩하고 순결한

• Author unknown
• 예수전도단 번역
♩ = 69
거룩하고 순결한 주의 이름
주의이름 금보다더 귀하-네-
송축하-라 -주 이름- 송축하-라
-주 이름- 송축하 라 -주 이름- 오
나 - 의 - -하 나님 - (piano)

4
거룩하신 주임할 때

• Chris Bowater
• 두란노 번역
거룩하신 주 임할 때 -
놀 라운 사랑 느 낄 때
빛 되신 주 님 의 영광
- 경 배 합 니 다

3
거룩하신 주님

• Andy Park
• 두란노 번역
거룩하 신 주님 지존하신 분
하늘의위 엄으로 다스리네
존귀한 어린양 죽임당하 사
만왕의 왕예수 만주의- 주
그 피로 우 리를 구속하셨 네
보 좌에 엎 드려 경 - 배하 네
주 이름 찬 양 크신 이스라엘의 전능-자
주 이름 찬 양 주의 이름권 세로
인 도하네 모 둔이름 중 가장
높 으신이 름 승리 의 왕께
경배드 리 세

하늘에 있는 자들과
땅에 있는 자들과 땅 아래
있는 자들로 모든 무릎을
예수의 이름에
꿇게 하시고

빌 (2 : 10)

5
거룩한 성전에 거하시며

• Walt Harrah
• 예수전도단 번역

♩=72

A   E/A D/A   A
F#sus F#/A#   Bm
C#sus C#/E B/D# C#/E   F#m
Dm6/F   1. Esus   E
2.3.   D/F# E/G# A2   A   Em6/G F#7+ F#7
B9   D/E E7   A   D/F# E/G# A2   A
Em6/G F#7+ F#7   B9   D/E E7   A Asus

1. 거 룩 한 성전에 거 하 시 며 하
2. 오 아 름다운 주의 영 — 광 승
3. 거 룩 한 성전에 계 신 — 주 우

늘 보 좌 에 계 산 — 죽 주 죽
리 의 함성 들 리 — 네 주 죽
리 주 님 앞 에 서 — 서 이

가 빼 푸 신 모 든 사 랑 우 우
임 당 하신 어린 양 께
전 의 성 도 들 과 함 께 주

리 찬 양 을 주 님 께 오
리 큰 소 리 외 치
보 좌 앞 에 엎 드

며 찬 양 알 렐 루 야 알 렐 루 야
려

알 렐 루 — 야 찬양 알 렐 루 야

Fine
D.C al

알 렐 루 야 알 렐 루 — 야

6
거룩한 주하나님

• Danny Daniels
• 두란노 번역

G   D   Em7   Bm7
C   Dsus4
G   D   Em7   Bm7
C   Am7   G/D   Dsus4 D
G
G   Em7   Am7   D
G   C G D
G/D   D   G

거 룩 — 한 주 하 나 님
사 랑 해 요 주 의 도 를

— — 만 왕 의 왕 —
— — 주 이 름 을 —

거 룩 — 한 주 의 이
사 랑 해 요 영 원 토

름 록 찬 양 하 리
름 록 선 포 하 리

거 룩 한 — 주 는 예 — 수

거 룩 한 — 주 하 나 — 님 —

거 룩 한 — 주 는 예 — 수

거 룩 한 — 주 하 나 님 —

여호와는 광대하시니 우리 하나님의 성 거룩한
산에서 극진히 찬송하리로다

시 (48 : 1)

7
거룩한 하나님

· Chris Bowater
· 두란노 번역
거 룩한- 하 나님-
주 이름- 송 축 하리-
영원- 하신 전 능의 주- 나
경 배합 니 다
다 하나- 님 -

9
나 기뻐하리

· Brent Chambers
· 예수전도단 번역
나 기뻐하리 - 나 기뻐하리 -
나 기뻐하리 - 나주안 -에서 - 기뻐하 — 리라 -
- 기뻐하 — 리라 - 1.월 수 가나를 -무너뜨 -리려고 내
2.환 경에지배 -를받지 -않고 -내
마음에속 -삭-였네 내 영아깨어-넘어 지지않고 나의
팔의힘과 -목소-리 느 끼는감정 -과상 관없이- 내마
믿음의고- 백이 원수를- 묶네 -
음기뻐하 - 기로 결심을 - 했네 -

8
그 무엇보다

· Don Moen
· 두란노 번역
그무 엇 보다 그누 구 보다
주 님을더욱 사 랑합니 다
세상 부 귀와 내 생 명보다
주 님을 더 욱 사 랑합니
다 그무
주 의 사랑에서 우 리를- 끊을 수는 없으리
- 나 주 의얼굴친 히 뵙 눈날-
주 님께고백하 리 그 무

하늘은 기뻐하고 땅은 즐거워하며
열방 중에서는 이르기를
여호와께서
통치하신다 할지로다
바다와 거기 충만한 것이 외치며
밭과 그 가운데 모든 것은
즐거워할찌로다

대상 (16:31-33)

10
나는 믿음으로

·다드림 섬교단 번역
♩=100
나 - 는 믿음으 로 주 얼굴 보리니
- 아침에 깰 때 에 - 주 형상 에 만족하 -리
나 주님 닮 기 원 하 네 믿음으
로 주얼굴 보 리 라 - 나 -
라 - 믿음으 로 주얼굴 보 리 라 -

나는 의로운 중에
주의 얼굴을 보리니
깰 때에
주의 형상으로 만족하리이다

시 (17 : 15)

11
나를 단련하시는 주

·류주숙 곡
나를 단련 -하시는 주여호 -와여 나를 정금 -같게하 -시네 ——— 나의
평생 -에주들의 지하 -리라 나의 여호 -와하 나 님 -
내가 앞에 있어 도 주님이 아 니 계 시 - 고
내 가뒤에있어 도 주님은 보 이 지 않으 나 -
왼편에서 일하시 나 주 님을 만날수 -없 고 오른
편에 계시나 주 님을 볼수없지만 - - 나의
가는길을 그가아시고 - 오직 주님만이 - 도우시나니 - 주가
나를단련 -함 - 으로 - 정금 같게 하셨 네 나의
네

12
너 시온아

· Robert Gray
· 두란노 번역
너 시 온 아 주를 찬양하여라 -너의 입 술로 하 나님
찬양해 찬 양 하 라 주의 깃 발을 흔 들며 - 영원
히 주를찬 - 양 해 우 리 는 주 - 님의
택 한 백 - 성 - 하 나 님 - 의 - 제 사 장
만 왕 의 - 왕께 찬 양 하 - 라영 원 하신하 나
님 영 - 원 하신하 나 님

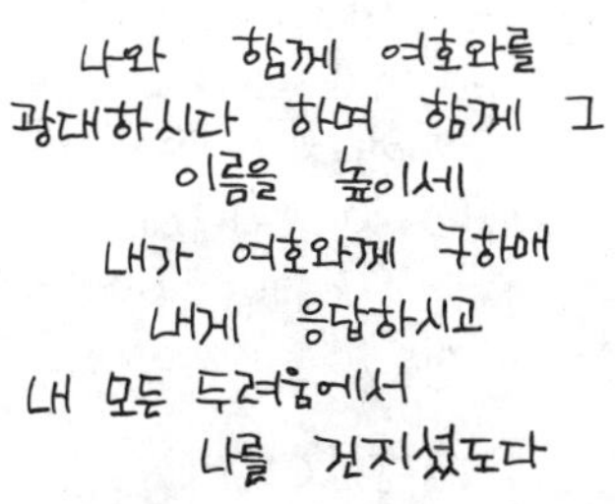

나와 함께 여호와를
광대하시다 하며 함께 그
이름을 높이세
내가 여호와께 구하애
내게 응답하시고
내 모든 두려움에서
나를 건지셨도다

시 (34 : 3, 4)

13
모두다 나아와

· Graham kendrick
· 두란노 번역
· Worshipfully
1. 모 두 다 나 아와 사 랑 의 왕을 보 라 가시
2. 너희 의 허물이 주예 수를 찔 렀네 못보
3. 우 리 의 영혼을 구 원 하러오 신 주 그앞
면류관쓰신주를 보 라 멸시 와 조롱의 십자
다더깊은 아픔주 었 네 교만 과 탐심과 우리
에엎드려경배드리 네 주님 의 눈물이 우리
가를지시고 골고 다언 덕길 올 라 가 시 네 주
모든 연약함 주가 대신 하여 징계당 했 네
기쁨 되시고 주의 죽음우리 생명샘 되 리
경배합니다 그 발에엎드려 죄악 된세상을 주가씻었
네 우 리죄위하여 기 도하신주님 아
버 지 저들용서하소 서 주 경배주
경 - 배 귀 한 어린 양

14
머리들라 문들아

· Graham kendrick
· 두란노 번역
1. 머리들 라 문들 아 너희영
2. 죽음에 서 사셨 네 모든권
원 - 한문들 아 머리들 아 영광
세 - 이기셨 네 죽음에 네 하늘
의 왕들어 가 시네 - 영광 의 왕들어
높 이주임 하 시네 - 너희 문을 넓게
가 시네 - 영광 의 왕들어 가 시네 - 영광
열 어라 - 하늘 높 이주임 하 시네 - 너희
의 왕들어 가 시네 -
문을 넓게 열 어라 -

15
사랑합니다Ⅱ

· Eddie Espinosa
· 두란노 번역
사랑 합니다 - 나의기도
들으사 - 주님 만 이상한 맘고치시
네 사랑 합니다 - 진심
으로 주님 내맘깊이 만 지셨
네 사랑 네 -

16
승리관 쓰신 주님

· John Sellers
· 예수전도단 번역
♩=134
승 리관쓰 신주님 - 의 로 만물 다 스리네 -
승 리관쓰 신주님 - 모 든만물 불 드시네 -
권능 - 과 영 광으로 통 - 치 하 시네
온 땅 - 과 하늘 의 주 - 되시 - 네
만 유 의 주 님 -
만 유 의 주 님 -

만세의 왕
곧 썩지 아니하고
보이지 아니하고 홀로
하나이신 하나님께
존귀와 영광이 세세토록
있을지어다 아멘

딤전 (1:17)

17
여호와 춤추리

♩=124
예수전도단 번역
여호와춤추리 (여호와춤추리 -) 기쁨의그날에 - (그날
에) 나를기뻐하시며 나를 새롭게해주시 네
네 모두 다 기 뻐 함께 외 - 치 -
며 전심 으로 기 뻐 크게 찬 - 양하
세 우리 안에 계 신 주 여호와께 -
- 여호와춤추리 네 두려 움 전혀없으 리 두려
움 전혀없으 리 힘차 게 주를 찬양 해 우리
안에 계 신 주 여호와께 -

18
영광영광 어린양 예수

♩=46
Larry Dempsey
예수전도단 번역
영 - 광 영 - 광 어린양예 수
영 - 광 영 - 광 어린양예 수 - 그는조
귀와영광 받으시기에합 당하신어린 - 양 - 소
리높여 주 님을찬양해보 좌위어린 양

하나님은 그 권능으로 큰 일을
행하시나니 누가 그같이 교훈을
베풀겠느냐 너는 하나님의 하신 일
찬송하기를 잊지
말찌니라. 인생이 그 일을
노래하였느니라
하나님은 크시니 우리가
그를 알 수 없고
그 년수를 계산할 수 없느니라

욥 (36 : 22, 24, 26)

19
예수는 나의 영광

20
오직예수

· 작사·곡 정종원
· Robert Gay
· 두란노 번역

예수는 - 나의영 - 광 - 또 예수는 - 나의 소 망 내
안에 계신주 - 닮기원하네 - 주님 닮기를 - 원하네 -
예수는 - 나의 전 - 부 - 예수는 - 나의 보 배 내
안에오셔서 - 생명되셨네 - 언 제나 - 새힘을주시네 -
예수 -
나의모든능 - - 력 -
나의귀한보 - - 배
예 수 -
나의모든기 - 쁨 -
나의귀한생 - 명 - 예수 -
나의모든소 - 망 - 예
내게있는전 - 부 -
수 - - - 예 - 수 - 수 - - 나의 주

오직예 수 다른이름은 없네 주이름
만 우리에게 주셨 네 오직예 수 다른 이 름
없 - 네 오 영 - 광과존귀권 세 - - 와찬양 받
으 - 실분오직주예 수 오직예 수 온
땅위에홀 - 로 높으신 - 이름 - 하늘위높이들 - 리셨
- 네 - 온 땅위에홀 - 로 높으신 - 이름 - 영
광과 존귀와 - 찬양 드리세 오직예

또 여러 형제가
어린양의 피와 자기의
증거하는 말을 인하여 저를
이기었으니 그들은
죽기까지
자기 생명을
아끼지 아니하도다

계 (12:11)

21
온맘다해 주 사랑하라

22
왕의왕 주의주

·Jimmy
and Carol Owens
·두란노 번역

·Jessy Dixon/Randy Scruggs
John W. Thompson
·두란노 번역

온 맘다해주 - 사랑-하 - 라 -

1.왕 의왕 - 주 의주 - 하늘과땅 - 과
2.의 로우신 하 나님 - 거룩한주 - 의

생명다 해주 - 사랑-하 - 라 -

모든 것지으신 주 - 영광돌리
이름 높혀찬양 하 - 며 - 영광돌리

뜻을 다하여 - 사랑-하라 - - 온맘다

네 주 여호 와 하 나님 -
네 주 하나 님 통치자 -

해 생명다 해 주사 랑해 - -

귀하신 평강의왕 - 전능의 주
주님의 크신위엄 - 선포하 며

해 사랑 해 - 요 존 귀하 신주

- 영광돌리 네

- 사랑 해 - 요 큰 일 행 하 셨네

주 - 께 영광 - 주 - 께 영광 -

- 사랑 해 - 요 더욱 사 랑해

주 - 께영광 - 전 능 하 신 - 주께

- 온맘다해 생명 다 해 주사랑 해 -

영 - 광 -

기약이 이르면 하나님이 그의 나타나심을 보이시리니
하나님은 복되시고 홀로 하나이신 능하신 자이며
만왕의 왕이시여 만주의 주시요
딤전 (6:15)

23
왕의 지성소에 들어가

· Daniel Gardner
· 예수전도단 번역

왕 의 지성소에 들어가 보 좌 앞에엎드려
경 배-해 왕 의 지성소에 들어가 주의
영 광뵈오-리 오 거룩하신주님 앞에서 주
이 름높이리 왕 의 지성소에
들어가 영화 롭게변하 리

24
우리 함께 기뻐해

· Gerrit Hansen
· 예수전도단 번역

우리함께-기뻐-해 주께영광-돌리-
세 어린 양의혼-인 잔 -- 치와-신부
가 준비-되었 네 -- 할렐루야 전능
하신 주 가다 스 리 네 할렐루야 전능
하신 주 가다 스 리 -네

25
이날은 주가 지으신 날

· Rick Shelton
· 예수전도단 번역

이날은주-가지으-신날- 기뻐하고-즐거워
-하세 오 이날은주-가지으 -신날-
기뻐하고-즐거워-하세 주 를 -기뻐하
라 -주 를 -기뻐하
라 -우리모-두주 -님앞에서 기
뻐하며-주를 -찬양- 즐거하-신우
-리주님을기 뻐하며-찬양 -하세-주
라 -주를

내가 노래로 하나님의
이름을 찬송하며 감사함으로
하나님을 광대하시다
하리니 이것이 소 곧 뿔과 굽이
있는 황소를 드림보다 여호와를
더욱 기쁘시게 함이
될것이라

시 (69:30.31)

26
존귀한 주의 이름
• Carl Tuttle
• 두란노 번역
• Majestically

1. 존 귀 한 주의 이름 - 나 찬 양 드리
성 령 내게 임할때 - 갈 급 함 채우
올 무 벗 게 하신주 - 참 자 유 주셨

네 주눈 빛 난 영광 의 왕 - 창
네 자 비 하 신 보 좌 앞에 - 두
네 소 리 높 여주 찬 양 하리 - 영

조 주 하 나 님 - 경 배 합 니다
손 을 듭 니 다 -
원 히 찬양 해

- 내삶을 드 리며 - 주 께

- 무릎꿇 고 - 경배 합 니다

- 내삶을 드 리며 - 주 께 - 무릎꿇

1.2. 고 - 3. 모두 고 -
2.주의
3.모두

27
주 날 위하시면
• Steve Merkel and
Martin Nystrom
• 예수전도단 번역
♩ = 120

주 날 위 하 시면 누 가 대 적 하 리요

그 리 스 도 안 에서 - 늘 승리주 - 시 네 -

주 의 능 력 으로 우리승 리 하리라

우 린 모 두 승 - 리 자 - 주 우리

에 게 승 - 리 를 - 약 속

하 셨네 - 우 린 승 리 하 리 -

항 상 우리를 그리스도 안에서 이기게
하시고 우리로 말미암아 각처에서 그리스도를 아는 냄새를
나타내시는 하나님께 감사하노라
고후 (2 : 14)

28
주는 나의 피난처

· Randy N. Wright
· 예수전도단 번역
· ♩=60
주는 나의 피난처 나의 구원 나
의 힘 평강의 — 왕 모
든 나라 주되신 주 님 의
능력은 끝이 — 없 — 네 할렐
루 — 야 할렐 루 — 야 할렐
루 — 야 송 축 해 —

29
주님 내아버지

· Stephen Hah
· 두란노 번역
주님 — 내아버지 — 사 랑하며 — 감 사하리 온
맘다해 — 주 섬기리 나 를 — 받으소서
주님 — 내아버지 — 죽께 가오니 — 임 하소서 온
맘다해 — 주 섬기리 내 — 생명다 해

30
주님을 무엇보다 더

· Joseph Garlington
· 예수전도단 번역
· ♩=69
주 님 을 무엇보 - 다더 - 사
양 해 거룩하 - 신주 - 찬
랑 해 누구보 - 다더 - 사 랑 해
양 해 거룩하 - 신주 - 찬 양 해
나의삶을드리 네 찬
네 — 나의삶을드리 네

31
주의 위엄 전하리

· Maloon du Plessis
· 다드림 선교단 번역
· ♩=72
주의 위엄 전하 리 - 주의 높으신
이름 선포 하 리 - 영광 중 에 통치하며 승 리
하신주능 력 온 땅에나타 났 - 네외 - 치 리
- 주의전 능 함 - 높 - 이 리 - 거룩한
이 름 - 노래하 리 - 그존귀와 영 광
- 주보좌 앞 에우 리 경배 하 네 —

32
주의 아름다움은
Mark Altrogge
예수전도단 번역
♩=116
주의 아름다 - 움은 말로 다 형
언 할수 - 없고 - 주 님의 그 놀라 우심
- 으 - 다 표현 할수 가없 네 - 누 가
그 지 혜를깨 - 닫 - 고 누 가
깊 은 사랑 측 량 할 까 - 보 좌
에 앉으 - 신주의 위 엄 아름 다우신 - 주님
- 내가 주를 - 경외 함으로 주님 앞에 - 홀 로
섭니다 - 찬양 받 으시 기 합당 한거
룩 하 신 주 님

33
주의 이름 송축하리
Clinton Utterbach
두란노 번역
♩=120
1. 주의이름 송축하리 - 주 의이름 송축하리
2. 거룩하신 주의이름 - 거룩하신 주의이름
지존하신주의 이름 - 찬 - 양
거룩하신주의이름 -
- - 찬 - 양 -
주님의이름 - 은 - 강한성 - 루 -
그곳에달려 - 간 - 자 안 전 - 하리
- 주님의이름 - 은 -
강한성 - 루 - 그곳 에달려 - 간 - 자
안 전 - 하리 -
Fine
D·C al Fine
3. 영광스런 주의 이름 - 영광스런 주의 이름 -
영광스런 주의 이름 -

34
주의 이름은 강하고 견고한 망대

• Unknown
• 예수전도단 번역

♩=128

주 의 이름 은 강하 고 견고한 망대 주
의 이름 은 내영 혼의 안식 처 주
의 이름 은 의지 할수있는 기둥의
인 운달 려 가리 주이름 안으로 - 의
인 운달 려 가서 안정하 리

35
주의 인자하심이 II

• 시 63

• 정지홍 곡

주 의 인자하심이 - 생명보다 나으므 로 -
나 의 입 술이 - 주를 찬양하 리
이러므로 내 평 생에 주를 송축하 며 ---
주의이름으로 인하여 내손 들리이 다

36
찬양의 제사 드리며

• Kirk Dearman
• 예수전도단 번역

♩=138

찬 양의 제사드리 며 - 성소로 들어 갑니 다
찬 양의 제사드리 며 - 성소로 들어 갑니 다
우리 모 두주님 께 - 감사의
제 사를 드리세 우리 모 두주님
께 - 기쁨의 제 사드리 네

여호와의 인자하심과 인생에게
행하신 기이한 일을 인하여
그를 찬송할찌로다
감사제를 드리며 노래하여
그 행사를
선포할찌로다

시 (107: 21, 22)

37
찬양해 주님의 종들아

• Jeff Hamlin
• 예수전도단 번역
♩ = 138
찬양해 — 주 님 의종 — 들 — 아
— 무 롯대 — 소 하고 — 주님
을 경외 하는자 — 들 아 — 찬양해
— 주 님 의종 — 들 — 아 —
누 롯대 — 소 하고 — 주님 을 경외
하 는자 — 들 아 — 찬양해 —
할 렐루 야 구 원 과 — 영 — 광
죤 귀와 능 력주 하 나 — 님 께 — 할 렐루
야 구 원 과 — 영 — 광 죤 귀와 능 력주
하 나 — 님 께 찬 양해

38
할렐루야 주가 다스리네

• Author Unknown
• 예수전도단 번역
♩ = 84
할렐 루 야 주가 다스리 네 할렐
루 야 주가 다스리 네 주 는 위대하 시고
큰 일 하셨네 할렐 루 야 주님이 다스리
네 할렐 네 주 네

여호와께서 통치하시니
만민이 떨 것이요 여호와께서
그룹 사이에 좌정하시니
땅이 요동할 것이로다
주의 크고 두려운 이름을
찬송할지어다
그는 거룩하시도다

시 (99:1, 3)

▪경▪배▪와▪찬▪양▪

이 백성은 내가 나를 위하여 지었나니

나의 찬송을 부르게 하려 함이니라

이사야 43장 21절

39
사랑하는 나의 아버지

· Bob Fitts
· 예수전도단 번역
♩ = 72
사랑하는 나의 아 버지 — 이 름높여드립니
다 주의 나라 찬양 속에 — 임하 시니 — 능력
의 주께찬송하 네 전능하 — 신 하 나 님
찬 — 양 언 제나동일하 신 주 — 전능하 — 신
하 나 님 찬 — 양 영 원히다스리 네
다드림 번역
나주의이름높이 리 나주의이름높 — 이
리 — 하늘높이 올린 깃 — 발 — 처럼 —
주의 이름높 — 이 리 전능하 — 신

40
내 입술로

· 작사·곡 정종원
C G Am G F Dm
내입술로 - 하나님의 - 이름을 - 찬송하며 -
C G Am G F Dm G
황소를드림보-다 진정한노래를 기 쁘게받-아주시는 - 주님 -
C G Am G F G C
내맘으로 - 하나님을 - 즐 겁게 - 찬양하네 -
C G Am G F G C
찬송을부르며 - 영원히섬기리 주 님께영-광돌리 - 리 -
C G Am G F Dm G
할렐루-야 - 할 렐루 -야-할렐루 - 할렐루야 -
C G Am G F Dm C
할렐루-야- 할렐루 -야-할 렐루 - 할렐루야 -

41
예배드림이 기쁨 됩니다

· Martin Nystrom
· 예수전도단 번역
· 조금 느리게
C Am7 Dm7 Am/G G G/F
주께 와 엎드려 경배 드립 니다 주께
Em7 A7 A Dm Gsus4 G
신 곳 엔 기쁨가 득 - 무엇
Am Bsus B Em Asus4 A7
과도 - 누구 와도 - 바꿀 수 없 네 예배
Dm7 Dm7/G F/C C
드림 이 기쁨됩니 다 -

42
주께 경배해

· 시 29 : 2
· 조금 느리게
· 두란노 번역
C F (Dm) C
주의 거룩하심생 각 할때- 주의 크신사랑느 낄
F (Dm) C Dm Gsus
때 주의 영광의빛 나의 생활 비춰주실 때
G7 C F C
- 주가 주신기쁨맛볼때 에 - 주의 사랑속에나잠길
F (Dm) C Dm Gsus
때 주의 영광의빛 나의 생활 비춰주 실 때
G7 F G Em
- 경배하 리 - 경 배하 리
Am Dm G7 C
- 나 사는동안 - 주께 경 배 해 -
F G Em
- 경배하 리 - 경 배하 리
Am Dm G7 C
- 나 사는동안 - 주께 경 배 해 -

여호와의 이름에 합당한
영광을 돌리며 거룩한 옷을 입고
여호와께 경배할찌어다

시편 (29 : 2)

43
시편 40편

하 나님의음성 을 듣고 자-기 도 하 면 귀-
주 를 의지하-고 교 만 하지않-으-면 거짓
를 기울이고 나 의 기도를 들 어 주신다 - 네
에 치우치지아 니 하-면 복 이있으리 - 라
깊 은 웅덩이 - 와 수렁 에 서 끌 어 주시 고 나의
여 호와나의주 는 크 신 권 능의 - 구 주 과 주의
발 을 반석위에 세 우시사 나 를 튼 튼 히 하셨 네 - 새
크 신 권 능으로 우 리들을 사 랑 하 여 - 주시네 - 새
노래로 - 부르 자 랄 랄 라 하 나 님 께 올릴 찬 송 을 새
노래로 - 부 르 - 자 하 나 - 님 - 사랑 을

44
찬양을 드리며

· 경배하는 맘으로
· Richard Oddie
· 예수전도단 번역
찬양 을 드 리며 주 앞 에 옵 니다
내 삶 을 드 리네 두 손 들 어
주 경 배 드 릴때 주 님 을 느 끼네
내 눈 보 게 하 소서 주 님 얼 굴 -

45
오 하나님 받으소서

· 예수전도단 번역
오 - 하나님 받으소 서 왕께 드 리는 제 사 - 를
소 리 높여 주 님 을 - 찬 양 해 - 홀로
하 나이신 하 나 님 자 녀 된 우리 경 배 하 고
나 의 몸 과 찬양 을 - 드 리 네 - 할렐
루 - 야 - 할 렐 루 - 야 -
입 술 의 열 매 를 드 리 오 니 - 오-
하나님 받으소 서 왕께 드 리는 제 사 - 를
소 리 높여 주 님 을 - 찬 양 해 -

내가 여호와를
기다리고 기다렸더니
귀를 기울이사 나의 부르짖음을
들으셨도다. 나를 기가 막힐 웅덩이와
수렁에서 끌어 올리시고 내 발을
반석 위에 두사 내 걸음을
견고케 하셨도다.
시 (40 : 1 - 2)

46
예수 사랑해요

Jude Del Hierro
두란노 번역
♩=82
C   F   Dm7 G   F/C C
예-수 사 랑 해 요 나 주 앞 에 엎드려
F   Dm7 G   C   G/B
경-배 와 찬-양 왕께드리네
Am   Dm7 F   G   C
알-렐 루-야 알 렐 루-야
Am   Dm7 F   G   C
알-렐 루-야 알 렐-루

47
주는 알파와 오메가

계 22:13
예수전도단 번역
G7   Cmaj7 A7   Dm7
주 는 알 파 와 오 메 가 처음 과 나 중 이
G7   Dm7 G9
라 나의 앞 뒤 에 계 시 며 영
C Cmaj7 C7 F   Dm7
원 한 친구 무 엇을 하든지 어
Em7 A7   Dm7 G7   C
디를 가든지 생명과목표는 주예 수

48
눈을 들어 주를 보라

Chris A. Bowater
두란노 번역
♩=82
C   G   Am   F
눈을 들-어 주를 보-라 주의 영 광을 보
C G7   C   G
라 눈을 들-어 주를 보-라 주의
Am   F   C   Am   F   G7/F
영 광을 보 라 주는빛-거룩과-진
Em7 Am7 F   G   C
리 능력의-주의 영 광나타나셨네-선포-하
F G/F   Em7 Am7 Dm   G
라 선하-신 주 주의 인 자는 영원함
C   F G   Em7 Am7
이-라 선포-하 라 선하-신 주 주의
Dm   G7   1. C   G   2.C   F   C
인자는 영원함 이-라 눈을 이-라 -

나는 알파와 오메가요
처음과 나중이요 시작과 끝이라

계(22 : 13)

49
그이름 높도다

· 예수전도단 번역
그 이름 높 도다 - 세상 누 구 보다
그 이름 기묘자 - 그이름 모 - 사
- 그이름 예 - 수 - 오 나의 주
- 평강의 왕 이여 - 전능의 주
- 그이름 높 도다 - 세상 누 구 보다
- 그이름 예 - 수 - 오 나의 주 -

50
언제나 내모습

·임미정 사, 이정림 곡
언제나 - 내모습 - 너무나 - 부끄러워 -
무릎을 - 로주님께 - 기도로 - 가오니 -
나홀로 - 서있는 - 죽은 내영깨우 사
주님만 나 를깨워 내 영 살게 하소서 -
주님 내안에 - 주님 내안에 - 내 안에 계 시고 -
주님 내안에 - 주님 내안에 - 나를세워주소서 -

51
거룩거룩 만군의 주여

·예수전도단 번역
거룩거룩 거 - 룩 만군의주 - 여
존귀하 - 신 예 - 수 하나님 어린 양
거룩거룩 거 - 룩 만군의주 여 - 그
존귀하 - 신 예 - 수 하나님 어린 양 - 온
영 광이 온 땅에 충 만 그 영 광이 온 땅에 충 만 그
세 상죄를 구 속하 셨 네 온 세 상죄를 구 속하 셨 네 온
영 광이 온 땅에 충 만 거 룩하 신 주
세 상죄를 구 속하 셨 네 어 린양 예 수

여호와는 생존하시니
나의 바위를 찬송하며
내 구원의
바위이신 하나님을
높일찌로다

삼하 (22:47)

52
거룩하신 주님

· Andy Park
· 두란노 번역

거룩하신 주님 지존하신 분
하늘의 권엄으로 다스리네
존귀한 어린양 죽임당하사
만왕의 왕 예수 만 주의 주
그 피로 우리를 구속하셨네
보좌에 엎드려 경배하네
주 이름 찬양 크신 이스라엘의 전능자
주 이름 찬양 주의 이름 권세로
인도하네 모든 이름 중 가장
높으신 이름 승리의 왕께
경배드리세

53
어린양 예수

계 5:12

· 예수전도단 번역

어린양 예수 받으소서 능력과 부귀 또
지혜와 힘과 존귀 축복과 존귀와 영광 찬
양을 영원히 어린양 예수
능력 부귀 지혜와 힘 과
능력 부귀 지혜와 힘 과
축복과 존귀 찬양을 영원무궁
히 존귀 어린양 예수

죽임을 당하신 어린양이
능력과 부와 지혜와 힘과
존귀와 영광과 찬송을 받으시기에
합당하도다

계 (5:12)

54
내 영혼아 여호와를

55
항상 진실케

56
주님의 시간에

Pete Sanchez, Jr.
두란노 변역
♩.=65
내영혼 아 - 여호와를 - 송축하 라 - 내영혼
아 거룩하신 - 주 이름 찬양 내맘과
정 성다해주 - 찬양 해   송축하라
송축하 라 - 내영
내 영혼 아   송축하 라   내 - 영혼아
혼아 - 송축하 라 - 내-영 혼아 - 송축하
송축하 라   영혼아 송축하
라 - 내-영 혼 아 - 송축하
라 내영혼아 송축하 라 내영혼아 내맘과
정 성다 해 찬 양   해 -

Eddie Espinosa
중대 기독학생회 변역
보통으로
항상진실 케 -   내 맘바꾸 사 -
하나님닮 게 -   하여주소   서   Fine
주는토 기 장이   나는 진흙 -
날 빚으소 -서 기도 하오 니   D.C. al Fine

주 님   의   - 시 간 에
기 다 려   - 그 때 를
그의 뜻 이뤄지 리 기다 려 -
그의 뜻 이뤄지 리 기다 려
하루 하루살동 안 주님 인도하시 리
주의 뜻 이뤄질 때 우리 들의모든 것
주 뜻 이룰때까 지 기다 려
아름 답게 변하 리 기다 려 -

57
목마른 사슴

· 시 42 : 1-2
· 부드럽게
· Martin Nystron
· 두란노 번역
1. 목 마른 사슴 시냇물을 찾아 헤 매이 듯 이
2. 금 보다귀한 나의 주님 내게 만 족주 신 주
내 영혼주를 찾기 에-갈급 하 - 나 이 다
당신만이 - 나의 기쁨또한 나 의 참 보 배
주님만이 - 나의 힘 나 의 방패나의 참 소망
나의몸 정성 다 바쳐서주님 경 배합 니 다

58
하나님 오른편에

♩=60
· Mark Altrogge
· 두란노 번역
하나 님 오른편 -에 - 앉아계 -신 - 영광의
주 하 나 님 오른편 -에 - 앉 아계
- 신 -영광의 주 왕의 왕 주 의주
- 의와 진리 신실하 신 주 나 의주
- 님 - 나의생 - 명 - 영원 히 섬기 리

59
주의 신을 내가 떠나

주 의신을 내가 떠 나 어디로피 - 하리
까 주 는 모든 - 것아 시 오 니
어디로다 - 니리 까 내가 새 벽날 개 -
치며 - 저 바다끝에 - 거해 도
어둠도숨 - 기 지 못하리라 - 주님의손 - 이날
인 도해 주 님은내 - 모든것 - 을 -
지으신분 - 이시 니 주님의위 - 대하심
- 을 - 내가고백 - 하리 라

하나님이여 사슴이 시냇물을
찾기에 갈급함같이 내 영혼이
주를 찾기에 갈급하나이다
내 영혼이 하나님 곧 생존하시는
하나님을 갈망하나니 내가
어느 때에 나아가서 하나님
앞에 뵈올꼬

시 (42:1,2)

60
능력의 이름 예수

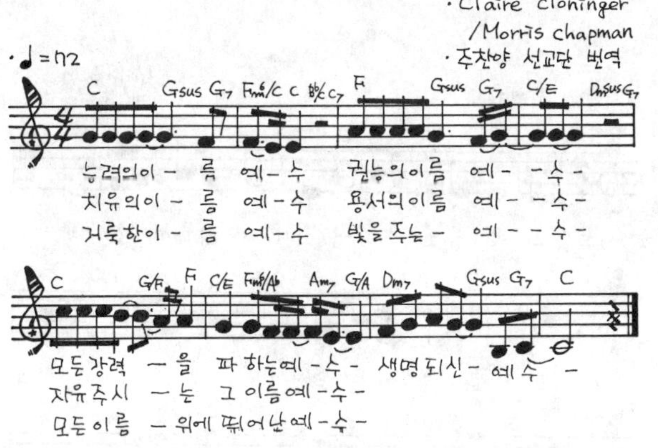
• Claire cloninger
/Morris chapman
• 주찬양 선교단 번역
♩=72
능력의이 - 름 예 - 수 권능의이름 예 - - 수 -
치유의이 - 름 예 - 수 용서의이름 예 - - 수 -
거룩한이 - 름 예 - 수 빛을주는 - 예 - - 수 -

모든강력 - 을 파하는예 - 수 - 생명되신 - 예수 -
자유주시 - 는 그 이름예 - 수 -
모든이름 - 위에 뛰어난예 - 수 -

62
보좌에 계신 이와

• 계 5:13
• 예수전도단 조성환
보 좌에 계 신이 와 어린 양 께
찬 송과 존 귀와 영 광과 능 력을 세
세 토 록 돌 릴찌 어 다

61
모두다 나아와

• Graham kendrick
• 두란노 번역
• Worshipfully
1. 모두 다 나아와 사랑 의 왕을 보라 가시
2. 너희 의 허물이 주께 눌릴찔렀네 뭇보
3. 우리 의 영혼을 구원 하러오신주 그앞
면류관쓰신주를보 라 멸시 와 조롱의 십자
다더깊은아픔주었 네 교만 과 탐심과 우리
에엎드려경배드리 네 주님 의 눈물이 우리
가를지시고 골고 다언덕길 올라가시 네 주
모든연약함 주가 대신하여 징계당했 네
기쁨되시고 주의 죽음우리 생명샘되 리
경배합니다 그 발에엎드려 죄악 된세상을 주가씻었
네 우 리죄위하여 기 도하신주님 아
버 지 저들용서하소 서 주 경배 주
경 - 배 귀 한 어린 양

보좌에 앉으신 이와
어린양에게 찬송과 존귀와
영광과 능력을 세세토록 돌릴찌어다

계 (5 : 13)

63
주님의 성령 지금 이곳에

· 송정미 사, 최덕신 곡
주 님의 성 - 령 지금 이 곳 에 임 -
하 소 서 임 하 소 서
주 님의 성 - 령 지금 이 곳 에 임 -
하 소 서 임 하 소 서
알 렐 루 야 알 - 렐 루 야
알 렐 - 루 - 야 알 렐 루 야

64
승리관을 쓰신 주님

· Unknown
· 예수전도단 번역
· 힘있고 장엄하게
승리 관을 쓰 신주 님 죄와 사 망권세이겼 네
그이름 높이들려 다 - 스리시 네 주의
이름을들을 때 악한 영 들두려워떠 네
교회인 우리들그 승 - 리누리 네 그 -
영광의이름그 찬란한이름 아무것도 비교 할수없으리예수
그리스도 우리 주 하나 님 - 그 - 님! -

사랑하는 자들아 우리가 서로 사랑하자 사랑은 하나님께
속한 것이니 사랑하는 자마다 하나님께로 나서
하나님을 알고 사랑하지 아니하는 자는 하나님을 알지
못하나니 이는 하나님은 사랑이심이라
요일(4 : 7. 8)

65
사랑스런 주의 손길

·작사·곡 최인혁
Cmaj7 Em7 Am7 A7
사랑스런그 주의손길을 우리같이 - 느껴봐요 영원
부드러운그 주의마음을 우리같이 - 느껴봐요 주의
1. Dm7 G7 C
하신 - 주의 크신 그 사 랑 -
2. Dm7 G7 C
영원하신 놀 라운 그 사 랑 - 우리
E Am Am7 F#7-5
눈 - 어 리 석 - 은 - 생각때문에 - 영원
Fmaj7 Dm7 G G7
한 - 그 사 랑을 알수없 네 - - 참사
C E7 Am Am7 F#7-5
랑 이 야 주 - 의그 영 원 하 신 그이
Fmaj7 Dm7 G7 C
름 - 그 생 명전 하 리 -

오직 주는 여호와시라
하늘과 하늘들의 하늘과 일월
성신과 땅과 땅위의
만물과 바다와 그 가운데 모든
것을 지으시고 다 보존하시오니
모든 천군이
주께 경배하나이다

느(9:6)

66
주께 감사하세

·역대상 16:34
·예수전도단 번역
G7 C Am G Am Em
주 께 감 사하 세 그는 선 하시 며 인자
F Em Dm Bb Gsus G7
하 심 이영원함 이 라 주께
C Am G Am Em
감 사하 세 그는 선 하시 며 인자
F Em Dm F/G G7 F C
하 심 이영원함 이 라

67
내 이름으로

·역대하 7:14
·예수께도단 번역
C Em Dm7 G7 C
내 이름 으로 - 일컫 는 내백 성 이 겸
F C Am Dm7 G7
비 하여 기 도하 며 - 내
Am Em Dm7 C
얼굴 구 하며 그 악 한길떠나 면
C Em Am F D9
하 늘에서 내가 듣 고 용서하 며 -땅을고칠 지라
Fm/Ab C/G Dm7 G7 C
내 백 성 이 - 겸비 해 - 기 도 하 면

68
나를 단련하시는 주

·류주숙 곡
나를 단련-하시는주여호-와여 나를 정금-같게하-시네 ——나의
평생-에주를의 지하-리라 나의여호-와하나 님 -
내가 앞에있어 도 주님이 아니계시 - 고
내 가뒤에있어 도 주님은 보이지않으 나 -
왼편에서일하시 나 주 님을만날수-없 고 오른
편에 계시나 주 님을 볼수없지만 - - 나의
가는길을 그가아시고-오직 주님만이- 도우시나니- 주가
나를단련-함 -으로- 정금 같게 하셨 네 나의
네

69
내가 사는 것

내가-사-는 것 주의-은-혜 라
나의-날-들 은 감사-뿐-이 라
내가-사-는 것 그분-때문이 라..
나의-자-랑 은 예 수 뿐-이 라 우리
가 살아도주를 위해 살고-죽어 도 주위해 죽나 니 그러
므로사-나죽으 나 우리가 주- 의 것이로 다 Fine
D·S

우리 중에 누구든지
자기를 위하여 사는 자가 없고
자기를 위하여 죽는 자도
없도다. 우리가 살아도 주를 위하여
살고 죽어도 주를 위하여 죽나니
그러므로 사나 죽으나 우리가
주의 것이로라

롬(14:7.8)

70

나 이제 자유하네

주가 나의죄를 - 바다 깊은곳에 - 던져넣어 - 주셨네
- 동 이서에서 - 먼 것 - 처럼 나의
죄를 옮겨 - 주셨네 - 이제 주의은혜 - 를 나 - 외치리 -
자유안에 - 살 리 - 주의 사랑의빛 - 아 래
- 서 사네 - 나이제 - 자유 - 하 - 네 -

71

먼저 그나라와

· 마 6:33
· 마 4:4

· 예수전도단 번역

1. 먼저그나라와 의를 구하라 그 나라와그의 를
2. 사람이떡으로만 살것 아니요 하나님말씀으 로
그 리하면이 - 모 - 든것을 너희에게더하시 리 라
할 렐 루 야 할 렐 루 야
할 렐 루 야 할 렐 루 야

72

우리의 만남은

· 작사. 곡 윤건선

우 리의 만남 은 주 님의은혜라 오
우 리의 모든 것 주 여인도하소 서
우 리의 모임 은 주 님의 축복이라 오
우 리의 모든 것 주 님께 바치옵니 다
우리는 하 나님영광 위 해 지 음받 았으 니
오나의 하 나님아버 지 여 당신의 뜻대 로
우리를 하 나님 나라 위 해 충 성되게하소 서
오나의 하 나님 아버 지 여 따 라살게하소 서
오 주 여 나의 소 명 항 상인도하소 서
오 주 여우리 소 명 항 상인도하소 서

너희는 먼저 그의 나라와
그의 의를 구하라 그리하면
이 모든 것을
너희에게 더하시리라

마 (6:33)

73
온 세상의 왕이 되신

· 작사·곡 정지훙

온 세상의왕-이되신 주 님 날 사랑하-시 네 -
백성이경-배하며찬 양 마음을 다하여 서 -
이땅에 평화 내리시고 만물을 다스리-네 - 만
만물이 다 찬양하네 기쁨의 춤을추-며 -
해와달알-렐-루-야 - 산과들 알-렐-루-야 -
온 세상알-렐-루-야 - 찬양 알렐루-야 -

75
온땅과 만민들아

· 사 55:12, 히 4:12, 사 61:1-2
시 97:1, 시 96:10-13, 시 97:1
시 96:1-3, 10

· Graham Kendrick
· 두란노 역

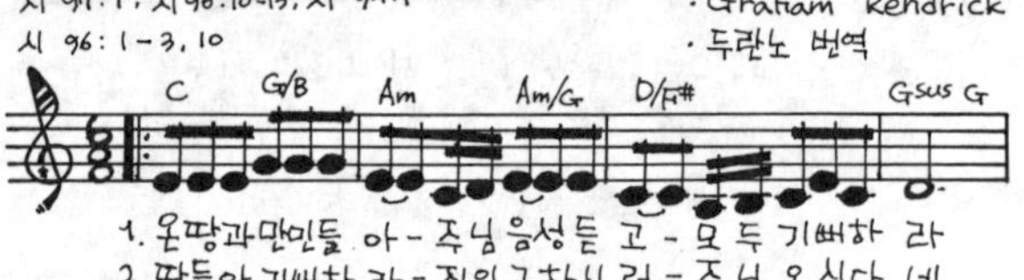

1. 온땅과만민들 아 - 주님음성듣 고 - 모두 기뻐하 라
2. 땅들아 기뻐하 라 - 죄인구하시 려 - 주 님 오신다 네
3. 모두다 소리높 여 - 주님찬-양 해 - 힘있 게찬양 해

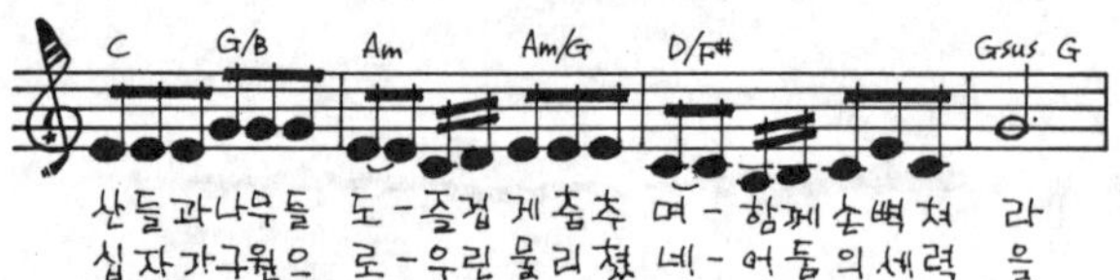

산들과나무들 도-즐겁 게춤추 며 - 함께손뼉쳐 라
십자가구원으 로-우린 물리쳤 네 - 어둠의세력 을
외치세온세상 에 - 열방과만민 을 - 주가통치하 네
사랑과정의를 주시는 주-영 원한그 의-나 라

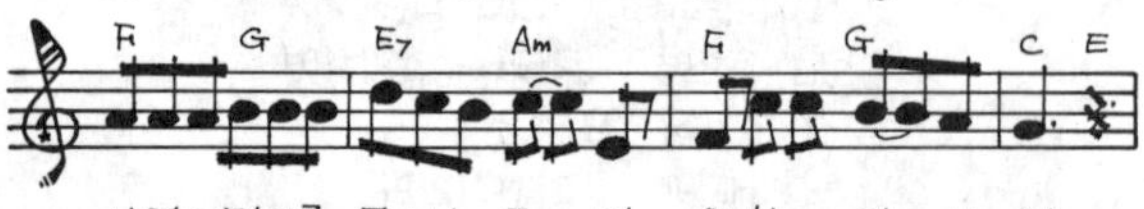

좌우에날이선 검과같 은 진리의 그분말 씀

- 승 리 해 -

74
그리스도의 제자

· 정은용 작사
· 박근서 작곡

우 리는 - 예수님 따 - 르는 사 람 들
나의 - 마음이 너의 - 마음으 로 - 우
리는 - 예수님 따 - 르는 사 람 들
나의 - 온뜻이 너의 - 큰뜻으 로 -
주 님 - 을 따 르 고 하 나 님
찬 양 해 이 것 - 이 제 자 된
길 이 - 요 행 - 복 - 이 라 -

하나님의 말씀은 살았고
운동력이 있어 좌우에 날선 어떤
검보다도 예리하여 혼과
영과 및 관절과 골수를 찔러
쪼개기까지하여 또 마음의
생각과 뜻을 감찰하시나니

히 (4:12)

76
주찬양 전심으로

주 - 찬 양 전 심 으 로
주 - 찬 양 온 힘 다 해
찬양받으실 분 - - 주이름영광 돌 -려-
주찬 양 주찬 양 송축 해 -
해 돋는 데서부터 해
지는 데까지 여호와의 이름이
찬양을 받으시리로다
시 〈113 : 3〉

78
해 돋는데부터

해 - 돋 는데 - 부터 해 - 지는데 - 까지 - 주
이 름이 찬양받으시 리 해 - 돋 는데 - 부터 해 -
지 는데 - 까지 - 주 이 름이 찬양받으시 리 온
나 라위에높으 신 주 그 영광온하 늘 위에 우
리 주갈 - 은이 누구랴 높 이 계신 주 -님- 해-
돋 는데 - 부터해 -지는데 - 까지 - 주 이 름이 찬양받으시 리

77
새노래로 주찬양해

· Leon Patillo
· 예수전도단 번역
· 보통으로

새노래로주 - 찬양해 — 성전 가 득찬 양 채 우세.
새노래로주 - 찬양해 — 우리 찬 양기 뻐하시네.
그분은 만왕 - 의왕 유 일하 -신주 그 앞에 - 경 배해 배해
모든 만물노 - 래해 주 님께 - 영광 그 앞에 - 경 배해
할 렐 루 야 주 께 영 광
할 렐 루 - 야 - 주 께 영 광

79
구원이 하나님께

· 계 7:10
· 조금 빠르게
· kenneth Jackson
· 예수전도단 번역

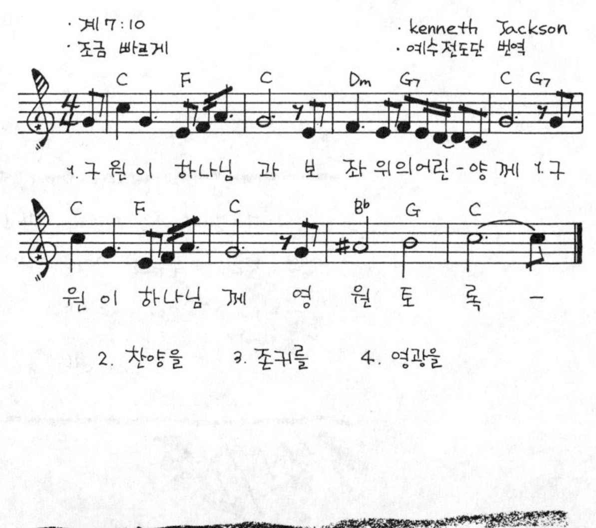

1. 구 원 이 하나님 과 보 좌 위의어린 - 양 께 1. 구
원 이 하나님 께 영 원 토 록 -
2. 찬양을   3. 존귀를   4. 영광을

80
주의 강한용사들

· 요 5:13~15
· 시 93:1, 45:3~5, 149:6~9
· Triumphantly

· Graham kendrick
· 두란노 번역

주의강한 용사들 지금일어 나-라 원수를
향해 전진해 나가자 우리의 대장 주예수
시-니 모두절 하고 경배하 세 성령의
검 을위로높이들고 서위엄과영화의 옷 을입고서앞으로
전진 해가네진리와 온 유와공의 를위한
승 리의주님주의 크신일을 나타내소 서

81
주님 이곳에

· 작사·곡 정종원

주님이곳 에계심을 - 나기뻐합니다 - 주님이곳 에계심을 - 나
찬양합 - 니다 - 주님이곳에계심을 - 나 느낄수 있어요 -
주님이곳에계심을 - 나감사합 - 니다 - 주님은 - 우리의 - 기쁨과
- 소망되시며 - 주님은 - 언제나 - 우 리와함께계시 -- 네 -
주님이 곳에계심을 - 나 느 낄수 있어요 -
주님이곳에계심을 - 나 감사합 - 니다 -

능한 자여 칼을 허리에 차고 왕의 영화와 위엄을 입으소서
왕은 진리와 온유와 공의를 위하여 위엄있게 타고 승전하소서
왕의 오른손이 왕에게 두려운 일을 가르치리이다

시 (45:3, 4)

82
즐거웁게 찬양하면서

· 경쾌하게
· 다드림 선교단 안성진
즐거웁게 찬양하 면 - 서 -
하나님께 마음을 열 - 리 -
나의영혼 주를기뻐 - 해 -
신실하신 주를찬양 - 해 - 내게
채우시 - 는 하 나 - 님 이 시 - 기 에 내가
더욱더 - 뜨 겁 게 찬양하 리 - 내
손을 높 - 이 들고 입 - 을 크 게 - 열 면 주님
채우신 - 다 말씀 하셨 네 - 오
할 렐루 - 야 주 찬 - 양 해 - 우리
모 임중 - 에 임 하시 - 는 주 찬양 해

83
영광 영광 왕께 영광을

· Tom Mclain
· 두란노 번역
영 광 영 광 왕 께영 - 광을 -
영 광 영 광 왕 께영 - 광을 - Fine
영광의왕 - 이 - 누구뇨 - 그 - 이름 예수 라 - 온땅
위에가장높으신 그이름 - 그이 름선포 하 - 리 -

84
주 다스리시네

· 시 72:7
예누진포진 번역
복음들고 산 을 넘 는 자 들 의 발길
- 아름답고 도 - 아름답도 다 - 평화전하
며 복 된소식을 외 치네 - 주다 스
- 리시 네 - 주다 스 - 리시
네 - 주다 스 - 리시 네

85
주 날 위하시면

· Steve Merkel and
Martin Nystron
· 예수전도단 번역
♩ = 120
C   G/F F   F/G G F/G   F/G F/C C
주 날 위 하 시면 누가대 적 하 리요
C/E   G/F F   G F/G G   F/G   C
그 리스도 안에서 — 늘 승리주 — 시 네 —
Bb/C   C   G/F F   E7sus E7/G#   A2sus Am
주 의 능 력 으로 우 리승 리 하리라
Am/G   Am/F G/E Am/F G/E Am/F   F# Em7
우린 모 두승 — 리 자 — 주 우리
F/D G/D F/D   G/D F/D   C2/E
에 게승 — 리 를 — 약 속
F2   F/G G7 F/G G   C
하 셨네 — 우 린승 리하 리 —

86
사람들은 이해할 수 없네

· 경쾌하게
· 예수 전도단 최인혁
Cmaj7   Dm7
사 람들은이 — 해 할수 없 네 —
Cmaj7   Dm7
주를 보낸 하 — 나 님의 사 랑 — —
주를 향한 우 — 리 들 의 사 랑 — —
F   G   E7   Am
그 사랑이 우 — 릴 구 원 해 주셨 네 — 주
영원토록 우 — 린 주 님을 찬양 해 —
F   F/G G   1.3 Cmaj7   Dm7
님 의 이름 찬 양 해 —
2. C 3-time to 해   G
해 — 노 래 해 — 요 — — 주님의
E7   Am   G
그 큰 사랑을 — 기 뻐 해 — 요 — — 우리를
E7   Am   G   D·C
구 원 하셨 네 — — —
Cmaj7   Dm7   Cmaj7   C
해 — — —

여호와 이스라엘의 하나님을 영원부터 영원까지
송축할지로다 하매 모든
백성이 아멘 하고 여호와를 찬양하였더라
대상 (16 : 36)

87
내 주 되신 주

·작사·곡 정종원
내주-되--신 주- 나- 주를 사-랑합니 -다-
내주-되- -신 주- 나- 주를사-랑합니 -다-
나 의구원나의 노 — 래   나의도움되신 -주-
나의생명나의 능 — 력   주 를사랑합니 -다-

여호와여 주는 온땅 위에 지존하시고
모든 신 위에 초월하시나이다

시 (97 : 9)

88
영광 영광 어린양 예수

· Larry Dempsey
· 예수전도단 번역
♩=46
영-광 영-광 어린양예 수
영-광 영-광 어린양예 수-그는존
귀 와영광 받으시기에합 당하신어 린-양-소
리 높여 주 님을찬양해보 좌위어린 양

89
모든 이름위에 뛰어난

· 예수전도단 고형원
♩=72
모든 이름위-에 뛰어난-이 름예수는주-예수는주 모두
무릎꿇 고 경 배들드리세 예 수는만유의-주 님 예수는
주-예수는 주 온 천 하만물우-러 러 그
보 좌앞영광을돌리-세예 수예수 예수 는-주-

90
주 찬양합니다

· Cl. Fraysse Bergese
· 두란노 번역
♩=74
주 찬양합니 다 내 마 음을 다 해 주
가 하신놀 라운 일 들을세 상에 모두 말하 리 라
주 찬양합니 다 내 마 음을 다 해 내
가 주 를 기뻐 하며즐거해 할 렐-루-야지
극히 높으신 이름찬양해 할 렐-루-야지
극히 높으신 이름찬양해 할 렐-루-야

이러므로 하나님이 그를
지극히 높여 모든 이름 위에 뛰어난
이름을 주사 하늘에 있는 자들과
땅 아래 있는 자들로 모든
무릎을 예수의 이름에
꿇게 하시고 모든 입으로
예수 그리스도를 주라 시인하여 하나님
아버지께 영광을 돌리게 하셨느니라

빌 (2:9-11)

91
때가차매

·요 4:23
·예수전도단 번역
때가차매 -아버지께 -신
령과 진정으로 예배드리네- -때가차
매 -아버지께 -신
령과 진정으로 예배드리네 -

92
주님께 경배드리세

·시 95:6.7
·예수전도단 번역
주님께경배드-리세 주님 앞에나와모두무릎
꿇-고 주님께경배드-리세 주님
앞에나와모두무릎 꿇-고-그 는 우리하나
님 우 린그의기르시는 백-성그의
손-의양이라그의손-의양이라

93
나를 받으옵소서

·작사·곡 최덕신
주님 내 가여기있사오니 나를보내소-서
나의 맘 나의몸 주께드리오-니 주받으옵 소 서
주님 내 가여기있사오니 나를써주소-서
가진 것 모두다 주께드리오-니 주받으옵소 서
알 렐 루 -야 알-렐-루-야
알 렐 루 -야 -- 알-렐-루 야
야 나를받으옵소 서 나를받으
옵 소 서 -

아버지께 참으로 예배하는
자들은 신령과 진정으로 예배할
때가 오나니 곧 이 때라
아버지께서는 이렇게 자기에게
예배하는 자들을 찾으시니라

요 (4:23)

94
내 평생 사는 동안

• Donya Brockway
• 중대 기독학생회 번역
♩.=66
내 평 생 사는동 안 주찬양하 리 여호와
하 나님 내 주를찬 양하 리
주 님을 묵 상함 이 즐겁도 다 내영혼
주 안에서 참 기쁘 리 — 내영혼
아 주님 을 송축하 라 — — 내영혼
아 주님 을 찬양하 라 — — 내영혼
아 주님 을 송축하 라 — — 내영혼
아 주님 을 찬양하 라
라 — 내영혼 라

나의 평생에 여호와께
노래하며 나의 생존한 동안
내 하나님을
찬양하리로다

시 (104 : 33)

95
이와 같은 때엔

• 예수전도단 번역
이와 같은 — 때 엔 난 노 래하 네사 랑을 노
래 하네 주 님 께 이와 같 은 — 때 엔 손
높 이— 드 네 손 높이— 드 네주 님 께 —
SING-ING I LOVE YOU LORD — I
LOVE YOU LORD — I LOVE YOU
LORD O— I LOVE YOU LORD —

96
주님을 무엇보다 더

• Joseph Garlington
• 예수전도단 번역
♩=69
주 님 을 무 엇보 — 다더 — 사
양 해 거 록하 —신주 — 찬
랑 해 누구보 —다더 —사 랑 해
양 해 거룩하 —신주 —찬 양 해
나의 삶을 드리 네 찬
네 — 나의 삶을 드리 네

97
시편 42편

•시 42편
•박명선 곡
사 - 슴이 시냇물을 찾 - 기에 갈급함같 - 이 내영
혼이 주 - 를 ─── 찾고자 주 - 를 갈망 합니 다 주 -
여 - 어찌합 니 까 ─ 사람 들이 하늘 말이 네
하 나님 - 이 - 어디 있느뇨 어디 있느뇨 내가 밤낮 으 - 로 ─ 눈
물 흘리니 - 주 - 여 - 어찌합 니 까 내 영혼 - 아 - 네가
어찌하여 - 낙 망 하느 - 냐 - 네가 어찌하여 - 불
안 하는고 - 너는 너의 하나님을 바 - 라 라 네 얼굴 - 을 - 도
우 시 - 는 - 네 하 나 - 님 ─ 을 ─ 살 아게시는 ─ 네
하 나 님을 - 너는 너의 하나님을 바 - 라 라 내 라

98
하나님 나 여기 있으니

•Don Moen
•두란노 번역
하 나 님 - 나 - 여기 --- 있 - 으니
하 나 님 - 나를 보내
--- 주 - 소서 눈을 열어
--- 보게 하소 -- 서
복음을 - 기다리 - 는 수 - 없이 많 - 은 사람들
- 내 귀를 열어 ---
보게 하소 -- 서 우리를
D·C al Fim
- 기다리 - 는 많 - 은 열방 --- 간절히 - 외치는 소리를 -

내 영혼아 네가 어찌하여 낙망하여 어찌하여 내 속에서 불안하여 하는고
너는 하나님을 바라라 그 얼굴의 도우심을 인하여 내가
오히려 찬송하리로다
시 〈 42 : 5 〉

99
주는 나의 피난처

· Randy N. Wright
· 예수전도단 번역
♩=60
주는 나의 피난 처 나 의 구원 - 나
의 힘 평 강의 - 왕 모
든 나라 - 주되 - 신 주 님 의
능력은끝 이 - 없 - 네 할 렐
루 - 야 할렐 루 - 야 할렐
루 - 야 송 축 해 -

100
우리 모일때

· Mike Faye
and Tom Coomes
· 다드림 선교단 번역
♩=69
우리 모일때 - 주 성령임 - 하리
우리 모일때 - 주 이름높이리 우리 마음모 - 아
주를 경배할때 주님 축복하 - 시 리

101
오직 예수

· Robert Gay
· 두란노 번역
오 직 예 수 다른 이름은 없네 주이름
만 우리에게 주셨 네 오직예 수 다른 이름
없 - 네 오 영 - 광과존귀권세 - - 와찬양 받
으 - 실분오직주예 수 오직예 수 온
땅위에홀 - 로 높으신 - 이름 - 하늘위높이들 - 리셨
- 네 - 온 땅위에홀 - 로 높으신 - 이름 - 영
광과 존귀와 - 찬양 드리세 오직예

다른이로서는 구원을 얻을 수
없나니 천하 인간에 구원을
얻을만한 다른 이름을 우리에게
주신 일이 없음이니라 하였더라

행 (4 : 12)

102
눈을 들어 영광의 왕을

· Carl Tuttle
· 중대 기독학생회 번역
♩ = 84
눈을 들 어 영광 의왕을 보 라
소 리 높 여 주를 찬 - 양 하 라
사 랑 해 요 선 포 하 리
알 렐 루 - 야 주 송 축 해

103
왕의 왕께 영광을

왕의 왕께 영광 - 을 어 린 양께 영광 - 을
만유 의주께영광을 - 그는 동일하신주 나의 하 - 나님
거룩 하신주 께 영광을 - 그는 전능하신주 하나 님
F·O
왕의 왕께 영광 - 을 어 린 양께 영광 - 을
할 렐 루 야 할 렐 루 야

104
거룩 거룩 거룩하신 주 Ⅱ

· 작사·곡 정 종원
거 - 룩 거 - 룩 거 룩하신 주 나
경 배 와 사 랑 드 립 - 니 다
거 - 룩 거 - 룩 거 룩하신 주 나
Fine
경 배 와 사 랑 드 립 - 니 다
세 상 나 라 권 세 는 모 두 변 하 여 도
세 상 나 라 권 세 는 모 두 무 너 져 도
D.C
주 의 나 라 주 의 권 세 영원히 서 리 라 —

거룩하다 거룩하다 거룩하다
주 하나님 곧 전능하신 이여 전에도
계셨고 이제도 계시고
장차 오실 자라

계 (4 : 8)

105
거룩하고 순결한

• Author unknown
• 예수전도단 번역
♩ = 69
D A/D D Bm7   Em7   G/A A
거룩하고 순결한 주의 이 -름
D A/D D Bm7   Em7   G/A A
주의이름 금보다더 귀하 -네 -
Dmaj7   Bm9   Em7
송축하 라 -주 이름 - 송축하 - 라
A   A/G F#7   Bm9
-주 이름 - 송축하 라 -주 이름 - 오
Em7   A   1. G/A   A   2. D
나 - 의 - 하 나님 -   (piano)

106
거룩 거룩 거룩

• Peter Scholtes
• 두란노 번역
♩ = 78
Eb(D)   F(E)   Eb(D)   F(E)
거룩거룩 거 -룩 - 전능하신 주
Eb(D)   F(E) Cm7(Bm7) F(E)   1.   2.
그 -영광이 온 땅에충 - 만 - - 호 - -
F(E)   (G) (F#7) Ab Gm7 Eb(D)   F(E)
산 나 - 호 산 나
(Gmaj7) Abmaj7 Bb(A) Eb(D) F(E) 1. 2.
높은 곳 - 에 - 서 - 호 -

107
보좌에 앉으소서

히 8:1
장엄하게
• Roman Pink
• 예수전도단 번역
D   G   D   G
보좌 에 -앉으소서 주 -여 위대 한 - 대제사장
D   G   Bm A7 G   D   G
이시여 모든 것 위에 높 으신 주 —
D   Em   G   A7   G   D
주님 발 앞에 다 경 배드 리 네 —

이제 하는 말의 중요한
것은 이러한 대제사장이
우리에게 있는 것이라.
그가 하늘에서 위엄의 보좌 우편에
앉으셨으니
히 (8:1)

108
나의 안에 계신 주님

·작사·곡 정종원
나의 안에 - 계신 주님은 - 항상 전할 - 소식 이라네-주가
나의 안에 - 계신 주님은 -항상 찬송 - 제목 이라네-주가
내게 - 밝히 보이신 - 증거 감추지 - 못 해 해 주님
내게 - 친히 행하신 - 사랑 견디지 - 못 해
내안에 - 내가 주님 안에서 - 누리는 -이기 - 쁨 날마
다 더욱 - 나를 놀라 게하네 - 성실하신 나의 - 주 이제
내가 - 육체 가운데 - 살아 가는 - 모든 즐 거움-내안
에서 - 새일 행하신 - 주님 생각함- 일 세

109
내가 그리스도와 함께

·갈 2:20 ·예수전도단 박윤호
내가 그 리스 도 와 함 - 께 십 자 가 에 못
박 혔 나 니 - 그런 즉 이 - 제 내가 산 것이니
요 오 직 내 안 에 예수 께 - 서 사 신 -
것 이 라 - 이제 내 - 가 육체 가 운-
데 사 는 것 은 - - - 나를 사 랑하사
자기 몸 버 리 신 예수 위 해 산 것이 라 -

내가 그리스도와 함께
십자가에 못박혔나니 그런즉 이제는
내가 산 것이 아니요 오직
내 안에 그리스도께서 사신 것이라
이제 내가 육체 가운데
사는 것은 나를 사랑하사
나를 위하여 자기 몸을
버리신 하나님의 아들을
믿는 믿음 안에서 사는 것이라

갈 (2:20)

110
내게 있는 향유 옥합

·박정관
내게 있는 향유 옥합 주 께 - 가 져 와
그 발 위에 입 맞 추 고 깨뜨-립 니 다
나 를 위 해 험 한 산 길 오 르-신 그 발
나 를 위 해 십 자 가 에 오 르-신 그 발
주 님 다 시 이 땅 위 에 임 하-실 그 때
걸 음 마 다 크 신 사 랑 새 겨-놓 았 네
흘 린 피 료 나 의 죄 를 대 속-하 셨 네
주 의 크 신 사 랑 으 로 날 받 아 주 소 서

111
그 무엇보다

· Don Moen
· 두란노 번역

그무 엇 보다   그 누 구 보다
주님을 더욱   사랑합니 다
세상 부귀와   내 생 명 보다
주 님을 더 욱   사 랑합니
다   그 무
주 의 사랑에서 우 리를 —   끊을 수는 없으리
— 나 주의얼굴 친히 뵙 는날 —
주 님께고백하 리   그 무

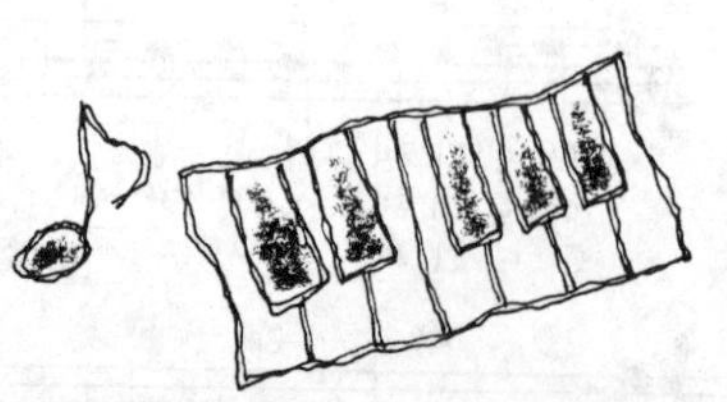

112
사랑합니다 I

사 랑 합 니 다 — 나를 자 녀 삼 으 신 주 —
사 랑 합 니 다 — 나를 자 녀 삼 으 신 주 —
내 부 르 짖 음 들 으 시고 감 싸 주 시 — 는 —
영 원 히 주 찬 양 합 — 니 — 다 내 삶 을 다 해 —

누가 우리를 그리스도의
사랑에서 끊으리요 환난이나 곤고나
핍박이나 기근이나 적신이나
위험이나 칼이랴 기록된 바 우리가
종일 주를 위하여 죽임을
당케 되며 도살할 양같이
여김을 받았나이다 함과 같으니라
그러나 이 모든 일에
우리를 사랑하시는 이로 말미암아
우리가
넉넉히 이기느니라

롬 (8:35 - 37)

113
주님 그 큰 사랑
· Graham kendrick
· 두란노 번역

주님 — 그 큰 사랑
주주님 — 멸 시 받고
주 님 — 그 큰 사랑

나 같으 — 은 죄인
죽을 — 셨 지 — 인 만
네 죄 — 씻 으 시 고

자 유 — 케 하 셨네
나 를 — 위 한 보 혈
새 생 — 명 주 시 네

주 사 랑
홀로 리셨 네
주 사 랑

놀 라 우 신 — 주 님 의 사 랑

나 의 죄를 — 위 하 여

죽 음 당 한 — 하 나 님 아들

날 살 — 리 — 셨 — 네

날 살 — 리 — 셨 네 —

114
오 나의 자비로운 주여

오 나의 자 비 로 운 주 여 나의 몸 과 영 혼

을 주의 은 혜 로 다 채 워 주 소 서

이 세 상 괴 롬 걱 정 근 심 주 여 받 아 주 시

고 이젠 세 상 에 서 인 도 하 소 서 —

예 수 오 예 수 지 금 오 셔

서 — 예 수 오 예 수

채 워 주 소 서 — 오 나의 서 — 오 나의

서 오 — 주님 은혜로다 채워주 소 서 —

주의 보호로 인하여
영영히 기뻐 외치며 주의 이름을
사랑하는 자들은
주를 즐거워 하리이다

시 (5:11)

115
왕의 왕 예수

· 장엄하게
· Jimmy Rosano
· 예수전도단 번역
왕의왕예-수 모든 나라 다스리소서 —
왕의왕예-수 모든 나라다스리소서 온세
상주의영광으로 가-득차고온백성 주께 경배 하게하소서홀로
존귀하신 예수님 다스 리소 서

116
하나님의 어린 양

· Twilla Paris
· 예수전도단 번역
1. 온 세상 죄 지고가 신 하나님
2. 난 길잃 고 방황했 네 죽어야
어 린 양 보 - 라 - 나의 죄 사 하시려
할 이 죄인 을 - 지 팡이 와 막 대기
고 아버지 품떠 나 셨 네 하나님의어린
로 날인도 하여 주 셨 네
양 아름 다우 신 주님을 사 랑합니-
다. 그피로- 날 씻기소 서 하나님
어린양예- 수 2.난길잃 수! 하나님의어린 수!

117
주는 승리의 왕

· Dean Romanelli
· 예수 전도단 번역
주 는 승 리 의왕 왕께 경 - 배
드 리세 - 승 리를 외 치세
알 렐 - 루 야 - 알 렐
루 야 - 알 렐 루 - 야
- 승리 -를 외 치세 알렐루 야

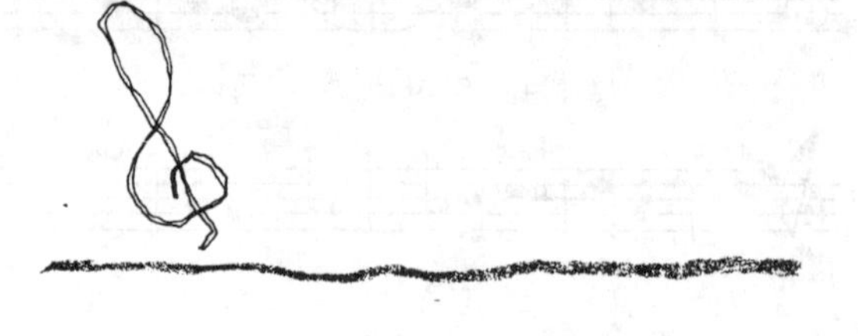

이튿날 요한이 예수께서
자기에게 나아오심을 보고 가로되
보라 세상 죄를 지고 가는
하나님의 어린 양이로다

요 (1 : 29)

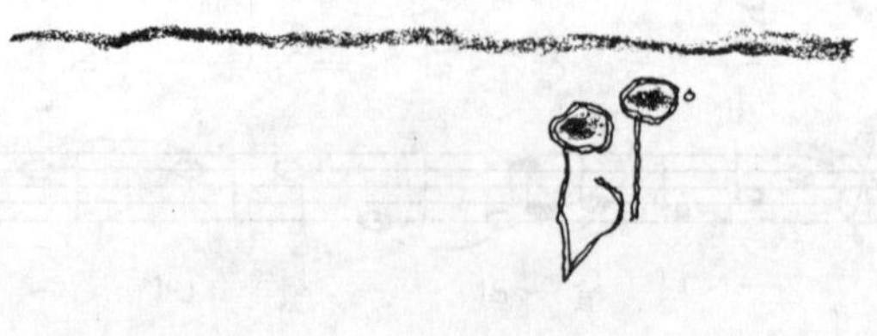

118
감사해요

· Alison Huntley
· 예수전도단 번역
· 보통으로
감사 해 요 - 주님의사 랑 - 감사
해 요 - 주님의은 혜 - 목소 리
높 여주 님 을 영 원히 찬양해 요 나의
전 부이신 - 나 의주 님 -

119
복의 근원 되신 주

· Jimmy Owens
· 예수전도단 번역
복 의 근원되 신 주 찬 양하 라 모
든 만물 주 님께 찬 양하 라 하
늘 의천군 도 주 찬 양하 라 찬
양 - 성 부 성 자 - 성 령

120
아침에 나로

· 시 143 : 8
· 박명선 곡
아 - 침에 나로 주 - 의 - 인자한 말씀을듣게하소서 내가
주를 의뢰합 니 - 다 나의 다닐길을인도하소 서 내가
내영혼을 - 주 - 께내영 혼을주께드립니 - 다

121
주의 인자는 끝이 없고

· 애 3 : 22. 23
· 예수전도단 번역
주 의인 자 는 - 끝이 - 없 고 그
의 자 비 는 - 무 궁 하 며 - 아침
마 다새 롭고 늘 새로 우니 주 의성
실 이 큼 이 라 성 실하신 주 님 -

여호와의 자비와 긍휼이 무궁하시므로
우리가 진멸되지 아니함이니이다
이것이 아침마다 새로우니
주의 성실이 크도소이다

애 (3 : 22. 23)

122
주님나라가 이곳에 임했네

123
하나님이 세상을

·눅 4:18-19, 10:9
·힘있게
· Graham kendrick
· 예수전도단 번역
Intro
주님 나 라가 이곳에 임했
주 님 나 라가 이곳에임했 네
To Continue
네
주님 나 라가 이 곳에 임했
To Continue
주님 나 라가 이곳에 임했 네   -너
Fime
To End
네 네 -너 희안에(²우리안에) 너 희안에 -저
Fine
To End
네   희안에   너 희안에
눈 먼 자눈뜨 고   질병 사 라지네
주께 서명하실 때 -또 죽은 자살아 나고
복음 듣게되리 예수 능왕기뻐 해   -
D·S al Fine

·요 3:16
· 최덕신 곡
하나님 이 세-상 을 이-처럼
사 랑하 사   하나님 이 세-상 을
이-처럼   사랑하 사 독 생 자 를
주셨으-니 - 이늘저 를믿 는 자마
다 - -멸망치않 고 - 영생-을
-   얻게하 려하 심 이니 라

하나님이 세상을
이처럼 사랑하사 독생자를
주셨으니 이는 저를
믿는 자마다
멸망치 않고 영생을 얻게 하려 하심이니라.

요 (3:16)

124
주여 오소서

계 7:17
· 예수전도단 함태숙
보라 그 날이 곧 다가 오리 라 생
나 주님을기다려구속하신그의백성호산나 - 주맞을 준비하세
명 의주예 수 영 광중에오실 날 네
어린양주예수 오시는 날엔 모든 눈물씻어주시 리 할
가 그것 을 곧 보게되리 니 영
렐루야찬양해그의영광그의능력 어린양 - 수예수 그의나라새
원 한집으 로 인 도 하시리라 -
하늘과새땅이 열리게 되리 주여어서오소 서 아 멘 -

이는 보좌 가운데
계신 어린 양이 저희의 목자가 되사
생명수 샘으로 인도하시고
하나님께서 저희 눈에서
모든 눈물을 씻어 주실 것임이러라
계 (7:17)

125
구속하신 주찬양

· 예수전도단 함태숙
나의 하나님 - 내구주를 - 오 찬 - 양 -- 나의 입술로 - 기뻐외치며 - 오
이 스 라엘거 - 룩하신주 - 오 찬 - 양 -- 그의 성실을 - 기뻐외치며 - 오
찬 - 양 -- 할 렐 루야 -- 할 렐 루야 -- 내
입 술로 - 찬 - 양 - 내노래로 - 찬 - 양 - 호산나 - 찬 - 양 -
노래해 - 찬 - 양 - 구 속하신내영혼찬 - 양 --- 주 찬 - 양 --

126
나는 믿음으로

· 드림 선교단 번역
♩ = 100
나 - 는 믿음으 로 주 얼굴보리니
- 아침에 깰 때 에 - 주형상에 만족하 -리
나주님닮 기 원 하 네 믿음으
로 주얼굴 보 리 라 - 나
라 - 믿음으 로 주얼굴 보 리 라 -

127
내가 주를 찬송하리

♩=100
예수전도단 번역
D G Em A 1.D G D 2. D
내가주를찬송하리 높고영화로우신주 말과적군을죽이셨네 네 여
D G A7 D
호 와는 힘과노래 나 의구원이되셨 네 여
D G A D
호 와는 힘 과 노래 나 의구원이되셨 네 나
D Em A A
의하나님 찬송하며내 가주를높 이 리로 다나
D Em A D A D
의하나님 찬송하며내 가주를높 이 리 로다

128
나는 주를 부르리

시 18:2.3
예수전도단 번역
D G D G D G D G
나는주를부르 리 찬양받으실주 님
D G D G D G D D7
날건지리 원수들로부터 오! 살아계신
G D G D E7 A7 D D7
반석이신주찬양구 원의하나님을 높이 세 오 살아계신
G D G D Em A7 D
반석이신 주찬양 구 원의하나님을높이 세

129
찬양의 제사드리며

♩=138
Kirk Dearman
예수전도단 번역
D Em7sus F#7 Bm7 G D/F# Em7sus Em7sus/A
찬 양의 제사드리 며 성소로 들어 갑니 다
D Em7sus F#7 Bm7 G Em7 A
찬 양의제사드리 며 성소로 들어 갑니
D G F#7 Bm7
다 우리 모 두주님 께 감사의
Em7 A9 D Em7 D/F# D
제 사를 드리세 우리 모 두주님
F#7 Bm7 Em7 A9 D
께 기쁨의 제 사드리 네

내가 여호와를
찬송하리니 그는 높고 영화로우심이요
말과 그 탄 자를 바다에
던지셨음이로다 여호와는 나의 힘이요
노래시며 나의
구원이시로다 그는 나의 하나님이시니
내가 그를 찬송할 것이요
내 아비의 하나님이시니 내가
그를 높이리로다

출 (15 : 1. 2)

130
감사로 제사드리는 자가

·시 50:23
·예수전도단 권혁진
감사로 제사 - 드리 는 자 가   하나님을 영화 롭게
하 나 니   그 행위를 옳게 하는 자 에게
하나님의 구원 - 보이 시 리 라   감사드 려
- 감사드리 - 세 - 아 버 지 께   감사로
제 사 를 -   찬송 드리 - 세 - 아 버 지
께   우리의 찬 송 을 -   할렐루
야 할 렐 루 야   우리의 찬 송 을
-    할렐루 야 할 렐 루 야   영원토록
찬 송 을 -   영원토록 감 사 를
-    영원토록 감사찬 송 을 -

131
주님께 영광을

·작사·곡 최덕신
주님께 영 - 광을 -   주님께 감 - 사를 -
주님께 찬 - 양을 -   알 렐루 야
- 우리의 정 - 음을 -   모두다 바 - 쳐서 -
주님을 사 - 랑해 -   알 렐루 야

감사로 제사를 드리는
자가 나를 영화롭게 하나니
그 행위를
옳게 하는 자에게
내가 하나님의 구원을 보이리라

시 (50:23)

132
영광의 주

- Capo 2(C)
- 힘과 느낌을 가지고
- David Fellingham
- 두란노 번역

영 광 의 - 주 이름 높 이 세

전 능 의 - 왕 되신 주 - 우

리 정성 - 바쳐 - 경배하 며 섬 기 리

주의 이름 찬 양 하 리 - 빛나는

(Descant)

빛나는 보 - 좌 - 다스리시 는 -

보 좌 - 다스리 시 는 - 영원한

영 원한 왕 나의 - 하 나 님 -

왕 - 나의 하 나 님 - 능 력의

능 력의 말 - 씀 - 자 유 주 시 네 -

말 씀 - 자유주 시 네 - 넘 치 는

넘 치 는 사랑주 - 하 나 님 -

사 랑 - 주 하 나 님 -

133
오라 우리가 I

- 예수전도단 번역

오 라 우리 가 - 여 호 와의 - 산 에 올라 - 하
나 님의 전 에 이르 자 - - 주
님 의 도 를 배우 고 - 주
님 의 길 로 행하 리 - 이 는
율 법 이 시 온 에서 나오고 - 주의
말 씀은 예 루 살렘에 서 -

많은 백성이 가며 이르기를
오라 우리가 여호와의 산에 오르며
야곱의 하나님의 전에 이르자
그가 그 도로 우리에게
가르치실 것이라 우리가 그길로 행하리라
하리니 이는 율법이 시온에서부터
나올 것이요
여호와의 말씀이 예루살렘에서부터
나올 것임이니라.

사 (2:3)

134
여호와 춤추리

여호와 춤추리 (여호와춤추리) 기쁨의그날네 (그날
에) 나를기뻐하시며 나를 새롭게 해주시 네
네 모두 다 기 뻐 함께 외 - 치 -
며 전심 으로 기 뻐 크게 찬 - 양 하
세 우리 안에 계 신 주 여호와께 -
- 여호와춤추리 네 두려 움 전혀없으 리 두려
움 전혀없으 리 힘차 게 주를 찬양 해 우리
안에 계 신 주 여호와께 -
♩=124   • 예수전도단 번역

너희 의인들아
여호와를 기뻐하며 즐거워 할찌어다
마음이 정직한 너희들아
다 즐거이 외칠찌어다
시 (32 : 11)

135
내 주는 크고 큰 능력으로

♩=120   • Graham kendrick   • 온성예수찬양 번역
내주는크고큰 능력으로 세상 이 겼 - 네
내주는크고큰 능력으로세상 이 - - 겼 네
찬양하리라기 뻐하리라주님 함께 하심 을
죄와 죽음과사 탄 의 힘 주님 발아래 두고
살아계신주는 나의 힘 세상을능히이겼 네
주의 이름을높 이셨네 왕의 왕께 경배하 세

136
내가 여호와의 인자하심을

137
나의 주 크고 놀라운 하나님

138
세상권세 멸하시려

139
예수 이름 찬양

예수전도단 번역
E G# A E   G#   A E
예수 이름 찬 양   예 수 이름 찬 양
A E A   E   A   E   F#   B7
내반석 나의 산 — 성 나의 구원자,주 의지하리
E   G#   A B7   E
예 수 이 름   찬 —— 양

나의 힘이 되신 여호와여
내가 주를 사랑하나이다 여호와는 나의 반석이시요
나의 요새시요 나를 건지시는 자시요
나의 하나님이시요 나의 피할 바위시요
나의 방패시요 나의 구원의
뿔이시요 나의 산성이시로다

시 (18 : 1 - 2)

140
왕의 지성소에 들어가

· Daniel Gardner
· 예수전도단 번역
♩ = 68
E   B♭/D#   A/C#
왕 의 지성소에 들어가 보 좌 앞에엎 드려
E/B   B7   E   B♭/D#
경 배-해 왕 의 지성소에 들어가 주의
A/C#   B7sus B   A   E/G#
영 광뵈 오-리 오 거 룩하신주님 앞에서 주
G#sus   G# G#/C C#   B A/C# B/D#   E
이 름높이 리 왕 의 지성소에
B♭/D#   A/C#   E/B B   E
들어가 영화 롭게변 하 리

141
두손들고 찬양합니다

· Andre kempen
· 두란노 번역
E   F#7   E/G#
두 손들고 찬양 합니다 다시 오실왕 여
A   E   F#m   B   E
호와께 오 직 주만이 나 를다스 리 네
E   B
- 나주님만을 섬 기리 - 헛된 마음
A/E   E   B
버 리고 - 성령이여 내 영혼
B   A/E   E
- 충만하게 하 소서 - 주 님 앞
A   F#   B   E
에 내생 명 드리리 라 -

142
예수 가장 귀한 그이름

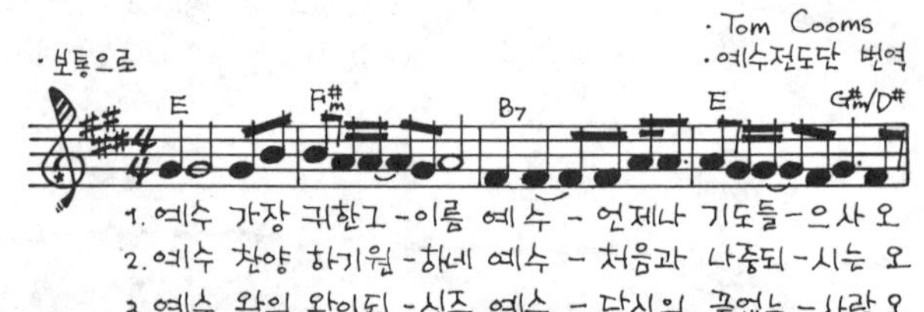

· Tom Cooms
· 예수전도단 번역
· 보통으로
E   F#   B7   E   C#m/D#
1. 예수 가장 귀한그 - 이름 예수 - 언제나 기도들 - 으사 오
2. 예수 찬양 하기원 - 하네 예수 - 처음과 나중되 - 시는 오
3. 예수 왕의 왕이되 - 신주 예수 - 당신의 끝없는 - 사랑 오
C#7   F#   B7   E (F#-B7)

예수 - 나의손 잡아주시는 가장 귀한 귀한그 - 이 름
예수 - 날위해 고통 당하신 가장 귀한 귀한그 - 이 름
예수 - 목소리 높여 찬양해가장 귀한 귀한그 - 이 름

143
사랑해요 목소리 높여

사 랑 해요 - 목소 리 높여 -
경 배 해 요 내영 혼 기 뻐
오 나 의왕 - 나의 목 소리 -
주님귀에 곱 게곱 게울-리 길

145
구하라

· Bob kilpatrick
· 예수전도단 번역

· ♩=86

1. 구하라 - 열방을 네게 주 리라 - 열방을 네
2. 오 주여 - 내가여 기있 사오니 - 나를열방
-게유업으-로 - 열방을네 -게 주리라 - 내아들아
-의대-사-로 - 나를열방 -의 대사로 - 보내소서
구하라 - 열방을 네게 주 리라 - 열방을네
오 주여 - 내가여 기있 사오니 - 나를열방
-게유업으-로 - 주 - 리 라 - - -
-의대사-로 - 보내소서 - - -

144
주를 높일지라

· 시 99:5
· 보통으로 느리게

· Rick Ridings
· 예수전도단 번역

주 를 높일찌 라 - 여 호와 하나 님 - 그
발 등상 앞 에 서 경 배할 찌 어 다
거 룩하 신 하 나 님 께

너희는 여호와 우리 하나님을

높여 그 발등상 앞에서

경배할찌어다

그는 거룩하시도다

시 (99:5)

146
거룩한 땅에 I

· With feeling
· ♩=69

· Christopher Beatty
· 두란노 번역

1. 거룩 한 땅에 - 우리 여기에 서 있네
2. 거룩 한 손을 - 우 리에게 주 셨네
- 주님 계 신이곳 곧 거 룩한땅 이 - 라
- 우리 손 으로- 주 의 일이루 시 - 네
- 거룩 한 땅에 - 우리여기에 서 있네
- 거룩 한 손을 - 우리에게 주 셨네
- 주님 계 신이곳 곧 거룩한땅 이 - 라 -
- 우리 손 으로- 주 의 일이루 시 - 네 -

147
거룩한 땅에 II

· With feeling
♩ = 67
· Geron Davis
· 두란노 번역
거 룩 - 한 땅 에 우리 서 있 - 네 - 천 - 군 -
천 사 이 곳 에 - 함께 해 - - 찬 - 양 -
해 - 주 예 수 - - 거 - 룩 -
하 신 주 님 앞에 우리 서 - 있 네 -

내 영혼이 여호와로 자랑하리니
곤고한 자가 이를 듣고
기뻐하리로다
나와 함께 여호와를
광대하시다 하며 그 이름을 높이세
시 (34 : 2 - 3)

148
나의 마음을

· Prayerfully
· Brian Doerksen
· 두란노 번역
나 의 마 - 음을 - 정금과같 이 정결
케 하 소 서 나 의 마 - 음을 - 정금과같
이 하 소 서 내 영 혼에
- 한 소망있 으니 - 주님
과 같 - 이 거룩하게 - 하 - 소
- 서 - 나의삶 을 드 리 니
거 룩 하게 - 하소서 - - 오 주 - 님
나 를 받 으 - 소 서 -
나 를 받 으 - 소 서 - -

149
크고도 놀라와라

• 작사 · 곡 정종원
주 하나님 아버지 알려주신 사랑-은-
크고 도 놀라워 라 -
지혜와 인내로큰 구원준비 하사
독 생자로 나타내셨 도다 -
변 함이 없 는 주-의 사 랑
이 루어 주신은 혜 -
죄 가게 할 수 없-는 진리-
거 룩한 주의공 의 -주
하 나 님 아 버 지 베 푸 신 사 랑
영 원히 찬 양 하 리라 -

150
주님 내 아버지

• Stephen Hah
• 두란노 번역
주님 - 내아버지 - - 사 랑하며 - 감 사하리 온
맘다해 - 주 섬기리 나 를 - 받으소 서
주님 - 내아 버지 - 주께 가오니 - 임 하소서 온
맘다해 - 주 섬기리   내 - 생명다 해

151
전심으로 주 찬양

• ♩=80
• 예수전도단 고형원
전심으로주찬 양 주의 이름높 -이올려드리 세
위 대하신하나 님 온땅 위에높 -이 올려드리
세   주 의영광은 - 하 늘위에높 고 주의
찬 송은세계 끝까 지 — 주 의영광은 - 모
든 나 라위에 주의 찬 송은세계끝 - 까 지

152
평강의 왕이요

· Worshipfully
♩ = 60
· Stephen Hah
· 두란노 번역
평 강의 왕 이 - 요 -
자 비 의 하 나 님 -
예 수 - 영원하신 주 -
만 왕의 왕 이 - 요 -

153
우리찬양 향기되게

· 계 5
· 예수전도단 번역
우리 찬양향기되게하시고주의 보 좌의 기둥 되게하소서
우리 찬양향기되게 하소서 홀로 주 앞에 나와
경배드릴때 빛난 주님 모습 보 - 고 그의
위 엄바라 볼 - 때 천군 천 사 들 과 다함께 그의
거 룩하심을 외칠때 - 우리 -
거룩 거룩 거 -룩 거 룩하신 주

154
우리가 여호와께

· 시 95 : 1 - 7
· 힘있게
· 예수전도단 김제리노
우 리 가여호와 께 노 래 하며부르 자
그 는 구원의반석 이 - 되신 주 -
감사함으로나가 자 시 로 즐거이부르 자
그 는 구원의 반석 이 - 되신 주 -
여 호 와는우리 주 모 든 신위에크신 왕 경배하
자 - 우리모 두 - 경배하 자 - 우리모 두

오라 우리가 여호와께
노래하여 우리 구원의 반석을 향하여
즐거이 부르자 우리가
감사함으로 그 앞에
나아가며 시로 그를 향하여
즐거이 부르자
대저 여호와는 크신 하나님이요
모든 신 위에 크신
왕이시로다

시 (95 : 1 - 3)

155
내 영이

· 작사·곡 정종원
A/B E
내영이 주 - 를 - 찬양합니 - 다 -
B7 E
내영이 주 - 를 찬양합니 - 다 -
E7 A
내영이 주 - 를 - 찬양합니 - 다 -
A# E/B B7 E B
내영이 주 - 를 - 찬양합니 - 다 - Fine
E A
기 - 뻐 - 하라 - 나의영혼아 감 - 사 - 하라 - 손을들고 -
E F# B
송 - 축 - 하라 - 주를향해 - 외 - 치라 -
E A
기 - 뻐 - 하라 - 나의영혼아 감 - 사 - 하라 - 손을들고 -
E B7 E A/B D.S
송 - 축 - 하라 - 나의영혼 - 아 - 내 영이

156
우리함께 기뻐해

· Gerrit Hansen
· 예수전도단 번역
♩ = 138
E A2 E A2
우리함께 - 기뻐 - 해 주께영광 - 돌리 -
F#7 B G#7 C#7
세 어린 양의혼 - 인 잔 — 치와 - 신부
F#7 B A/B E E/G#
가 준비 - 되었 네 — 할렐루야 전능
A A/C# E E/G# B A/C# B/# E E/G#
하신 주 가다 스 리 네 할렐루야 전능
A A/C# C#7 B E A B E
하신 주 가다 스 리 - 네

할렐루야 주 우리 하나님
곧 전능하신 이가 통치하시도다
우리가 즐거워하고
크게 기뻐하여 그에게
영광을 돌리세 어린 양의
혼인 기약이 이르렀고
그 아내가 예비하였으니
계 (19 : 6.7)

157
기뻐하며 승리의 노래

· 습 3:14-20
· 기쁘게
· David Fellingham
· 예수전도단 번역
E   C#7   F#   B6 B
기 - 뻐하며 - 승리 의 노래부 르 리
G#   B/A A F#/A   E/B   B
그 백성 주가 회복 시 - 키시 네
E   C#7   F#   E/B B 3 7
그 - 사랑으로 억눌 렸던자모 아 치찬과
E   F# B   E   ★자매
명 - 성얼 게하시 네 - 절 심으
로 - - 기뻐 하 리
B   E
로 기뻐하리 - 전능의 왕우리함께
- 전능의 왕 - - 함께하시 네
B   E
- 우리의 강하신용사 - 구원과 승리주시네
★다함께   A   E
- 기뻐외치 며 - 주께두 손 들리 -
C#7   F#   B7   E
- 춤을추 며 - 왕께 찬 양해 -
A   E
- 모든원수 를 - 멸하 신 주님 -
C#7   F#   B   E
- 전능의 왕 - 함께하시 네 -

시온의 딸아 노래할찌어다
이스라엘아 기쁘게 부를찌어다
예루살렘 딸아 진심으로
기뻐하며 즐거워 할찌어다
습(3:14)

158
승리의 노래

E
승 리의노 래 - 주 께부르 자 - 우
A B7   E   B7 A   1.E   2.E E7
리의삶 속에주 - 님 다 스 리 네 승 네 그는
A   B7   G#   C#7   F#7
왕 모든 나라 의 왕 모든 만물 의 왕
B7   1.E   E7   2.E
1. 먼류 관쓰셨 네 - 주님은
2. 온땅 다스리   네 -

159
강한 용사

·행진곡 풍으로, 힘있게
·Debbye Graafsma
·예수전도단 번역
강한용-사 무장하신 거룩한만군의 주
대장되신주 우리들을모아 출정케하시네 원 수 무찌-르려
-1.이제 원수는 힘없네 이곳에서 아 무 힘과권세없네! 여
-2.이제 주님만 힘있네 이곳에서 모 든 힘과권세있네! 여
긴 주님께서 계시는 곳이니 이제 아무권세없 네!
긴 주님께서 계시는 곳이니 이제 모든권세있 네!

160
위대하고 강하신 주님

*위대하-고강하 신주님- 우리 주하나 님
위대하-고강하 신주님- 우리 주하나 님
깃발을 높이들고 흔들며- 왕께 찬-양 해
위대하-고 강하신주님- 우리 주하나 님——
위대하-고 강하신 주님- 우리 주하나 님

* 2. 광대 3. 성실

161
크신 주께

·시 48:1,2
·예수전도단 번역
크 신주 께 영광돌리 세 하나
님의성에 서 그의 거룩한산 에서-
더가높고아름 다와 온 세상의기 쁨
저북 방에있는 시온산큰 왕의 성일 세
씽 할렐 루야 씽 할렐 루야
씽 할렐 루야 큰 왕의 성일 세

여호와는 광대하시니
우리 하나님의 성, 거룩한 산에서
극진히 찬송하리로다
더가 높고 아름다워
온 세계가 즐거워 함이여
큰 왕의 성 곧 북방에 있는
시온산이 그러하도다

시 (48:1.2)

162
찬송하라

· 시 134 : 1~2
· 경쾌하게
· Unknown
· 예수전도단 번역
찬 송 하라 - (찬송하라 -) - 여호와의 종들아 (여호와의종들
아) - 주님 집에 - (주님집에 -) - 서 있는 자들 아 (서있는 자들
아) - 성소 향 해 (성소향 해) - 손을 들고서 - (손을들고서
-) - 찬송하라 - (찬송하라 -) - 찬송 하라 - (찬송-하라)

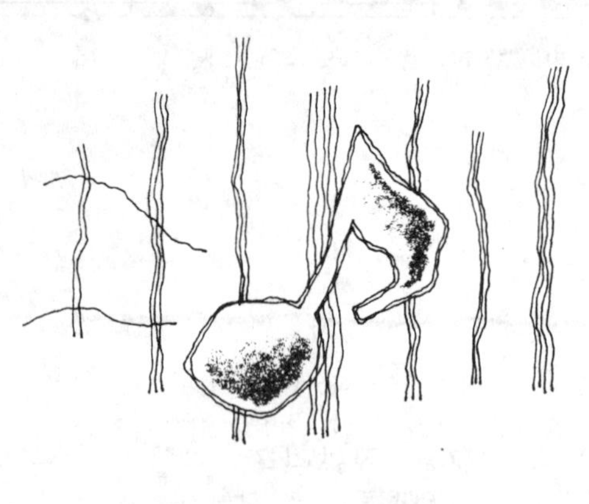

하나님의 종들
곧 그를 경외하는 너희들아
무릎대소하고 다 우리 하나님께
찬송하라

계 (19 : 5)

163
찬양해 주님의 종들아

· ♩ = 138
· Jeff Hamlin
· 예수전도단 번역
찬 양 해 - 주 님 의 종 - 들 - 아
- 무 롯 대 - 소 하고 - 주 님
을 경 외 하 는 자 - 들 아 - 찬 양 해
- 주 님 의 종 - 들 - 아 -
무 롯 대 - 소 하고 - 주 님 을 경 외
하 는 자 - 들 아 - 찬 양 해 -
할 렐 루 야 구 원 과 - 영 - 광
존 귀 와 능 력 주 하 나 - 님 께 - 할 렐 루
야 구 원 과 - 영 - 광 존 귀 와 능 력 주
하 나 - 님 께 찬 양 해
Fime
D·S al Fime

164
손을 높이 들고

·경쾌하게
손을 높이들고 주를 찬양 - 높은 곳을 향해 주를 찬양 -
모든 만물들은 주를 찬 - 양하라 -
왕의 왕되신 예수 - 다스리시는 예수 -
생명있음을 찬양 해 - 할렐루야
주를 찬양 - 할렐루야 주를 찬양 - 생명있음
을 찬양 해 ─── 을 찬양 해 -

165
손을 잡고서

· Steven Fischer
· 예수전도단 번역

·경쾌하게
1. 손을 잡고서 주 찬양합시다 주 찬양 합시다 손을 잡고
손을 잡고 서 주 찬양합시다 주 찬양 합시다 손을 잡고
알렐루 - 야 알렐루 - 야 알렐루 - 야 손을 잡고
알렐루 - 야 알렐루 - 야 알렐루 - 야 손을 잡고

2. 손을 들고서 (손을 들고)
3. 손뼉을 치며 (손뼉 치며)
4. 주님손 잡고 (손을 잡고)

166
해뜨는데부터

· 시 113 : 1 - 3
· 예수전도단 번역

해 뜨 는 - 데 - 부터 - 해 지는데 까 지 -
- 주 이 - 름 찬양 받으 - 리 해 뜨는 - 데 -
할 렐 루 야 - 여 호 와의 모든 종들 아
주 이름 - 찬양해 - 이 제부터 영원까지 -
주 이름 - 을 찬 송할 - 지 로 - 다 - -

할렐루야, 여호와의 종들아
찬양하라 여호와의 이름을 찬양하라
이제부터 영원까지 여호와의
이름을 찬송할찌로다
해 돋는데서부터 해
지는데까지 여호와의 이름이
찬양을 받으시리로다

시 (113 : 1 - 3)

167
이날은 주가 지으신 날

Rick Shelton
예수전도단 번역
이 날은 주 - 가 지으 - 신 날 - 기뻐 하고 - 즐거워
- 하 세 오 이 날은 주 - 가 지으 - 신 날 -
기뻐하고 - 즐거워 - 하세 주 를 - 기뻐 하
라 - 주 를 - 기뻐 하
라 - 우 리 모 - 두 주 - 님 앞에서 기
뻐 하며 - 주 를 - 찬 양 - 존 귀하 - 신 우
- 리 주님을 기 뻐 하며 - 찬양 - 하 세 - 주
라 - 주 를

168
존귀 오 존귀하신 주

나드림 편역
존귀 오 존 - 귀하 - 신 주 - 감사 찬양
과 - 경배 - 다 받으실 주 님 -
존귀 오 존 - 귀하 - 신 주 - 감사 찬양
과 - 경배 - 다 받으실 주 님 - 찬양
할 렐 루 - 야 보 좌위 어 린 양께 - 우
리 경배 하 - 며 영 광돌리 네 -
할 렐 루 - 야 우 리왕께 영 - 광 - 주는
승 리의용 - 사 또 만 유 의 주 님 -

이 날은 여호와의 정하신 것이라 이 날에
우리가 즐거워 하고 기뻐하리로다

시 (118 : 24)

169
기묘라 모사라

•이사야 9:6
기 묘라- 모사라 전 능의왕- -
영 원한내아 버지 평 강 - 의 왕평강의 왕
영 원한 내아 버지 전 능 - 의 왕 -
기 묘라- 모 사라- 기 묘라- 모 사라-
기 묘라- 그의 이름 예 수
기 묘라- 모 사라- 기 묘라- 모 사라-
기 묘라- 그의 이름 예 —— 수

이는 한 아기가 우리에게 났고
한 아들을 우리에게 주신바
되었는데 그 어깨에는
• 정사를 메었고 그 이름은
기묘자라, 모사라,
전능하신 하나님이라,
영존하시는 아버지라,
평강의 왕이라 할것임이라.

사 (9:6)

170
확정되었네

•작사·곡 정종원
확 정되었- 네 - 나-의마음 은 주 님-께
- 마-음을열 어 찬 양하기 - 원 하네
- - 확 정되 었- 네
- 나-의마음 은 그누구-도 - 바-꿀수없
네 영원히- 찬양하리 - 라 -
Fine
- 내슬픔을 - 기쁨으-로
- 바꾸셨네 - 주 님이- 내 근심을
- 찬송으로 - 만 드셨 네 -
내 평생에 - 사는-날 - 동안-에
-주님을- 나높이-- 찬양하리 - -
D.S.

171
주님의 사랑

시 63 : 3. 4
·예수전도단 번역
주 님의 사 랑 - 놀 라운 사 랑
내 맘에 넘 쳐 - 나 찬송하 네
내 입에 찬 송 - 주께 드 리 리
- 주 의 이름을 찬 양하 네

172
종이 되어 섬기세요

눅 22 : 24 - 27
·Michael Pyan
·예수전도단 번역
주 의나라에 서 - 큰 자 되 려면 -
종이되어 섬 기세 요 주 의나라에 서
- 큰 자 되 려면 - 종이되어 섬 기세
요 - 종이되어 섬 기세 요 - -
주님처럼 섬기세 요 주 의나라에서 - 큰 자
되 려면 - 종이되어 섬 기세 요 -

173
재대신 화관을

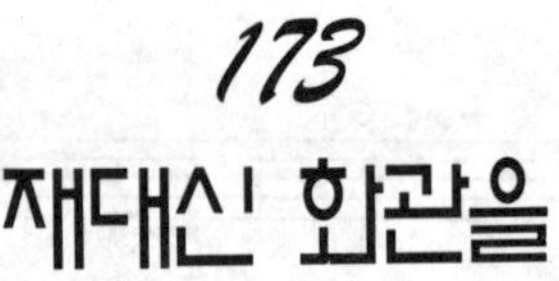

사 61 : 3
·예수전도단 번역
재 대신 화관을 내게 - 슬픔대신 희락을
근심대신 찬 송의 옷을입히 사우리로
여호와의 심으신 — 의의 나무되 어 주
께 영광 돌 리 - 라 - -

무릇 시온에서 슬퍼하는 자에게
화관을 주어 그 재를
대신하여 희락의 기름으로 그
슬픔을 대신하며 찬송의
옷으로 그 근심을
대신하시고 그들로 의의
나무 곧 여호와의 심으신바
그 영광을 나타낼 자라 일컬음을
얻게 하려 하심이니라.

사 (61 : 3)

174
내가 어둠 속에서

1. 내가 어둠 속에서   헤맬때에도 주 님 은 함께계셔 내가
2. 내가 은밀한곳에서   기도 할때도 주 님 은 함께계셔 내가
3. 힘이 없고 연약한   사람들에게주님 은 함께계셔 세상
시험당하여   괴로울 때도 주님 은 함께계 셔 기뻐찬양 하여
아무도모르게   선한일할때도 주님 은 함께계 셔
모든 형제와   자매들에게 주님 은 함께계 셔
할렐루 할렐루 야 할렐 루 할렐루 야 우리 모두찬양
할렐루 할렐루야 ── 주님 나와 함께계시 네

175
감사함으로

· 시 100 : 3, 4
· 예수전도단 번역
감사 함으 로 그 문에 들어가─며 그의 궁전 에 들어
가 ─ 주께 감사 드리며 그 이름─을 송
축 할 ─지어─ 다 주님의기쁨 내게임하네 나
항상기쁨안 에서 주 찬양   주님의기쁨
내게 임하네 나 기쁜 찬송 주께 드리   네

176
전능하신 주께서 다스리네

· 계 19 : 6. 7
· 예수전도단 번역
할렐 루─야 전능 하신 주 께서 다 스리 네 할렐
루─야 전능 하신주 께서 다 스리 네 ─모두함
께 기뻐 해 ─주 님 께 모든영광 돌리세 할렐
루─야 전능 하신 주 께서 다 스리 네

여호와가 우리
하나님이신줄 너희는 알찌어다
그는 우리를 지으신 자시요
우리는 그의 것이니 그의 백성이요
그의 기르시는 양이로다
감사함으로 그 문에
들어가며 찬송함으로 그 궁정에
들어가서 그에게 감사하여
그 이름을
송축할찌어다

시 (100 : 3. 4)

177
왕이신 나의 하나님

시 145:1
♩=82
Stephen Hah
F   A   Dm   F₇/C
왕 이신 - 나 의 하나 님 - 내
Bb   Gm7   Csus4   C7
가 - 주 를 높이 고 - 영
F   A   Dm   F₇/C
원 히 - 주 의 이름 을 - 송
Bb   C7   F   Bb/F   F
축 하 리 이 다 -

왕이신 나의 하나님이여
내가 주의 이름을 높이고 영원히
주의 이름을 송축하리이다

시 (145 : 1)

178
왕이신 하나님

· 두란노 번역
왕이신 하나님 높임을 받으소 서 찬양
하 리 라 영원히 높임을 받으실 그 이름
찬 양 하 리 라 -
그 리 스 도 진리로 다스리 네 -
기 뻐 하 라 - 온 땅이여 찬양하 라 -
거 - 룩하 - 신 그 이름 높이리 라 -

179
예수는 나의 영광

· 작사·곡 정종원
예수는 - 나의 영 - 광 - 또 예수는 - 나의 소 망 내
안에 계신주 - 닮기 원하네 - 주님 닮기를 - 원하네 -
예수는 - 나의 전 - 부 - 예수는 - 나의 보 배 내
안에 오셔서 - 생명 되셨네 - 언 제나 - 새 힘을 주시네 -
예수 - 나의 모든 능 - - 력 예 수 -
나의 귀한 보 - - 배 -
나의 모든 기 - - 쁨 - 나의 모든 소 - - 망 - 예
나의 귀한 생 - 명 - 예수 - 내게 있는 전 - 부 -
수 - 예 - 수 - 수 - 나의 주

180
주를 찬양하며

· Arthur Tannous
· 두란노 번역
부드럽게
1. 주 - 를 찬양 하 - 며 나 - 이제 고백 하는 말
2. 손 - 을 높이 들 - 고 나 - 이제 고백 하는 말
주 - 를 사랑합니다 나 의 - 모든 것 되신 주님 께 -
거 - 룩하신 주 의 이름 거 - 룩 하신 주 의 이름
주 - 의 이름 높이 올리 세 -

홀로 기사를 행하시는 여호와 하나님
곧 이스라엘의 하나님을
찬송하며 그 영화로운
이름을 영원히 찬송할찌어다
온 땅에 그 영광이
충만할찌어다
아멘 아멘

시(72:18-19)

181
거룩하신 주 임할때

· Chris Bowater
· 두란노 번역
거 룩 하 신 주 임 할 때 -
놀 라 운 사 랑 느 낄 때
빛 되 신 주 님 의 영 광
- 경 배 합 니 다

182
거룩한 하나님

· Chris Bowater
· 두란노 번역
거 룩 한 - 하 나 님 -
주 이 름 - 송 축 하 리 -
영 원 - 하 신 전 능 의 주 - 나
1. 경 배 합 니 다
2. 다 하 나 - 님 -

183
찬양 알렐루야 I

· Walt Hartah
· 두란노 번역
찬 양 알 렐 루 야 알 렐 루 야 주 의
이 름 높 이 세 - 찬 양 알 렐 루 야 알 렐
루 야 주 의 이 름 찬 양 해 내 입 술
Fine
로 주 님 을 찬 양 해 - 두 손 들 고 주
앞 에 나 가 니 - 채 우 소 서 주 예 수 의 능
력 - 내 입 술 로 주 찬 양 하 리 라 -
D.C.

대저 여호와는
크신 하나님이시요 모든
신 위에 크신 왕이시로다

시 (95 : 3)

184
거룩하신 하나님 I

• Debbye Graafsma
• 두란노 번역
♩ = 92
거룩하신하나 님 거룩하신하나 님 ——
거룩하신하나 님 거룩하신나의 하나님
의로우 - 신 주 하나-님 신 실하-신 아버지
모 든만물을다 스리시는거룩 하-신- 하나님

185
거룩하신 하나님 II

• Herry Smith
• 두란노 번역
♩ = 80
거 룩하신 하나님 - 주 께 감사 드 리 세 - 날위
의 맘과 뜻다해 - 주 를 사랑 함 니 다 -
해 - 이땅에 오신 - 독 생 자 - 예 수 나
심자가 지신 -
수 내 가 약할 때 강함주 고 가난
할 때우리 를 부요케하신나의 주 감 -
사 내 사 감 사 -

186
존귀 존귀하신 주

• Don Moen
• 예수전도단 번역
♩ = 66
존 - 귀 존귀 하 신주 왕의
왕 주의주 존귀 하 신주
존 - 귀 존귀 하 신주 왕의
왕 주의주 경배하 리

우리 주 하나님이여
영광과 존귀와 능력을 받으시는
것이 합당하오니
주께서 만물을 지으신지라
만물이 주의 뜻대로
있었고 또 지으심을
받았나이다

계 (4 : 11)

187
열어주소서

188
온맘다해 주 사랑하라

· 송명희 사, 최덕신 곡
· Jimmy and Carol Owens
· 두란노 번역

열 어주소 서 열 어주소 서
내 눈 을 열 어주소 서 —
귀 를
열 어주소 서 열 어주소 서
주 — 님바라볼수 있도록 열 어주소 서
주 님말씀들을수
열 어주소서 열 어주소서내눈을 열어주소 서 —
열 어주소서 열 어주소서 내귀를열어주소 서

온 맘다해주 — 사랑 - 하 - 라 —
생명다 해주 — 사랑 - 하 - 라 —
뜻을 다하여 — 사랑 - 하라 — — 온맘다
해 생명다 해 주사 랑해 —
해 사랑 해 — 요 존귀 하신주
— 사랑 해 — 요 큰 일 행 하 셨네
— 사랑 해 — 요 더욱 사 랑해
— 온맘다해 생명 다 해 주사랑 해 —

주 하나님 곧 전능하신 이시여 하시는 일이 크고 기이하시도다
만국의 왕이시여 주의 길이 의롭고 참되시도다
주여 누가 주의 이름을
두려워하지 아니하며 영화롭게 하지
아니하오리이까 오직 주만 거룩하시니이다
주의 의로우신 일이 나타났으며
만국이 와서 주께 경배하리이다
계 (15 : 3 - 4)

189
주님만 사랑하리

• Pete Sanchez Jr.
• 두란노 번역
With awe
주님 만 주님 만 주님 만 사 랑 하
리 나의 왕 나 의 주님 주 님을 더욱
알 기원해 나 주님 께 오직 주께 경배
하 네 거룩 거룩 존귀 존귀
하신주 사 랑 합 니 다 -

191
나는 주를 높이리라

• Pete Sanchez, Jr.
• 예수전도단 번역
시 97:9
주는 땅 위 에 서 지존 - 하 시 - 고 주만이
참된 나 - 의 신이 라 - 주는땅
의 신이 라 - 나는 주 를 - 높이
리 라 - 높이 리 라 - 오주
님 - 나는 님 -

190
찬양 알렐루야 II

• Walt Harrah
• 두란노 번역
찬 양 알 렐루야 알 렐루 야
알 - 렐루 야 찬양 알 렐루야
알 렐루 야 알 - 렐루 야

일곱째 천사가 나팔을 불매
하늘에 큰 음성들이 나서
가로되 세상 나라가 우리 주와
그 그리스도의 나라가 되어
그가 세세토록
왕노릇 하시리로다.

계 (11:15)

192
하늘과 땅의

193
우리는 주의 백성이오니

· Arny Rose
· 두란노 번역
· Capo 3(D)
· 빌립 2:9-10
· 장엄하게
· David Fellingham
· 예수전도단 번역

1. 하 늘 과 땅 의 모 든 권세 주 섰으니 그
2. 너 희 는 모 든 족 속으로 제 자삼고 성
3. 너 희에게 분부한 모 든것을 가 르치라 이

러므로 너희는 전 하 라 모 든 사 람 에 게
부성자 성령의 이 름으로 세 례를 주 어 라
세 - 상 끝 날까지 영 원 - 히 함께 있 으 리 라

가라 가서전하 라 살아계신 주 가서전하
라 예수그리스 도 우 - - 살아계신
주 - 곧오시리 라

우 리는 주 의 - 백성이-오니 -
- 주 의그 큰 이름 - 선포합-니다 -
- 이곳어두운 세상에 -빛으로부르셨 네
- 주의얼굴 구할때 -역사하소 서 -
교 회 를 세 우 시 고 -
이 땅 고쳐주소 서 -
주 님 나 라 임 - 하 서 고
주 뜻 이뤄지이 다 -

주의 성령이 내게 임하셨으니 이는 가난한 자에게 복음을 전하게 하시려고
내게 기름을 부으시고 나를 보내사 포로 된 자에게 자유를, 눈먼 자에게
다시 보게 함을 전파하며 눌린 자를 자유케 하고
주의 은혜의 해를 전파하게 하려 하심이라
눅 (4:18, 19)

194
오 할렐루야

· 작사·곡 정현섭
오 할렐루야 - 우리다함께 - 하나되어 찬양해요 -
오 할렐루야 - 모두손잡고 - 기쁜노래 불러 요 요
기쁠때나슬플때나 어느때든지 모두 주를 찬양합시 다
강한자나약한자나 어느누구나 모두주를 찬양합시 다
Fine
D.C

195
감사드려요

· Incomny
· 한사랑 번역
감 사 드 려요 - 날 사 랑 하심 -
어 찌 그 사랑 - 말 로 다 하리 -
내 삶에 참 기쁨 - 즐거움 되시네 오!
- 감 사 드 려 -

196
송축하리 주의 이름을

· Don Moen
· 예수전도단 번역
♩ = 63
송 축 하리주의 이름 을 찬양 받으시기합당 하신
주 모두 거룩 한손높이들고 서 주를 송축 하리라 -
송축 하리라 - 송축하리 - 주의이름 을

다니엘이 말하여 가로되
영원 무궁히
하나님의 이름을
찬송할 것은
지혜와 권능이 그에게
있음이로다

단 (2:20)

197 주의 이름 송축하리

198 나의 손을 가르쳐

• Clinton Utterbach
• 두란노 번역
♩=120
1. 주의이름 송축하리 - 주의이름 송축하리
2. 거룩하신 주의이름 - 거룩하신 주의이름
지존하신주의이름 - 찬 - 양
거룩하신 주의이름 -
- 찬 - 양 -
주님의이름 - 은 - 강한성 - 루 -
그곳에달려 - 간 - 자 안전 - 하리
- 주님의이름 - 은 -
강한성 - 루 - 그곳에달려 - 간 - 자
안 전 - 하리 -
Fine
D·C al Fine

• 시 18:34,35,38,46
• 생기있게
• Dale Garratt
• 예수전도단 번역
descant
만 군 의 주 승 리 주 네 만
주가 나의 손을 가르쳐 내팔 놋 화 살을당기네 주가
군 의 주 승 리 주 네 만
나의 손을 가르쳐 내팔 놋 화 살을당기 네 또
군 의 주 승 리 주 네
구원의 방패 내게 주 사 원수를 이기겠 네
구원의반 석 주님을 찬 양 해
구 원 의 반 석 주 님을 찬 양 해

3. 영광스런 주의 이름 - 영광스런 주의 이름 -
영광스런 주의 이름 -

내 손을 가르쳐 싸우게 하시니 내 팔이 놋 활을 당기도다
주께서 또 주의 구원하는 방패를 내게 주시며 주의 오른손이
나를 붙들고 주의 온유함이 나를 크게 하셨나이다
시 (18:34,35)

199

어린양 찬양

·계 5 : 12
·사 45 : 23-24
·장엄하게
·Bruce Clewett
·예수전도단 번역
C D7 G C D7 G
어린양 찬 양 — 우리 죄위해 죽으신주님 — 또
C D7 G C Am Dsus4—D
죽음 에서부 — 활하신영원하신주 할렐 루 — 야 —
C D7 G C D G
어린양 찬 양 — 오직 그 이름 송축하리라 —
C D G C Am Dsus D
모두 무릎꿇 — 고경배하며외치리 할렐 루 — 야 — 그눈
그눈주 — 그눈 주 —
G Am G D7
주 — 그눈 주 — 그눈
그눈 주 — 그눈 주 — 그눈 주
G Am G D7 G
주 — 그눈 주 — 그눈 주

200
주의 인자하심이 II

·시 63
·정지홍 곡
주 의 인자하심이 - 생명보다 나으므 로 -
나 의 입 술 이 - 주를 찬양하 리
이러므로 내 평생에 주를 송축하 며 —
주의이름으로 인하여 내손 들리이 다

201
전능하신 주님

·계 15:3-4
·작사·곡 정종원
전능 하신 주님 주만 찬양 합니 다
거룩 하신 주님 주만 경배 합니 다
주 의 일하 심이 크고 기 이 하 시 도 다 천하
주 의 의로 운일 널리 나타 나 셨도 다 천하
만국의왕 이시여 - 주의 길이 의롭고 참되시오니 주만
만국의왕 이시여 - 만백 성이 엎드려 경배하오니 주만
찬 양 합 니 - 다 -
경 배 합 니 - 다 -

202
당신은 영광의 왕

·두란노 번역
·Mavis Ford
당 신은 영 광 의 - 왕 당 신은 평강의 왕
당 신은 하늘 과땅의주 당신은 정의의아 들
천 사가무 릎 꿇 - 고 예 배 하 며 경 배 하네
영 원한생명 말 - 씀 당신은 예수그리스도 주 호
산나다윗의 - 아 들 - 께 호 산나불러 왕중의 왕
높은하늘엔 영 광 - 을 - 예 수주메시야 - 네

주 하나님 곧 전능하신이시여
하시는 일이 크고
기이하시도다 만국의 왕이시여
주의 길이 의롭고 참되시도다
주여 누가 주의 이름을
두려워하지 아니하며 영화롭게
하지 아니하오리까
오직 주만 거룩하시니이다
주의 의로우신
일이 나타났으매
만국이 와서 주께 경배하리이다

계 (15 : 3. 4)

203
존귀한 주의 이름

Carl Tuttle
두란노 번역
Majestically
G D/F# Em Am/C Am
1. 존 귀 한주의 이름 - 나 찬양 드리
성 령내게 임할때 - 갈 급함 채우
올 무벗게 하시주 - 참 자유 주셨
D D7 G D/F# Em
네 주는 빛 난영 광 의왕 - 창
네 자비 하 신보 좌 앞에 - 두
네 소리 높 여주 찬 양하리 - 영
Am/C Am C/D D C/D D Gsus4 G
조 주하나 님 - 경 배 합 니다
손을 듭니 다 -
원 히 찬양 해
G/F# Am/E Em Em/D C C/B
- 내삶을 드 리며 - 주 께
Am7 D C/D D Gsus4 G
- 무릎꿇 고 - 경 배 합 니다
G/F# Am/E Em Em/D C C/B Am7
- 내삶을 드리며 - 주 께 - 무릎꿇
1.2. D C/D D C/D D 3. D C/D D G F.O
고 - 고 -
2.주의
3.모두

204
내 영혼이

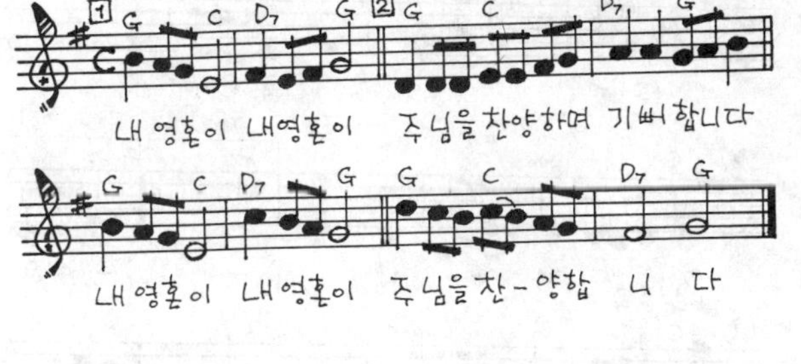

두란노 번역
1 G C D7 G 2 G C D7 G
내 영혼이 내영혼이 주님을찬양하며 기뻐합니다
G C D7 G G C D7 G
내영혼이 내영혼이 주님을찬 - 양합 니 다

205
찬송의 옷을 주셨네

사 61 : 10
한사랑 번역
G Em C Am D7
내 손을 주께높이 듭 니다 내 찬양받으실 주 님 -
G Em Am D7 G Fine
내 맘을 주께활짝 엽 니다 내 찬양받으실 주 님 -
G B7 Em C Am D7
슬픔 대신희락 을 - 재 대신화 관 을 -
G B7 Em Am D7 G D.C
근 심 대신찬송 을 - 찬 송의 옷을 주셨 네 -

내가 여호와로 인하여 크게 기뻐하며 내 영혼이 나의 하나님으로 인하여 즐거워하리니
이는 그가 구원의 옷으로 내게 입히시며 의의 겉옷으로 내게 더하심이 신랑이
사모를 쓰며 신부가 자기 보물로 단장함 같게 하셨음이라

사 (61 : 10)

206
거룩 거룩 거룩하신 주 I

· 계 4:8
· 두란노 번역
거-룩 거-룩 거룩하신 주
존-귀 존-귀 존귀하신 주
전능하신 하 나 님 - - -어제
도 계셨고 오늘 도-계시 며 이제곧
오-실 거 룩 하 신 주 -

208
여호와 거룩하신 주

· 삼상 2:2
· 조금 느리게
· Gary Garrett
· 예수전도단 번역
여 호 와 거 룩 하 신 주 - 유일
한 하 나 님 - 주님
같은 반석 도 없으 리 - 여호
와 거 룩 하 신 주 -

207
거룩한 주하나님

· Danny Daniels
· 두란노 번역
거 룩 - 한 주 하 나 님
사 랑 해 요 주 의 도를
- - 만 왕 의 왕 -
- - 주 이 름 을
거 룩 - 한 주 의 이
사 랑 해 요 영 원 토
름 록 찬 양 하 리
선 포 하 리
거 룩 한 - 주 는 예 - 수
거 룩 한 - 주 하 나 - 님 -
거 룩 한 - 주 는 예 - 수
거 룩 한 - 주 하 나 님 -

여호와와 같이
거룩하신 이가 없으시니
이는 주 밖에 다른 이가 없고
우리 하나님 같은
반석도 없으심이니이다

삼상 (2:2)

209
오 예수님

예수전도단 고형원
오 예 수 님 내가옵니다 못박히
그 큰 사 랑 눈물에 겨 워 울 며 울
신 며 십 자 가 앞 에 돌아옵니다 주
님 손 과 발 못박 혔고 머 리엔 가시관박히셨네 내
모 든 죄 와허물위해 - 말없 이 피흘려주 셨 네
오 예 수 님 나의손 잡고 이제 부터 - 영원까
지 내가 주가 - 되옵소 서 이제 부터 - 영원까
지 내가 주가 - 되옵소 서 ㅡ ㅡ

이러므로 우리가 예수로 말미암아
항상 찬미의 제사를
하나님께 드리자 이는 그 이름을
증거하는 입술의 열매니라

히 (13:15)

210
예수의 이름으로

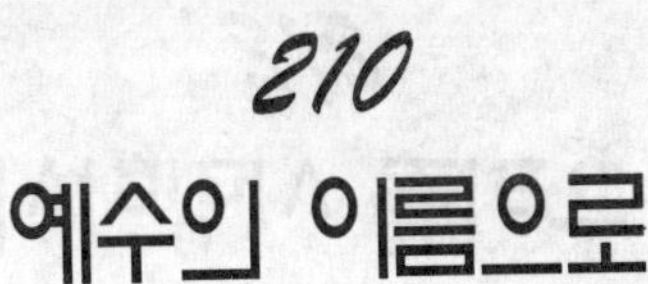
Chris A. Bowater
두란노 번역

♩=74
예수 의 이름으 로 나는 일 어 서 리
라 주가 주 신 능력 으로 - 나는 일 어 서 리
라 원수 가 날 향해 와도 - 쓰러 지 지않으
리 주가 주 신능력 으로 - 주가 주 신능력
으로 - 주가 주 신능력 으로 - 일 어 서 리 -

211
예수 알렐루야 구주

Cam floria/
Franz Liszt
예수전도단 번역
조금 느리게
예 수 알 렐 루 야 구 주
찬 양 을 드 리 네 -
알 렐 루야 알 렐 루 야
사 랑 을 드 리 네 -

212
우리를 사랑하사
·곡 이유정
우리를 사랑하사 그-의피로- 우리를 죄-에서
해방하시고- 아버지 하나님을 위하여- 우리를
나라와 제사장으 로 삼으신 주
- 영광 과 능력 이 세세 토록 있기를-원하노
라 영광 과 능력 이 세세 토록 있기를- 원하노
라 영광 과 능력 이 세세 토록 있기를- 원 하노
라 - 볼 찌어 다 주가 구름 타고 오시리 라
영 광영광할렐 루 야 영 광영광할렐 루 야
영 광영광할렐 루 야곧 승리 하리 라

우리를 사랑하사 그의피로
우리 죄에서 우리를
해방하시고 그 아버지 하나님을
위하여 우리를 나라와
제사장으로 삼으신 그에게
영광과 능력이 세세토록 있기를 원하노라 아멘

계 (1:5.6)

213
살아계신 하나님
·작사·곡 최덕신
살아계신 하나 - 님- 역사하는 하나 - 님-
우 리찬양 가운 - 데- 거하시는 하나 - 님-
손을 들고 찬 양 손뼉치며 찬 양 목소-
리 높여 찬 -양 - 주를 찬 양 하 라
할 렐 루 -야 할 렐 루 -야-
할 -렐 루 -야 -주를 찬 양 하 라

214
찬양하라 내영혼아
·시 103:1
·예수전도단 번역
찬양하 라 내영혼 아 찬양하 라 내영혼 아 내
속 에있 는 것들아 다 찬 양 하 라

215
지존하신 주님이름 앞에

· Chris A. Bowater
· 두란노 번역
지존 하신 주님 이 름앞에   모두무릎 끓고 다
경배 해 - 거룩하신주님 보 좌앞에   엎
드려 절 - 하 세   예 수는
그리스도   예 수 는 주   하 나 님의
영으로 - 경 배 드 - 리리 -

216
주님의 손으로

· 두란노 번역
1. 주님의 - 손으로 - 나 - 를 - 붙드소 서 주님의 -
2. 주님의 - 사랑으로 나 - 를 - 만지소 서 내삶을 -
성령으로 나 - 를 - 채워주소 서 - 찬양 할 렐 - 루 -
드림으로 주님께 - 영광돌리 리 -
야 - 찬양 할 렐 - 루 - 야 - 찬양 할 렐 - 루 -
야 - 찬양 할 렐 루 야 할렐 루야 할렐
루 할렐 루야 할렐 루 루

217
모든 영광을 하나님께

· 예수전도단 번역
1. 모든 영광을 - 하 나 님 께 - 모든
2. 예수 님 - 찬양 받으소 서 - 예수
3. 위 로 의 - 성령 님이시 여 - 위로
영광을 - 하 나 님 께 - 온
님 - 찬양 받으소 서 - 짐우
의 - 성령 님이시 여 - 우
맘 과 뜻 다해 주 사 모 합 니다 모든
사했네 우리 위해 성 령 - 주 셨네 예수
리안에 계 셔서 인 도 - 하 시 네 위로
영광을 - 하나 님 께 -
님 - 찬양 받으소 서 -
의 - 성령 님이시 여 -

새 노래로 여호와께
찬송하라 대저 기이한
일을 행하사 그 오른손과 거룩한
팔로 자기를 위하여
구원을 베푸셨도다

시 (98:1)

218
보라 하나님은

· 예수전도단 성명희
보 라 하나님-은 - 나 의 구원이시 라 - 내
가 의뢰 하고 - 두 려-움 없으리 니 - 주
여 호 와 는 - 나의 힘 이 시 며 - 나의
노 래시 며 - 나 - 의 구원이 라 -
그러므-로 - 너희 가 기쁨 으-로 - 구
원 의샘에 서 - 물 을 - 길으리라 - 구
원 의샘에 서 - 물 을 길으리 라 -

보라 하나님은 나의 구원이시라
내가 의뢰하고
두려움이 없으리니 주 여호와는 나의
힘이시며 나의 노래시며
나의 구원이심이라 그러므로 너희가
기쁨으로 구원의 우물들에서
물을 길으리로다

사 (12 : 2.3)

219
보좌에 앉으신

· Seary George John
Clisurn/Stephen Hah
· 두란노 번역

♩ = 84

1. 보 좌 에 앉 - - 으 - 신 -
2. 어 제 도 계 - - 셨 - 고 -
어 린 양 예 - - 수 -
오 늘 도 계 시 - 며 -
영 광 존 귀 - 찬 - 양 -
이 제 곧 오 - 실 -
높 임 을 받 으 소 서 -
어 린 양 예 - - 수 -
거 룩 거 룩 어 린양
예 - 수 - 거 룩
거 룩 어린양 예 - 수 - - 아멘
아 멘 주 예 수 - 여
어 서 오 소 서 - 아멘 아 멘
주예수 - 여 어 서 오 소 서 -

220 왕이신 예수

왕이신 예수 그 높임 마누엘 - 왕의
왕 주의 주 빛나는 별 - - 영원
도 록 주님을 찬양하 면서 - 주와
함 께 영원히 다스리 리 -

222 사랑합니다 II

· Eddie Espinosa
· 두란노 번역

사랑 합니다 - 나의 기도
들으사 - 주님 만 이상한 맘고치시 -
네 사랑 합니다 - 진심
으 로 주님 내맘 깊이 만 지셨
네 사랑 네 -

221 그사랑

· 작사·곡 박명선

주 님이 나를 사 - 랑하 사   친 히 이땅에 오셔
사랑 나를 살게 하였 교   내 게 참기쁨 되었
서 십자 가에 못 박혀 죽으 셨건 만 왜 나는 그 사랑 몰랐
고 그 - 사랑 나를 인도 하였 건 - 만 왜 나는 그 사랑 잊었
나 - 그 나 그 사랑 없이 살수 있는가 그
사랑 을 너는 아는 가   그 사랑 을 전 할수 있는가 그
사랑 너는 할수 있는 가   오 주여 내게 믿음 을   오
주여 내게 사랑 을   오 주여 내게 갈보 리 언덕
을   따라 가 게 하 소 서

긍휼에 풍성하신 하나님이
우리를 사랑하신 그 큰 사랑을
인하여 허물로 죽은 우리를
그리스도와
함께 살리셨고 너희가
은혜로 구원을 얻은 것이라

엡 (2 : 4. 5)

223
사모합니다

· 예수전도단 번역
G Am   D G   G Am
사 모 합 - 니 다 1.몸 과 마 음 을
          2.3.뜻 과 정 성 을
D G   G Am   D G
다 해   우 리   하 나 님
                예 수 님
                성 령 님

225
주님 사랑해요

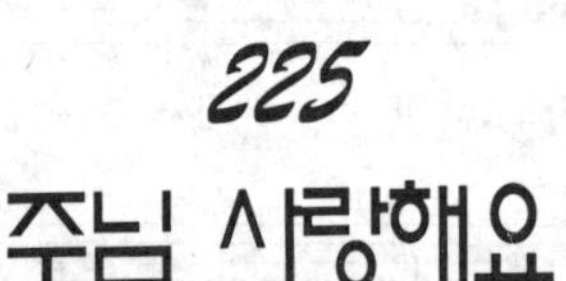

· 작사·곡 이정림
G   B7   Em   Em7/D
주님 - 사 랑 해 요 -
C   A7   Dsus   D
주님 - 사 랑 해 요 -
B7   Em   C   C#
말 하 지 않 아 도 표 현 다 못 해 도
D   D7   G
주님 - 사 랑 해 요 -

224
사랑의 노래 드리네

· Craig Musseau
· 두란노 번역
G   D/F#   Em Em/D C Em
사랑의노 - 래드 - 리네 - 나의구 - 주 - 예수님
D   G   D/F#   Em Em/D
- 께 -   주행하신 - 일감 - 사해 -   내 사랑하
C   Em   D   Am   Em
- 는 - 귀하신예 - 수 -   주님께서 - 나를
D/F#   G   Am   Em   D
부 르 셨 네 --   주의소유 삼 으 셨 네 - 주님의
G   Bm7   C   G   Bm7
사 - 랑 - - 의 품에 - 주의 - 사 - 랑 - - 의 품에
C   Em   Bm7   1. C
- 잠 잠 하 게 - 주님곁에 - 날붙드 - 소 서
2. C   Em   Bm7   C
- 잠 잠 하 게 - 주님 곁에 - 잠 잠 하 게
Em   Bm7   C   G
- 주님곁에 - 날붙드 - 소 서 -

주의 영화로운 이름을
송축하올 것은 주의 이름이
존귀하여 모든
송축이나 찬양에서 뛰어남이니이다

느 (9 : 5)

226
주와 같은 분

· Todd Pettugrove
· 한사랑 역
주와같은 분 - 내겐없 도
사랑합니 다 - 사랑합니
다 - 주와같은 분
다 - 사랑합니 다
- 내겐없 도 다 -
- 사랑합니 다 -

227
주를 바라보며

· Todd Pettugrove
· 한사랑 역
주를바라 보며 - 찬양드 립니다
- 내 영혼 깊은곳 소 - 리 높여 찬 ─ 양
- 주께두 손 들어 - 내 짐맡 깁니다
- 내 생명 다 드려 예 - 배 드립니 다 -

228
주의 위엄 전하리

· Maloon du Plessis
· 다드림 선교단 번역
♩ = 72
주의 위엄 전 하 리 - 주의 높으신
이름 선포 하리 - 영광 중 에 통치하며 승 리
하신 주능 력 온 땅에나타 났 - 네외 - 치 리
- 주의 전 능 함 - 높 - 이 리 - 거룩한
이 름 - 노 래하 리 - ㄱ 조 귀와 영 광
- 주보좌 앞 에우 리 경배 하 네 -

기약이 이르면 하나님이 그의
나타나심을 보이시리니
하나님은 복되시고
홀로 한 분이신 능하신 자이며
만왕의 왕이시여
만주의 주시요

딤전 (6:15)

229

아버지 내삶의 모든 것

·Andy Pork
·예수전도단 번역
♩=66
G   Am7   D   G Gsus G
1. 아 버지   내삶의 모든것 되신 주님
2. 예수님   내삶의 가장 귀한 분
Am7   D   G   D/F#
나의 소 망 - 나의참 기 쁨
순 결 하 고 - 친 절하신 주
Em7   Am7   G
사 랑 합 니 다   사 랑 합 니 다
Em7   Am7   D   G Gsus G
내기 쁨 되신   나의 주 -

230

나의 예수님

·시 18:1
·조금 느리게
·최대성
G   D7   G   C   A7   D   D7
나의사 랑   나의생 명 나의 예수 님 -
G   D7   Em   D7   G
영 원토 록   정성다 해 사 랑 합 니 다 -
영 원토 록   정성다-해 사 랑 합 니 다
G   D7   G   C   A7   D   D7
나의 힘되신 여호와여 내 가 사 - 랑 합 니 다
G   D7   Em   C   D7   G
영 원토 록   정성다 해 사 랑 합 니 다 -
영 원 토 - 록 정성다 - 해 사 - 랑 합 니 다 -

231

새노래로

·작사·곡 함태숙
G   C   G   D
새 - 노래 로 - 기 - 쁨으 로 -
G   C   G/D   D   G
주 의 이 름 - 찬 양할 지 라
G   C   G   D
웃 - 음으 로 - 큰 - 소리 로 모든
G   G/D   D7   G   Fine
리 듬모 든 손 뼉 주 만찬양하 라
C   D   G   D/F#   G
찬 - 양하 세 왕의왕 하 나 님 구원하
C   D   G   D
신 어린 양 주님을 높이 세 -
C   D   G   D/F#   G
큰 소리외 쳐 호산나 영광 을 받으소
C   D   G   C/G   D.C.
서 영 원 히 나의주 여 -

나의 힘이 되신 여호와여
내가 주를 사랑하나이다
여호와는 나의 반석이시요 나의
요새시요   나를 건지시는 자시요
나의 하나님이시요
나의 피할 바위시요 나의
방패시요 나의 구원의
뿔이시요 나의
산성이시로다

시 (18 : 1. 2)

232
시편 5편

·시 5편
·예수전도단 번역
나의 말에귀-를 기-울이 사 내 심사를 통촉하
-고 - 부르짖는소리 - 들으 소서 - 나
의왕 나-의-하나 님 내 가 주께 기도하
니 주 께서-내소-리들으시 - 리 - 오
주 여아침-에-내가기도 - 하고 주께바라리-이 다

233
정결한 마음 주시옵소서

·시 51:10-12
·예수전도단 번역
정 결한맘주시 옵소서- 오 -주님 -
정직한영을 새롭게하소 서 - - 나를
주 님앞-에 서 멀리 하지 마시 고 주의
성 령을 거 두지마옵소 서 - 그
구 원의 기쁨 - 다시 회 복시 키 시-고
변치않는맘 내 안에주소 서 -

234
주의 장막이

·시 84:1-3
·예수전도단 번역
주의 장 막이 어찌아름 다운 지요 - 내
영 이사모 합 니 - 다 - 내
맘 다하 여 주님 께 찬송 합니다
나의왕 나의주 께 -

여호와여
나의 말에 귀를 기울이사
나의 심사를 통촉하소서 나의왕
나의 하나님이여 나의
부르짖는 소리를 들으 소서 내가 주께
기도하나이다 여호와여 아침에
주께서 나의소리를 들으시리니
아침에 내가
주께 기도하고 바라리이다

시 (5:1-3)

235
예수 영원히 통치하시네

시 22 : 27, 28
·장엄하게
·예수전도단 고형원
예 수 예 수 예 - 수 -
왕 의 왕 영 원 히 통 치 하 시 네 -
이 - 세상 모 든 나 라 주 께 돌 아 와
무 릎꿇고 주 - 앞 에 경 배 하 리
그리 스도 의 나 라 는 영 원 하 며
영 광 의 주 예 수 다 - 스 리 네 오 -

237
죄악에서

·임마누엘 번역
죄 악에서우리를구원해주시려 죽임을당하신어린양
께 참 사랑과경배와온맘과힘다해
존 귀와 영광과 찬송돌 려
사망의 권세 이기신예수 이제도 살아 다스리
네 - 능력과부귀 지혜와힘 과
존귀와 영광은 다주의 것 -

236
승리하였네

·Daniel Gardner
·예수전도단 번역
승 리 하 였네 - 어 린 양의 보 혈로 - - 우린
보 혈의 - 능력으 로 서 - 리 라
승 리 하 였네 - 어 린 양의 보 혈로 - 주
내게 승 리 주 - 셨네 - -

땅의 모든 끝이
여호와를 기억하고 돌아오며
열방의 모든 족속이 주의 앞에 경배하리니
나라는 여호와의 것이요
여호와는
열방의 주재심이로다

시 (22 : 27, 28)

238
감사해

♩ = 60
감 - 사 해   시험이닥쳐 올 때에
주께서인 도 하 시니 - 두려움없 네
또 감 사 - 해   고통이찾 아 올 때에
주께서지켜 주 시니 - 승 리 하 리 라
나의모든 생활속에 서   주님이 함께하 시
니 주님의 성령 나를 인 도하시 리
시험이 나를찾아 올 때주님 지켜주 시
리 주님의 성령 - 나를 인 도하시 리 -
라 - 또감사드 리세 - -우리 주님의 은 혜로
- 받은 구원을 감 사해 -주님을 찬양 해 -
2nd time to Coda
D.S

239
전하세 예수

· Chris A. Bowater
· 두란노 번역
눅 4:18
주님의성령 이 나 에게임하셨 - 네
주나를부르 사 죄 악 과어둠에 - 서
주님의영광 을 꽃들도노래하 - 네
내게기름을 부 으사 주 복음전케 하시네 -
방황 - 하는 영혼을 구 하라 말씀 하시네 -
각열방들아 일 어나 찬 양 하라주 은혜를 -
- 전하세 예 - 수오직 예 -
- 수 그는 나의구주 상한맘치유하시는 전능 왕승
리의그빛 날인도하 네 나의 주 나의 주 - -
last time
G only

240
할렐루야 주가 다스리네

· Author Unknown
· 예수전도단 번역
♩ = 84
할렐 루 야 주가 다스리 네 할렐
루 야 주가 다스리 네 주 는 위대하 시고
큰 일 하셨네 할렐 루 야 주님이 다스리
1. G C/D 2. G D.S 3. G Fine
네 할렐 네 주 네

241
세상향한 발걸음들

· Graham kendrick
· 예수전도단 번역
♩=74
1. 세상향 -한- 발걸음 -들- 불타는 사 -랑과 기
(이천년) -전- 빛난했 -불- 점점커져 -이 땅에
(예수님) -의- 능력으 -로- 진리와사 -랑 안에
도 소망 넘친 새날 위 해 온땅 위 에 찬양
도 그날 위 해 헌신 하는 우리
서 이세 상을 치료 하며 주의
이 ²이천년 속 에 타 오르 네 주의 횃불
사 랑 -전하 세
들 고 만방에나 - 가세 어둠 깨 친 영광의
날 우리하나 되 어 찬양 소리 높여 비추 세
- 비추 세 -   예수님
세   - 비추 세 -   비추
세   - 비추 세 -   (비추)

그 옷과 그 다리에
이름 쓴 것이 있으니 만왕의
왕이요 만주의 주라
하였더라
계 (19:16)

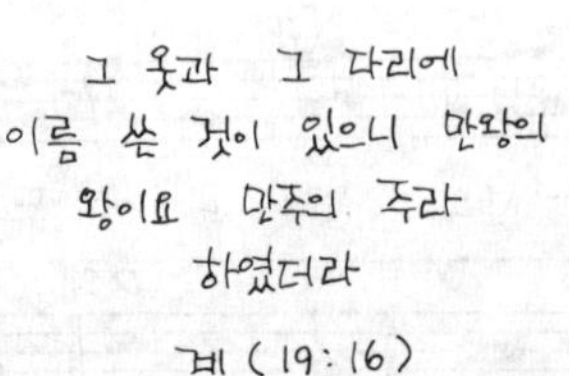

242
예수는 왕

· Tom Ewing, Don Moen
and John Stocker
· 예수전도단 번역
♩=80
예수 는 왕 - 예수 는 주 - 예수 는 날
- 구원하신 주 - 예수 는 왕 - 예수 는 주
- 예수 는 날 - 구원하신 - 주 왕께만세
- 주 께 만세 - 날 구원 하신 주님께 만
세   왕께 만세 - 주 께 만 세
- 날구원 하신 주님께 만 - 세
강 하 고 능 하신 왕 세 상 모
- 든 나라다 -스리시 네   소 리 높여
찬 양 해 그는 만 - 유의주 - 그
눈 만 왕의   왕 예수 는 왕

243
왕의왕 주의주

· Jessy Dixon/Randy Scruggs
  John W. Thompson
· 두란노 번역

1. 왕 의왕 - 주 의주 - 하늘과땅 - 과
2. 의 로우신 하 나님 - 거룩한주 의

모 든 것지으신 주 영광돌리
이름 높여찬양 하 며 영광돌리

네 주 여호 와 하 나님 -
네 주 하나 님 통 치자 -

귀하신 평강의왕 - 전능의 주
주님의 크신위엄 - 선포하 며

- 영광돌리 네

주 - 께영광 - 주 - 께 영광 -

주 - 께영광 - 전 능하 신 - 주께

영 - 광 -

244
기뻐하며 왕께

· David Fellingham
· 두란노 번역

♩ = 178

기뻐 하며 왕 께 노래부르리 - 소리

높 여 할 렐 루야부르리 - 주님

앞 에 나 와 찬양드리며 - 우리

주님과함 - 께 기뻐하리라 - 나의창조

- 자 나 의 구원 - 자 가장귀한

나 의예수님 - 찬양합니 - 다 나의치료

- 자 나의선한 목자되 - 신 주 - 예수

나 의 주 찬양하 리 -

온땅이여
하나님께 즐거운 소리를 발할찌어다
그 이름의 영광을
찬양하고
영화롭게 찬송할찌어다

시 (66:1, 2)

245
나 기뻐하리

♩ = 138
· Brent Chambers
· 예수전도단 번역
나 기뻐하리 — 나 기뻐하리 —
나 기뻐하리 – 나 주안 –에서 – 기뻐하 — 리라 –
Verse Fine
– 기뻐하 — 리라
1.원 수가 나를 – 무너뜨 –리려고 – 내
2.환 경에 지배 –를 받지 –않 고 – 내
마음에 속 –삭 –였 – 네 내 영이 깨어 –넘어 지지않고 나의
팔의 힘과 –목 –소 –리 느 끼는 감정 –과 상 관없이 – 내 마
믿음의 고 – 백이 원수를 – 묶 네 –
웃 기뻐하 – 기로 결심을 – 했 네 –

246
주 이름에 합당한 영광을

· 시 29 : 2
· 경쾌하게
주 이름 에 합당한 영광을 돌리 리 – –
–주의 거룩 하심 인해 선포 하오 니 – –
– 그는 평 –강의 왕 –빛나 는 –새벽 별
– 내가 주 –님을 경 –배 해 – – –

247
다와서 찬양해

· Very lively
· Patricia Morgan
· 두란노 번역
다 와 서 찬 양해 – 사랑 을 주신 주
찬 양해 – 사 랑 의 우 리주 –님 –
– 생명 주셨 네 – – 소 리 쳐
찬 양해 – 기쁨 을 주 시는 우 리왕 –
찬양 의제 사 드 리며 – –주 님께 경배
해 – 다 와 서 찬 양해 –
찬 양해 – 찬 양해 –주 님
1. 찬 양해 –주 님 우리 왕 – –
2. 찬 양해 –주 님 우리 왕 – –

248
나의 주님을 찬양합니다

작사·곡 정지홍

나의 주 님 을 찬양 합 니
다 인자 가 되 신 나의주님 -
나의 입 술 로 찬양 합 니
다 왕의 왕 되 신 주님찬양 -
생명 이 되신 주 소망 이 되신
주 나의 상 소 자되신 수님 -
찬송 과 죤귀와 - 영광 과 능력을
- 나의 주 님 께 돌리세 -

온땅이여 여호와께 노래하며
그 구원을 날마다
선포할지어다 그 영광을
열방중에 그 기이한 행적을 만인 중에
선포할지어다 여호와는 광대하시니
극진히 찬양할 것이요
모든 신보다 경외할 것임이요

대상 (16 : 23-25)

249
주님의 영광 나타나셨네

주 님의 - 영광 - 나타 나 셨네 - 권
능 으로 임하 - 셨 네 - 죽
음 에서 날 - 살리 신 주 성령 - 놀
라 우 신 주 하나 님 - 할렐
(Men)
루 야주의 나라가 - - - 할렐
(Women)
눈먼 자 는 - 눈을 뜨 - 며
루 야임하 소 - 서 - -
- - 저는 자 는 - 걷게되리 -
나 는 선 포 하 리 만 왕 의 왕 예 수
주 의나 라 임 하 시 네 -

250
오주여 나의 마음이

·시 57:7.8, 시108:1.2
·경쾌하게

오주여 나의마-음 이 주께로 정 해졌-으
니 나-는 주 찬 양 하 리라 -
깨어라 나의영-혼 아 비파와 수 금들-어라
- 이새벽 에 내가- 찬 양 하 리라 -
ME-LO DY (MELO-DY) ME-LO-DY (MELO
JE--SUS (JE-SUS) JE--SUS (JE-
DY) JE-SUS IS (JESUS IS -) MY MELODY -
SUS)

하나님이여 내 마음이
확정되었고 내 마음이 확정되었사오니
내가 노래하고 내가
찬송하리이다 내 영광아
깰찌어다 비파야, 수금아
깰찌어다 내가 새벽을 깨우리로다

시 (57:7. 8)

251
호산나 I

·두란노 번역

1. 호 산-나 호 산-나 호 산나높은 곳에 서 호
2. 영-광 영-광 왕의왕께 영광 을
산-나 호 산-나 호 산나높은 곳에 서
영-광 영-광 왕의왕께 영광 을
주의이름 높여 - 다찬양 하라 -
귀하신주 나의 하 나님 호 산나 높이 외치 세
주 님께 영광 돌리 세

252
호산나 III

·Stephen Hah
·두란노 번역

호 산-나 호산-나 호 산 나 높이 외 치세 호
산-나 호 산-나 호 산 나높이 외치 세
영-광 영-광 왕 의왕께 영 광을
영-광 영-광 왕 의왕께 영광 을

253
우리함께 모여

우리함께모여 - 주의이름찬양
우리함께모여 - 주를부르세 - - -
- 위대한 일행하셨네 우리소망충만해
- 우리함께모여 - 주의이름찬양 -

254
이스라엘 하나님 찬양

·예수전도단 번역
♩=127
이스라엘 하나님찬양 - 그 백성
돌아보셨 - 네 - - 놀라우신 능력의 구세
주 세우사 - - 참 자유 주셨 - - 네 -
예 수 이름찬양 - - 항 상동일
- - 하고 변치않는 - 주 - 위대하신 - - 하나
님의구원 - - 참 자유 주셨 - 네 -

255
주우리 아버지

주 우리아 - 버지 우 리 는 그분의자녀
예수우리 - 형제 손에 손 잡고하나되어함께걸어가 리
주 께 찬송 해 탬버 린으로
주 께 찬송 해 손뼉 쳐
주 께 찬송 해 춤을 추면서
주 께 찬송 해 - 목소리 로 랄랄 라
라랄라라라랄라 랄 라 라 라랄라라 - 라 랄랄라
라랄라라 랄라 랄랄랄랄랄 랄 라 라 라랄 라 -

이스라엘의 두령이
그를 영솔하였고 백성이 즐거이
헌신하였으니 여호와를 찬송하라
너희 왕들아 들으라 방백들아
귀를 기울이라 나 곧 내가
여호와를 노래할 것이요 이스라엘의
하나님 여호와를 찬송하리로다

삿(5:2-3)

256
그리 아니하실지라도

257
그날이 도적같이

·단 3:16-18
·롬 8:28
·다드림 선교단 안성진
그 리 - 아니하실지라 도 감 사 해 요
그 리 - 아니하실지라 도 사 랑 해 요
주님 뜻을 믿기 때문이죠 -
협력 해서 선을 이루어요 -
언 제나 나를 향-한 신실한사랑 -
우리를 향한 그 크신 사 랑 -
우 리가 함께높이며 주를 찬양 해 -
할렐루야 하 나 님께영광 -

·작사·곡 김민식
그 날이 도적같 이 이를 줄
평강의 하나님 이 너 희 를
너희는 모 르 나 -
거룩하게 하시 고 -
늘 깨어 있으라 - 잠들지 말아라 -
온 몸과 영혼이 - 주 오실 그 날에 -
주님과 동 행하 라 -
흠없기 원하노 라 -
항상 기 뻐 하라 - 쉬지말고 기 도 하라 -
이는 예수 안에서 - 너희에게 향-하신 -
범사에 감 사하 라 -
하 나 님 뜻 이니 라 -

우리가 알거니와 하나님을 사랑하는 자 곧
그 뜻대로 부르심을 입은 자들에게는 모든
것이 합력하여
선을 이루느니라

롬 (8:28)

258
주의 이름은 강하고 견고한 망대

• Unknown
• 예수전도단 번역
♩ = 128
G   C/G   G   Bbo7 Am7 D7
주 의 이름 은 강하 고 견고한 망대 주
Am   Am7   D7   G   D7
의 이름 은 내영 혼의 안식 처 주
G   C/G   G   G7   G7/B   C
의 이름 은 의지 할수 있는 기둥 의
G   D7   G
인 은 달 려 가리 주 이름 안 으로 의
C   Cm/Eb   G/D   Em7   Am7   D7   G
인 은 달 려 가서 안전 하 리

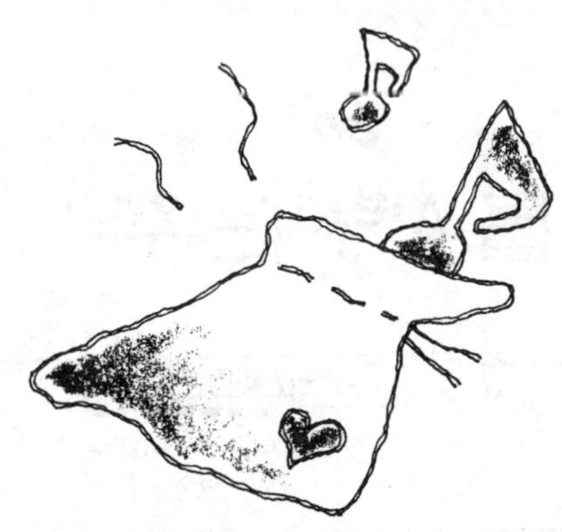

여호와의 이름은
견고한 망대라 의인은
그리로 달려가서
안전함을 얻느니라

잠 (18 : 10)

259
승리관 쓰신 주님

• John Sellers
• 예수전도단 번역
♩ = 134
G D/G G D/G Em B/E Em E/G#   Am E/A Am Em/A Dsus D
승 리관쓰 신주님 - 의 로 만물다 스리네 -
G D/G G D/G Em B/E Em E/G#   Am E/A Am Em/A Dsus D
승 리관쓰 신주님 - 모 든 만물불 드시네 -
G Am7 G/B C   Em7   Asus A7/C#   D D/F#
권능 - 과 영광으로 통 - 치 하 시네
G   G/B   C Am7 G/D   Dsus D7   G
온 땅 - 과 하늘 의 주 - 되시 - 네
Cm7   Cm7/F   G D/G G D/G G D/G G
만 유 의 주 님 -
Cm7   Cm7/F   G D/G G D/G   G
만 유 의 주 님 -

260
승리 나에게 주셨네

• 작사 · 곡 천민찬
G C   D G   Am   D   G
*승 리 - 승 리 - 나 에게 주셨 네 -
G C   D G   Am   D   G
승 리 - 승 리 - 나 에게주셨 네 -
* 생명, 기쁨, 자유, 능력

261
우리 주예수님께서

· 작사·곡 정종원

우리 주예수님께서 - 우-리에게 승리 주셨네
- 죄-와사망 권세 이기고 - 승리를 주셨네 —
우리 - 주예수님께서 - 우-리에게 자유 주셨네
- 억-눌렸던 모든 짐을 벗 -겨자유 주셨네 —
외치 - 세 우리 주- 예수- 다스리시네
- 선포하세 우리 주- 예수- 통치 하시네
- 그 눈 주의 주 왕의왕 능력의구세 주 - 예수
-(예수!)우리 주 예수님께서 - 우-리에게 능력 주셨네
- 모 -든원수 무찌르려 크 -신능력주셨네

262
선포하라 Ⅱ

· 나관호 사, 한정수 곡

선포-하 라 주-예-수 를
찬 양-하 라 주-의-이름
Fine
왕되신우리-주- 그이름-솔-축 해 찬양
받 기 - 합당한- 예수를 높이 라 -
영원한우리-왕- 그이름-찬-란 해
좋커하고-뛰어난--주-의-이름
D·C

263
나를 사랑하는 주님

· 작사·곡 정종원

1. 나 -를사랑하는 주님 나-를기뻐하는 주님
2. 내 -가사랑하는 주님 내-가기뻐하는 주님
나 -와동행하는 주님 주님- 나 높이리 라 -
내 -가자랑하는 주님 주님- 나 높이리 라 -
나 -를 사랑하는 주님 나 -를기뻐하는 주님
내 -가사랑하는 주님 내 -가기뻐하는 주님
나 -와동행하는 주님 주님- 나높이리라 -
내 -가자랑하는 주님 주님- 나 높이리라 -

264
주를 높이리라

·kirk and Deby Dearman
·예수전도단 번역
♩=100
G F/G C/G D/G G C/D
주 를 높이 - 리라 하 늘 높 - 이
G F/G C/G D/G G C/D
모 든 것 위에높임을 받 으소 - 서
G F/G C/G D/G G C/D
내 가 어디서 - 무엇 - 을 하 든 - 지
G F/G C/E
세 상 이 주를알도록 주를 높 이
Dsus D G F/G
리 주님은 강한용 - - 사 -
C/G D G C/D G F/G
빛의옷 - 을입고 어둠을 물리치 - 고 -
C/G D G C/D G F/G
우리인 - 도하네 예수의 - 보혈로 우
C/G D G F/G
리 승리 - 하리 - 모든 것 위에높임을 높
C/E Dsus D
임을 받 - 으소 서 -

여호와여
주의 능력으로
높임을 받으소서. 우리가 주의 권능을
노래하고 칭송하겠나이다

시 (21:13)

265
문들아 머리 들어라

♩=88
G D C G D G G7
문 들아머리들 - 어 라들릴 지어다영원한문 들아 영광
C G B7 Em C D 1.G 2.G
의 왕들어가시도록 영광 의 왕 들어가 - 신 다 문 다
G D Em C G D
영광의 왕 뉘 시뇨 강 하 고능하신 주 로다 -
G B7 C A C D7 G
전쟁에 능하신 주시라 다 찬양 위대하 - 신 왕
G D E C G D
왕 께 만 세 왕 께 만 - 세 -
G D Em C D7 G
당 신은 영광의 왕 이라 다 찬양 위대하 - 신 왕

266
일어나라 찬양을 드리라

·Mel Ray
·예수전도단 번역
·경쾌하게
G C D C D D7
일 어 나라찬 양을드리라우릴 구 원하신 주 께 일
G C D C D7 G G7
어 나라찬 양 을드리라우릴 구 원하신 주 께
C G D7 C G D7 G
마음열고주 님앞 에기뻐해 마음열고주 님앞 에기뻐해
G C D7 C G D7 G
마음열고주 님앞 에 기뻐해 주님 은 우리 왕 -

267
우리 모두 노래합시다
· 작사·곡 최인혁
1. 우리 모두 노래합시다 - 세상 모든 근심 가진 사람
2. 우리 모두 기도합시다 - 세상 모든 걱정 가진 사람
들 도 - 주님 앞에 두손들고 노래 하는 이 시간 세상
들 도 - 주님 앞에 무릎꿇고 기도 하는 이 시간 세상
모든 근심 사라지겠 네. 네. 세상엔
모든 걱정 사라지겠 네.
많은 고통과 - 많은 근심 있지요 - 사람 들은 이일로 - 눈물
지며 살아요 - 우리 주님 안에는 - 참된 기쁨이 있네 - 나를
구원하신 그사랑이 넘치네 - 우리 모두 찬양합 시다
- 세상 모든 슬픔 가진 사람 들도 - 주님
앞에 손뼉 치며 찬양 하는 이시간 세상
모든 슬픔 사라지겠 네

268
주님처럼 어디서나
· 작사·곡 정종원
입술로만 - 주의이름 부르는 - 찬송을 원 - 치않으며 - - 늘
주님같은 - - 큰 확신을 담기 원합니 다 -
입술로만 - 주의이름 부르는 - 간구를 원 - 치않으며 - - 늘
주님같은 - 진실한 소원을 품기 원합니 다 -
살아계신 - 하나님 아버지여 - 천지의 주재시여 - 기도하신 주님처럼 -
어디서나 - 무엇을 행하든지 - 그믿음 갖 - 게하소서 -

하나님이여
나를 긍휼히 여기시고
나를 긍휼히 여기소서 내 영혼이
주께로 피하되 주의 날개
그늘 아래서 이 재앙이
지나기까지 피하리이다

시 (57 : 1)

269
주님 한분 만으로

·작사·곡 박철순
주님 한분 만으로-나는 만족-해-나의 모든것되신-주님
찬양-해-나의 영원한생명-되신 예수-님-목
소리높-여찬양 해 주님의크신 사랑찬-양해-나의
힘과 능력-이 되신-주- 나의 모든삶- 변화
되었-네- 크신 주의사랑 찬양 해

270
주의 인자하심을

·작사·곡 정종원
주의 인자하심을-주의 성실하심을-감사하리라- - 주의
광대하심을- 주의 전능하심을- 찬양하리라- - 주의
그 크신 사 랑을 감사드리 세 주의
높 으신 이 름을 찬양드리 세

271
주의 인자하심이 I

·시 63:3.4   ·정종원 곡
주의인자-하심이 생명보다- 나으 므로 내-입술은
주 를 찬양 주의인자-하심이 생명보다- 나으
므로 내입술은주 찬 양- 이러므 로 -내평생
에 주 를 -송축하 며 주의
이 름으로-인 하여 내손을 들리-라-
- (들리-라-)주의인자- 하심이 생명보다- 나으
므로 내-입술은 주 를 찬양 주의인자-하심이
생명보다- 나으 므로 내입술은주 찬양-

주의 인자가 생명보다 나으므로
내 입술이 주를 찬양할
것이라 이러므로
내 평생에 주를 송축하며 주의
이름으로 인하여 내 손을 들리이다

시 (63:3,4)

272
여호와여

·대상 29:11-13
·박명선 곡
여 호와여 - 광대하심 -과 - 권 능과영 -광과이김과위엄이 다
주의것 - 다 주의것 - 주는높으 -사만유 -의머 -리 부와
귀 -가 - 다주의것 -주는높으 -사만유 -의주 -재 - 모
든자를 - 크게 하시고 - 모든자 를 강하게하 -심 이 주
의손에 - 있 나이다 - 주의 권세 -와 능력을 찬 -양 여호
와여 -내가감사 -하 며 주의이름을 -찬양주는 만 유 -의
주 -재 여호 와여 -내가감사 -하 며 주의이름을 - 찬양주
는 만유 -의 주 여호 주 - 모든
권세가 - 주 의손에 - 있 나 -이다 - - 크신
능 력이 - 주 의손에 - 있 나 -이다 - -

273
들어오라 지성소로

·히 10:19
·보통으로
·John Sellers
·예수전도단 번역
들어오라지성소로 - 오 - 라 - 어린양의 보혈로써 -
찬양하며 주님앞에 - 나 - 와 - 보좌앞에 경배하세 -
왕의 - 왕 주께 - 거룩 - 한 - 손들 고
경 배해 - 주 님께 -
경 배해 - 주 님께 -

275
나는 찬양하리라

·Terry MacAlmon
·두란노 번역
나는 찬양하리 라 주 - 님 그 이름찬
리 주 - 께 영 광의이
양 예 - 수 크신 주 이름 나 찬양 하리
라 나는 찬양하리 라 주 - 님 그 이름찬
나는 영광돌리 리 주 - 께 영 광의이
양 예 - 수 크신 주 이름 나 찬양 하리
라 - 나는영광돌리 리 -

274
고개들어

·예수전도단 번역
고 개들 어 주를맞이 해
엎 드리어 경 배하며 찬 (찬양주님께영 광) 양!
왕 의 위엄 을 신 령과진 정한
찬 양으로 영 광돌려 만왕의 왕 께!

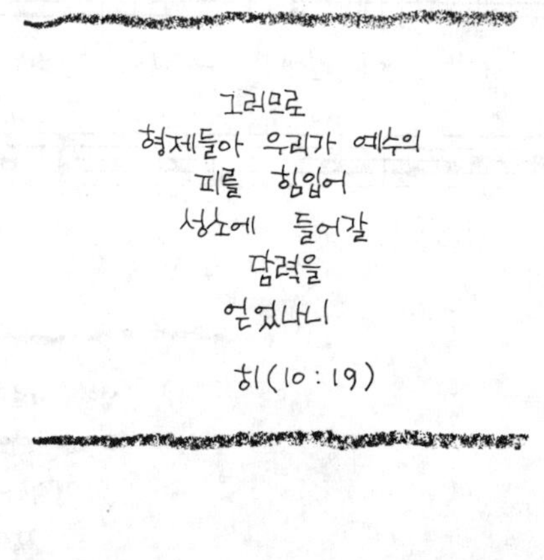
그러므로
형제들아 우리가 예수의
피를 힘입어
성소에 들어갈
담력을
얻었나니

히(10:19)

276
하나님 어린양

277
주님 큰 영광 받으소서

• Chris A. Bowater
• 두란노 번역

하 나님 - 어 린양 - 독 생자 - 예 - 수 -
날 위해 - 죽 으신 - 주 님 - - 주흘리
신 - 그보혈 이 - 나의죄 를 - 정결케 하 네 - 내
영 을 - 고 치 시 네 송축 하 리라
- 화목케 하 신주 - 나의 모든죄 - 깨
곳 케하 - 셨 네 - 송축 하 리라
- 귀하신 어 린양 - 모두 절하고 - 모
두 외치리 라 - -

• Chris A. Bowater
• 두란노 번역

주님큰영광받 - 으 소서 - 홀로 찬양받으 - 소
서 모든 이름위에 - 뛰어 난 그이름 - 온
땅과하 - 늘이다찬 - 양 해 겸손하 - 게우리무 - 릎
꿇고 - - 주 이름앞에 - 영광돌 - 리 세 모
두 절하세 - 독생 자예 - 수 - 주님께 - - 찬양드 - 리
리 모든 영광 과존귀 와 능력 -
받으소서 - 받으 소서 - 그리 스도
살아계신 - 하나 님 -

큰 음성이 가로되 죽임을 당하신 어린 양이
능력과 부와 지혜와 힘과 존귀와
영광과 찬송을 받으시기에
합당하도다 하더라

계 (5:12)

278
모든 존귀와

· 작사·곡 정종원
모 든 존귀와 - 영광을 - 주 님께돌리세 - 모든
존귀와 - 영광을 - 주님께돌리세 - 모든존귀와 - 영광을 - 주
님께돌리세 ─── 주 님 께 돌 리 세

279
예수 이름 높이리라

· 작사·곡 정종원
예수 이 름 - 높이리 라 - 예수
이 름 - 찬 - 양 해 - 예수
이 름 - 높이 리 라 - 예수
이 름 - 찬 양 해 -

280
주 여호와는 광대하시도다

· Steve McEwan
· 두란노 번역
주 여호 와는 광대 하시 도
다 그 거룩한하나 님성에 - 서 찬
양할지 - 어다 - (piano)
주 승리 우 리에 - 게주 - 셨 - 도 다
- 모 든원수 물리 - 치 - - 셨네
- 엎 드려 절 - 하세 -
다 주 의크 - 신이 - 름높이
며 우 리에게 - 행하 - 신 위대
한일감 - 사하 - 세 오 주의신 - 실하 - 신그사 랑온
땅과하 - 늘위 - 에 - 계셔 홀로 영원하신 - 이름 ─ ──

281
거룩한 성전에 거하시며

· Walt Harrah
· 예수전도단 번역

♩=72

A   E/A D/A   A

1. 거 룩 한 성전에 거 하 시 며 하
2. 오 아 름다운주의 영 광 승
3. 거 룩 한 성전에계 신 주 우

F#sus   F#/A#   Bm

늘 보 좌 에 계 신 주 죽 이
리 의 함성 들 리 네 주 죽 이
리 주 님앞 에서 서 이

C#sus C#/F B/D# C#/F   F#m

가 빼 푸신 모든 사 랑 우 우주
임 당 하신 어린 양 께
전 의 성도 들과 함 께 주

Dm6/F   1. Esus   E

리 찬 양을 주 님 께 오
리 큰 소 리 외 치
보 좌 앞 에 엎 드

2. E D/F# E/G# A2   A   Em6/G F#7+ F#

며 찬양 알 렐 루 야 알 렐 루 야

B9 D/E E7 A   D/F# E/G# A2   A

알 렐 루 야 찬양 알 렐 루 야

Em6/G F#7+ F#7 B9   D/E E7   A Asus D.C al Fine

알 렐 루 야 알 렐 루 야

282
찬양하리라

· Chris A. Bowater
· 두란노 번역

♩=92

A   E/G#   F#   D   A/G#

찬 양 하리 라 이 스 라 엘 의

1. Bm7 E7 2. Bm7 E D/E   A   E/G# F#

하 나님 하 나님 위대 한 일 행하셨네

F#7 Bm7 A/E   E7 F#7

찬 양 하세 주의 이름 찬

A/E E7 F#7 Bm7   A E/G#

양 하세 주의 이름 주의 영 광 온

D/F# E   A E/G# D/F# E

땅에 가득해 주의 영 광 온 땅에 가 득해주의

A E/G# D/F# E   D

영 광 온 땅에 가 득해 아 멘 아

A   Bm7   A

멘 아 멘

283
호산나 II

· Todd Dettyqrove
· 예수전도단 번역
· 힘있게

호 산 나 호 산 나 왕 되신 주님
께 호 께 광 대하신주 찬 양 다
시 사신왕께 찬 양 지 존하신 주 를 찬양경
배를 드리세 지 존 하신 주 를 찬양경
배를 드리세 세 호 산 나 호
산 나 왕 되신주 님 께 찬 께

2. 찬양을 드리네 왕되신 주님께
3. 사랑을 드리네 왕되신 주님께

· 작사·곡 정종원

하나님 아버지 어린양 예수님
보혜사 성령님 주를 찬양합니 다
하나님 아버지 어린양 예수님
보혜사 성령님 주를 경배합니 다
아 바 아버지 하 나 님 주의
능력 주의 사랑 주를 찬 양
거 룩 하신주 하 나 님 삼위
일체 주의 영광 주를 경배합니 다

284
하나님 아버지

앞에서 가고 뒤에서 따르는 무리가 소리질러 가로되 호산나
다윗의 자손이여 찬송하리로다 주의 이름으로
오시는 이여 가장 높은 곳에서
호산나 하더라
마 (21:9)

285
예수 우리 왕이여

예 수 - 우 리 왕 이 여 -

이 곳 에 오 소 서 -

보 좌 로 - 주 여 임 - 하 사 -

찬 양 을 받 아 주 소 서 -

주 님 을 찬 양 하 오 니

주 님 을 경 - 배 하 오 니

왕 이 신 예 수 여 오 셔 서 좌 정

하 사 다 스 리 소 서 -

286
온맘으로 송축하리

온 맘 으 로 송 축 하 리 생 명 다 해 주 섬

기 리 나 의 힘 나 의 맘 내 모 든 것 드 려 - 주

경 배 경 배 해 내 삶 을 드 려 주 께 경 배 경 배 드 - 리

리 - 내 삶 을 드 려 주 께 경 배 경 배 드 - 리 리

내 영혼아 여호와를 송축하라
내 속에 있는 것들아 다 그 성호를 송축하라
내 영혼아 여호와를 송축하며
그 모든 은택을 잊지 말찌어다
시 (103 : 1 - 3)

287
내가 만민중에

· 시 157 : 9-11
· 시 108 : 3-5
With Steady Strength
· B. chamber
· 예수전도단 번역

288
비추소서

♩= 112
· Graham kendrick
· 두란노 번역

내가 만민중에 오-주께감사하-며주님을 찬양하리열방중
에-서 - 주의 인자는 커 서 커서 하늘에 미치-고 주의
진리는 넓은 궁창에이르나 니 - 하늘 위에주-는-높이들
리 며 주의영광은 온 세계위- - 에 - 하늘 영광은 온
세계위- - 에 - 내가 영광은 주의 영광 - 은 주의
영광은 온 세계위- - 에 -

주 님 당신은 사 랑의-빛 어 둠 가운데 비 추소-서
세 상의빛예수 우 리를 비추사 당신의진리로 우 리를 자유게
비 추 소 서 우 리 위 에
비 추 소 서 - 주 님 의 영 광 온 땅 위에
부 으 소 서 - 내게 성 령의 불 을
넘 치 소 서 - 은 혜 와 긍 휼을 열 방중에
전 하 소 서 - 빛 되 신 주의 말 씀

여호와여 내가 만민 중에서 주께 감사하고
열방 중에서 주를 찬양하오리니 대저 주의 인자하심이 하늘 위에
광대하시며 주의 진실은 궁창에 미치나이다
하나님이여 주는 하늘 위에 높이
들리시며 주의 영광이 온 세계 위에
높으시기를 원하나이다

시 (108 : 3-5)

289
비젼

♩=78
·예수전도단 고형원
우리 보좌앞에 모였네 함께주를찬양 - 하
며 하 나님의사랑그 아들주셨네 그 의피로우린
구원받았 네 십자 가 에서쏟으신 그 사 랑
강 같이온땅에 - 흘 러 각 나라와족 속 백
성 방언에서 구원받고주 경배 드리 네
구 원하심이보 좌에앉으신 우 리하나님과어
린양께있도다 구 원하심이보 좌에앉으신 우
리하나님과어 린양 께 있 도 다
이 일 후에 내가 보니 각 나라와
족속과 백성과 방언에서 아무라도
능히 셀 수 없는 큰 무리가
흰 옷을 입고
손에 종려 가지를 들고 보좌
앞과 어린 양 앞에 서서 큰 소리로
외쳐 가로되
구원하심이 보좌에 앉으신
우리 하나님과 어린 양에게 있도다 하니
계 (7 : 9 - 10)

290
선포하라 I

♩=84
·Noel and
Tricia Richards
·두란노 번역
선포하 라 부활하신영 광 의주
선포하 라 부활하신영 광 의주
아 름 다 운 영광의주 를 보라
하 나 님 과 화 목 하 게 하 신주
보좌에앉으 신 그어린양예 수
찬송과존귀 와 영광과능 력을
다무릎꿇고 서 주경배하리 라 -
영원영원토 록 받아주옵소 서 -

291
보좌에 계신 하나님

·Adrian Howard
and Pat Turner
·두란노 번역
보 좌 에계신 - 하나 님 그 의어린양
주 께구속된 - 우리 들 한 마음과한
예 수 구원하 - 셨 네 -
뜻 으로 선포하 - 리 라 -
찬 양영광 - 지혜감사 존귀 - 와힘과 - 능
력 - 하 나님께 영 원히 - 영원 - 히
하 나님께 영 원히 - 영원 - 히 하 나님께 영
원히 - 영원히아 - 멘 - - - -

292
오라 우리가 II

오 라 우 리 가 주께노 래 하며
구원의반석을 향 하여 즐거이부르 자
우리가감사함으 로 그 앞에 나 가며
서로그를 향 하여 즐거이 부르 자
여 호 와 는 크신 하나님 이 시요
모 두신 위 에 크 신왕 이로 다
우리가굽혀경 배 하며 여호와께 무릎을꿇자
우 리가 오 늘 그 음성듣기원하 네

293
오주님 나주님을

· 작사·곡 정종원

오 주님 나 주님을 더욱 깊이 알기 원합 니다 또
알려주기 원 합니다 주 님의크심을
오 주님 나 주님을 더욱 사 랑 하기 원합니다 또
오 주님 나 주님을 더욱 닮 아 가기 원합 니다 또
전해주기 원 합니다 그 사 랑의 깊이를
나타내기 원합니다 그 아들의 모습을
우 리위해 분 부 하 신 참 뜻
우 리위해 약 속 하 신축 복
주 님의 계획은 너무도 크 셔 라

여호와여 광대하심과 권능과 영광과
이김과 위엄이 다 주께 속하였사오니 천지에
있는 것이 다 주의 것이로소이다 여호와여 주권도 주께
속하였사오니 주는 높으사 만유의 머리심이니이다

대상 (29 : 11)

294
주의 아름다움은

295
나의 백성이

Mark Altrogge
예수전도단 번역
Tom and Robin Brooks
예수전도단 번역

주의 아름다-움은 말로 다 형
언 할수- 없고- 주 님의 그 놀라 우심
-은- 다 표현 할수 가 없네 - 누가
그 지혜를 깨-닫- 고 누가
깊은 사랑 측량 할 까 - 보좌
에 앉으-신 주 의 위 엄 아름 다우신 - 주님
- 내가 주를-경외 함으로 주님 앞에-홀로
섭니다- 찬양 받 으시 기 합당 한 거
룩 하 신 주 님

1. 나의 백성-이 다 겸비하여 내게 기도 하면- 나의
2. 무릎 꿇 - 고 다 겸비하여 주께 기도 하리- 주의
얼굴- 을 구하여서 그 악한 길 떠 나 면
얼굴- 을 구하여서 그 악한 길 떠 나 리
하늘에 서듣 - 고 죄를 사 하 여
주님의 자비 - 로 죄를 사 하 여
그 - 들 의 땅 - 을 고 치 리 - 라 아
주님의 자비 - 로 임 하 소 서
버 지여 - 고 쳐 주 소 서 -
이 나라 주 의 것 되게 하 소 - 서 주
하 나님 간절히 기도 하 오 니 - 상
한 이 땅 새 롭 게 하 - 소 - 서 -

내 이름으로 일컫는 내 백성이 그
악한 길에서 떠나 스스로 겸비하고 기도하여 내 얼굴을 구하면
내가 하늘에서 듣고 그 죄를 사하고 그 땅을 고칠찌라
대하 (7:14)

296
오직 주만이
· 이 유정 곡

나의 영혼이 - 잠잠히 하나님만 바라봄이여 -
나의 영혼이 - 간절히 여호와를 갈망하며 -
나의 구원이 - 그에게서 나 - 는 도 다
나의 입술이 - 여호와를 찬 - 양 하 리
나의 영혼아 - 잠잠히 하나님만 - 바라라 -
나의 영혼이 - 즐거이 여호와를 따르리니 -
나의 소망이 - 저에게서 나 - 는 도 다 오직
나의 평생에 - 여호와를 송 - 축 하 리
주만이 - 나의 반 - 석 - 나의 구 - 원 - 이시 니 오직
주만이 - 나의 산 - 성 내가 요동치 아니하 리
나의 구원 나의 영 광 하나님께 있으 니 내
힘의 - 반 석과 - 피난처 되 - 시 네 - 오직
Fine
D·S

297
너의 하나님 여호와가
· 스바냐 3:17
· 예수전도단 김진호

너의 하나님 여호와 가 너의 가운데 계시 니 -
그 능구원을 베 푸실 전능자 전 능 자시 - 라 -
그 가너로 인하여 기 쁨을 이기지 못하시 며 -
너를 잠 잠 - 히 사 랑 하시 - 며 -
즐거이 부르며 기 뻐 기뻐 하시리 라 -

너의 하나님 여호와가 너의 가운데 계시니 그는 구원을
베푸실 전능자시라 그가 너로 인하여 기쁨을 이기지 못하여
하시며 너를 잠잠히 사랑하시며
너로 인하여 즐거이 부르며 기뻐하시리라 하리라

습 (3 : 17)

298
주의 신을 내가 떠나 II

·류주숙 곡

주 의신을 내가 떠나 어디 로 가 며 주
앞 에서 — 어 디 로 피 하 리이 까 내가
하 늘에 — 올라 가 도 거기 계 시 며 음
부에 — 자 리를 펼지라도 — 거기 계 — 시 니이 — 다 내가
새벽 날개를치 며 — 바다 끝에 거할지라 도 — 주의
손이 나를인도 하시며 — 나 를 붙드시리 라 내가
새 벽 날개를치 며 — 바다 끝에 거할지라 도 — 주의
손이 나의길을 인도하시며 나 를 붙드시리 라

299
가라 너희는

· Leon Patillo
· 예수전도단 번역

♩.=40
1. 가 라 너 희 는 모 두 족 속 에 게 가라 가 라
2. 날 사 랑 하 면 날 — 사 랑 하 면 내양 먹 —
가라 — 가 서 가 르 쳐 제 자 삼 으 라 가라 가 라
이라 — 날 사 랑 하면 날 사 랑 하 면 내양 먹 —
가 라 아 버 지와 아 들 과
이 라
성 령 의이름으로 세 례 를 — 주 라
가라 — 가라 — 가 라 —

300
오직 예수님

·작사·곡 정종원
예수만이참길이라면 서   그 길만을걷는자적으며
예수만이참생명이 라 며   소중하게모신자적으며
예수만이참진리라면 서
예수만이참구주라면 서
그기쁨을말한자적다네 -   그사랑을전한자적다네 -
예수만이 - 나에게 -   길과진리되셨네 -
참생명이되심을 -   나는말할수있네 -
우리모두 - 진실하게 -   주님앞에 - 나아가세
진심으로 - 함께고백해 -   오직오직예수 님

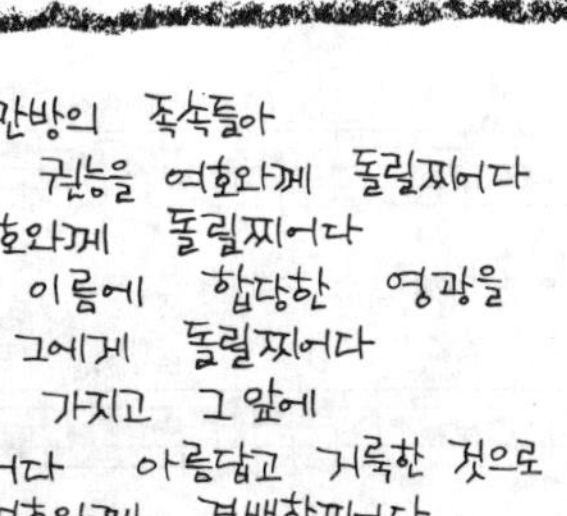
만방의 족속들아
영광과 권능을 여호와께 돌릴찌어다
여호와께 돌릴찌어다
여호와의 이름에 합당한 영광을
그에게 돌릴찌어다
예물을 가지고 그 앞에
들어갈찌어다 아름답고 거룩한 것으로
여호와께 경배할찌어다

대상 (16 : 28, 29)

301
만방의 족속들아

·대상 16 : 28. 29
·시편 29 : 1 - 3
·정종원 작곡
1. 만방의 족속들아   영광과권능을 -   만방의족속들아
2. 권능있는누자들아   거룩한옷입고 -   권능있는자들아
영광과권능을 - 여호 와께 돌릴찌어다
거룩한옷입고 - 여호 와께 경배할찌어다
여호 와께 돌릴찌어다 -
여호 와께 경배할찌어다 -

302
오 하나님 온 땅위에

·장엄하게
·Doug Bergsma
·예수전도단 번역
오 하나님 온땅 위에위 - 대하신주 - 이름 오
하 나님 온땅 위에위 - 대하신 주 - 이름 찬
양 과영광을 - 주 님께거 룩 하신 - 주이름 찬양 존
귀 와영광 주님께 영광을돌 리 세 -

303
형제여 우리 모두 다함께

· 작사.곡 정종원
형제여-우리 모두 다함께- 주님을-높이 부르세
자매여-우리 손을 내밀어- 주님께-사랑 드리세
주님은-우리 모 일때 늘 임하 시 늘주 맘과
뜻-다해-주를 높-이세- 주님은 기 뻐 하시 네,오
주님을찬양- 주님을 찬양- 우리주님을-찬양 해
주 님을 주 님을 주 님을 찬 양
주님을찬양- 주님을 찬양- 우리주님을-찬양 해
주 님을 주 님을 주 님을 찬 양

왕이신 나의
하나님이여 내가 주를 높이고
영원히 주의 이름을
송축하리이다
시 (145:1)

304
평강의 왕이요 I

· 시 145 : 1
· 조금 느리게
· Jennifer Randolph
· 예수전도단 번역
평강의 왕이요- 자비의- 하나님
만군의(만군 의) 주시요- (주시 요) 다시오 실
영원하신 왕- 주를 찬 -양주님을 찬 -양 온땅
위에높-으신- 주를 모든 만물찬양 주를 찬 -양 주님을
찬 -양 나의 여 호 와께찬 양

305
그 이름 예수

· Jason Daniel
· 다드림 선교단 번역
그이름 예 수 예 -수- 슬픔없으- 리 상한
맘을 고치시고옥문 활짝여셨네 그의 구원능력영원하여 라-

306
찬양하라

작사·곡 정종원

찬양하라 - 내 영혼아 - 내 속에 있는 모든것들아 -
거룩하신 - 네 주님을 - 찬 양하라 - 내 영혼아 -
찬양하라 - 내 영혼아 - 내 속에 있는 모든 것들아 -
전능하신 - 네 주님을 - 너 찬양하라 - 너 바라보라 - 내 영혼아 -
- 주 를 찬양하 -라 주 를 기뻐하 -라 주
를 바라봇 -라 내속에 있는것 -들아 - 주 를 찬양하 -라 주
를 기뻐하 -라 주 를 바라 보라 -

밤에 여호와의 집에
섰는 여호와의 모든 종들아
여호와를 송축하라
성소를 향하여 너희 손을 들고
여호와를 송축하라

시 (134 : 1, 2)

307
찬양찬양 I

· 작사·곡 정종원

찬양 - 찬양 - 전능 하신주 - 찬양 해
찬양 - 찬양 - 전능 하신주 - 찬양 해
Fine
모든 만물 들을 - 창조 하신 주님 -
홀로 왕이 되신 - 영원 하신 주님 -
모든 나라 들을 - 다 스 리시 네 -
힘써 경배 하리 - 거룩 하신 주 -
D·C

308
찬양찬양 II

· Mike Herron
· 두란노 번역

With energy
찬 -양 찬 -양 소 리높여
주 께 찬양 - 그 는 영
광 -의 -주 그 는 만 왕의 왕
나 를 구 속 하 시었 -네
내 영혼 찬양 해 해

309
찬양하세

310
머리들라 문들아

· Brightly
· Danny Reed
· 두란노 번역
A(G)
Bm(Am)
찬 양하 세 - 찬 양하 세 -
D/E(C)
1. E(D)
A(G)
왕께 소 리높 - 여 찬 양 드 - 리세 -
2. E(D)
A(G)
G/A(F)
찬 양하세 찬 양드 - 리 세 찬 양 밤
D(c)
E/D(D)
C#(Bm)
F#(Em)
기에 합 당 하신 주 님 - 언
Bm(Am)
E(D)
A(G)
G/A(F)
제 나 동 일하신 주 - 무릎
D(c)
E/D(D)
C#(Bm)
F#(E)
꿇 고 서 주이름 외 치 세 예수
Bm(Am) A/C(G)
D(C)
Bm(Am) A/C(G)
D(C)
나 의 왕 예 수 나 의 왕 예 수
Bm(Am) A/C(G)
D(C)
D/E(C)
A(G)
나 의 왕 아 멘 -

· Graham kendrick
· 두란노 번역
A
1. 머 리들 라 문들 아 너희영
2. 죽음에 서 사셨 네 모든권
E
1. A
2. A
원 - 한문들 아 머리들 아 영광
세 - 이기셨 네 죽음에 네 하늘
A D A E
A D A
의 왕들 어 가 시네 - 영광 의 왕들 어
높 이 주임 하 시네 - 너희 문 을 넓게
E A
D A E
E
가 시네 - 영광 의 왕들 어 가 시네 - 영광
열 어라 - 하늘 높 이주임 하 시네 - 너희
A D A E
A
의 왕들 어 가 시네 -
문 을 넓게 열 어라 -

문들아 너희 머리를 들찌어다
영원한 문들아 들릴찌어다
영광의 왕이
들어 가시리로다
영광의 왕이 뉘시뇨
강하고 능한
여호와시요
전쟁에 능한 여호와시로다

시 (24:7.8)

311
영광의 주님 찬양하세

312
살아계신 주

•예수전도단 번역
영 광의 ― 주님찬 양 하세 ― 모든
영광 능력 찬송 예수님 께 ―
영 광의 ― 주님찬 양 하세 ― 주의백
성 모두함 께 찬양하 세 ― 두손
을 높이들 고 주이름 찬 양 ― 좀커
와 영광모 두 주예수님 께
영 광의 ― 주님찬 양 하세 ― 죽으시
고 부활하 신 만왕의 왕
나는 감사하는 목소리로 주께
제사를 드리며 나의 서원을 주께
갚겠나이다
구원은 여호와께로서
말미암나이다
욘 (2:9)

•사 / G. O. Webster
•곡 / W. J. Gaither
주 하나 님 ― 독생자 예 수 ―
주 안에 서 ― 거듭난 생 명 ―
그 언젠 가 ― 주뵐때 까지 ―
날 위하 여 ― 오시었 네 ―
도 우시 는 ― 주의사 랑 ―
주 를위 해 ― 싸우리 라 ―
내 모든 죄 ― 다사 하시 고 ―
참 기쁨 과 ― 확신가 지 고 ―
승 리의 길 ― 멀고험 해 도 ―
죽음에서 부 활하신 나 의구세 주 ―
예수님의 도 우심을 믿 으며살 리 ―
주님께서 나 의앞길 지 켜주시 리 ―
살 아계신 주 ― 나의참 된 소 망 ―
걱 정근 심 ― 전혀없 네 ―
사 랑의 주 내 갈길인도 하 니 ―
내 모든 삶 에기쁨 늘 충만하 네 ―

313
주님을 송축하리

· David Campbell
· 예수전도단 번역
· 느낌을 가지고
주 님 을 송축 하리- 내입 술 -주를찬
양 나의 눈 -보기원 하네- 주 님 얼
굴 주 님 의 -음성듣 기를- 주 님 을 -만져보
기를-전심으 로 원합 니다- 주 여
- 내 안 에 있 는 모든것
- 주 송 축 하 리 -
- 거 룩 하 신 주 이 름
- 송 축 하 리 라 -

314
깨어라 이스라엘

· Herla Watson
· 두란노 번역
깨어라 이스라엘 주님의 진 - 리 네게
너의하 나님 - 모든고 통 에서 너를
주는우 리를 - 택하신 하 나님 네모
자 유 주시 네 구 원의 날 에 - 너의구
구 원 하 시 고 주님의 은혜 - 네게베
든 거 아 셨 네 주님의 백성 - 다모으
원 - 자 시온 에 서 오 - 시 네
푸 시네 아름 답게 하 - 시 네 오 할렐
시 - 고 그땅 에 인 도 - 하 네
루야 - 오할렐 루 - 야 할렐 루 야 주 찬
양 오할렐 루야 - 오할렐 루 - 야 할렐
루 야 주 - 찬 양 너의하
주 는우 양

315
유빌라데 우리모두

· Fred Dunn
Ju - bi - la - te 우 리 모 두 온맘
다 - 해 - 주 섬 기세 주께 나 와
찬 양 하 세 그의 전 - 에 - 들 어
가 우 리 주 님 선 하 시 고
인 자 하심 영원 하 니 Ju - bi - la - te
Ju - bi - la - te Ju - bi - la - te De - O.

여호와의 사자가 기드온에게 나타나 이르되
큰 용사여 여호와께서 너와
함께 계시도다
삿 (6 : 12)

316
저 성벽을 향해

· Craig Terndrup
· 두란노 번역
저 성벽을 향해 전진하라 주님이 우리
대장되신다 저 대장되신 다 주 가 명령하네 강
한 군사들 아 주 한 군사들 아
나팔소리 시온 성에 크게 울려 거룩한성에
나 팔소리 시 온 성에 울 — 려 라

318
주님과 담대히

· Dale Garratt
· 예수전도단 번역
주님 과 — 담대히 나아가 — 원수를 — 완전히 밟아이겨승리
를 — 외치며 찬양하세 — 그리스도 나의 왕 승
리 — 를주신 하나님 백 성 — 구원했네 말
씀 — 으로무 찌르니 — 온 세상 일어나 보리주님
왕 그리스도 나의 왕 그리스도 나의 왕 헤이!

317
주께서 전진해온다

· Bonnie Low
· 두란노 번역
주께서 전진 해온다 그의 강한 승리 의 군대 — 그의
영 광찬란 하게비치 — 네 — 찬양
하세 승리 의노래 주찬 양 승리 의찬양 누가
당할손 가 주님 의 군 — 대 우리
대장되신구주 예 수 나 주님의뒤따 르면 누가
당할손 가 주님의군 대 — 우리 대

죄를 짓는 자는
마귀에게 속하나니 마귀는
처음부터 범죄함이니라 하나님의
아들이
나타나신 것은
마귀의 일을 멸하려 하심이니라

요일 (3:8)

319
경배와 사랑드리네

· 조금 느리게
· Ge Baas
· 예수전도단 번역
Em G D C D Em
경배 와 사랑드 리네 왕 되신 주 (왕-되신
G D C D Em
주)주 경배 와 사랑드 리 네 왕 되신 주 (왕-되신
G D C D D7
주)주 우린주 만 따라 가 리우 리 함께주 따-라가리우리
G D C D Em
주만따라 가 리 왕 되신 주 (왕-되신 주)-

321
내슬픔 춤이 되게 하고

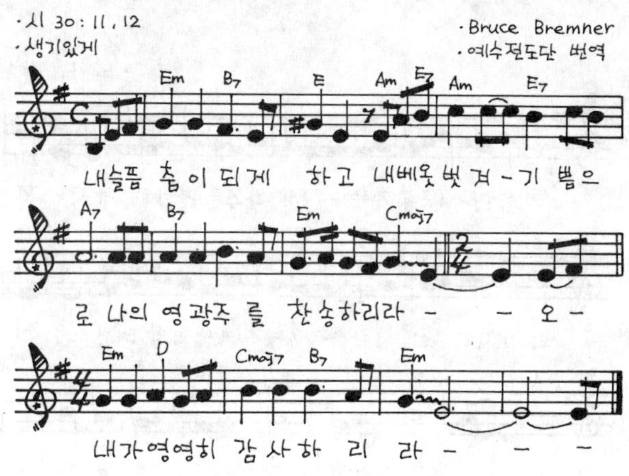
시 30 : 11, 12
· Bruce Bremner
· 생기있게
· 예수전도단 번역
Em B7 E Am E7 Am E7
내슬픔 춤이 되게 하고 내베옷 벗겨-기 뿜으
A7 B7 Em Cmaj7
로 나의 영광주 를 찬송하리라 - - 오 -
Em Cmaj7 B7 Em
내가영영히 감 사 하 리 라 - - -

320
글로리아

· ♩=70
· Stephen Hah
· 두란노 번역
Em G B7
글로 리 - 아 글로 리 - 아
Am Em B7 Em E7
아 바 아 바 아 버 지 -
Am Em B7 Em
아 바 아 바 아 버 지

주께서 나의 슬픔을 변하여 춤이
되게 하시며 나의 베옷을
벗기고 기쁨으로 띠 띠우셨나이다 이는
잠잠치 아니하고 내 영광으로 주를
찬송케 하심이니 여호와 나의 하나님이여
내가 주께 영영히 감사하리이다

시 (30 : 11, 12)

322
성령님 이곳에 오소서

· 두란노 번역
Em Am
성 령님 이 곳 에 오 - 소 서
D G
부 드 러운 바람 처럼 잔 잔 하게
Em Am
한 없 이 넘 치 는 능 력 으로
B7 Em
성 령 님 오 - 소 서 -

323
온 땅이여 주를 찬양

· 두란노 번역
온 땅이여 주를 찬양 - 날마다 주를 찬양하세 - - 주
의 기사와 주의 영광 - 온 땅에 널리 알려졌네 위
대 하신 주 그의 힘과 - 위엄을 기
뻐 하 라 주의 다스리 - 심 - 을

324
그는 여호와

· 두란노 번역
1. 그는 여 호 와 창조의 하나님 그는 여
2. 지조의 하나님 아브라함의 하나님 여호와
3. 여호와 이 - 레 그는 나의 공급자 구원의
호 와 전능의 하나님 길르앗의 향료요 반석의
샬 롬 평강의 하나님 이스라엘의 하나님 영원한
하나 님 구주의 하나님 아들을 보내어 그를 증거
1.2 하나님 그는 여 호 와 치료의 하 - 나 님
3. 하셨네 찬양 - 하 세 할렐 - 루 야 찬양 -
하세 오 - 할렐루 야 그는 여 호 - 와 전능의
하나님 그는 여 호 와 치 료의 하 - 나 님 -

325
기뻐 찬양해

· Russell L. Lowe
· 두란노 번역
♩=116
기 뻐 찬양해 - 주 님 안에서 -
소 리치며 두 손 높이 들고 - 기 뻐 찬양해 - 주
님 안에서 - 구 원의 주님 - 기뻐 찬 양 - 해 기
양 - 해 왕되 - 신 주께 - 영 광 돌리세 우 리 는
D.S al Fine
주 님 - 의 백성 - 이니 함께 모여 다 기 양 - 해

여호와께 감사하며
그 이름을 불러 아뢰며 그
행사를 만민중에 알게
할찌어다 그에게 노래하며
그를 찬양하며 그의
모든 기사를 말할찌어다 그 성호를
자랑하라 무릇 여호와를 구하는
자는 마음이 즐거울찌로다

시 (105 : 1 - 3)

326
기쁨으로 주께 외치세

• Russell L. Lowe
• 예수전도단 번역
♩=139
기쁨으로주 —께외치세 —찬양받기합당하신주 —
영 으로노래하며 손뼉치며 오, 위대하신주찬양 —
존 귀 존 귀 존 귀하신주찬양 —
할 렐 루 야 오, 위대하신주찬양 — —

327
너 시온아

• Robert Gay
• 두란노 번역
너 시 온 아 주를 찬양 하여라 —너의 입술로 하나님
찬양해 찬 양 하 라 주의 깃발흔 들며 —영원
히 주를찬 —양 해 우 리 는 주 —님의
택 한 백 —성 — 하 나 님 —의 — 제 사 장
만 왕 의 —왕께 찬 양 하 —라영 원 하신하 나
님 영 —원 하신하 나 님

328
들으라 이스라엘

• Bob fitts
• 예수전도단 번역
♩=138
들으라이스라엘너 의하나님 —은 한분 할렐루
야 들으라이스라엘너 의하나 님 —은
한분 할렐루 야 주님을 사 랑하여 —
라 네온 맘 —과 네힘다 해 —
왕 께영광 — 모 든영광 — 여호와를기뻐하
라 라 —— 주님은나 —의
구원자 — 목소리높 여 찬 양 — 주님은나 —의
D.C al Coda
구세주 — 목 소 리높 여 선 포 —하 리 —
한 분 할 렐 루 야
Fime

이스라엘아 들으라
우리 하나님 여호와는 오직
하나인 여호와시니 너는 마음을
다하고 성품을 다하고
힘을 다하여 네 하나님
여호와를 사랑하라

신 (6 : 4, 5)

329
들어주소서

· 예수전도단 정은경
Am   Dm   G   C
들 어주소 - 서   나 - 의 주 - 여 내
Am   G C   Dm   B7
영 - 의소원을 -   살 피소 서 -
Am   C   F   E7
주 가주신 나의 이 생명 주 뜻대로 이끄 사
F   G 등7 Am E7   Am
1. 어 두워진이 - 세 상에   한 빛되게 하소 서
2. 썩 어가는이 - 세 상에   소 금되게 하소 서

330
온땅이여

· Freely   · Daniel Markoya
                               · 두란노 번역
Am   Em   Am
1. 온 땅이여   여 호 와께   즐 거이 부를
2. 그는 우리를 지으 신 자요   우리 는그의 백
3. 감사함으로 그 문에 들어 가며   찬송 함으로 궁정에
4. 여 호와는 선 하 시니   인자 하심이 영 원

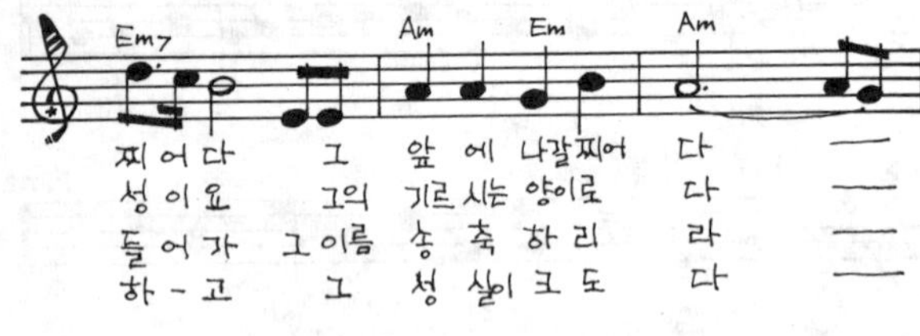
Em7   Am   Em   Am
찌 어다   그   앞 에 나갈찌어 다 -
성 이요   그의 기르 시는 양이로 다 -
들 어가 그 이름 송 축 하리 라 -
하 - 고 그 성 실히 크 도 다 -
Am   Em
- 오 - 할 렐루야   할 렐루야
G   Am   G/A   Am
할 렐루 - 야 -   할 렐루 야
Em   G   Am
할 렐루야 할 렐루 - 야 - -

331
감사하며

· Nima Lee Hopper
· 두란노 번역
♩· = 60
Am   Em7   Am   Em   Am
12/8
감사하며 그문에들어 가 주님을찬 양합 - 니 다
Em7   Am   Em   Am
찬송하며 궁전에들어 가 주이름송 축합 - 니다 다
Em   Am   Em
기 뻐하라 빛되신아버지께다 기뻐하라 우리창조주께 다
Em   Am
기뻐하라 구원의하나님께다   기뻐하라 영원영 - 원
Am
12/8
히

332
사랑의 기 높이들고

· Richard Gillard
· 두란노 번역
Am   F   G   Am   F
사 랑 의기높이 - 들 고 할렐루야 나 팔을울려
G   F   G   Am   F   G
라   주가주신승 리 찬양할렐루야 여리고무너지
1. Am Fine   2.Am   C   G   D   Am
리 사 리   우 리는강한 주의 군 - 대
선 포하라 주의 십자가
F   G   Am   C   D
싸 움을이기 고   갈 힌자자유 케
죽 음을이기 고   부활 하신영광 의
Am   F   G   Am   D.C al Fine
하 - 네 주예 수 의 이름 - 으 로   사
주예수 어둠권세이기 - 셨 네   사

·축·복·과·평·안·

평안을 너희에게 끼치노니

곧 나의 평안을 너희에게 주노라

내가 너희에게 주는 것은 세상이 주는 것 같지 아니하니라

너희는 마음에 근심도 말고

두려워하지도 말라

요한복음 14장 27절

333
축복하소서

♩ = 90
·예수전도단 이천
G   Am   D   G
축복하 소서 - 우 - 리 에게 -
Em   Am   D   1. G
날마다 새롭게 - 태 어나도 록
2. G Fine Am   D   G   Bm7
록   주는 아 버지 - 우 - 리 - 는 주의 자
Em   Am   D   Gmaj7   D.C.
녀   주님 두 팔로 - 안아 주소서 -

너희 안에서 행하시는 이는
하나님이시니 자기의 기쁘신 뜻을 위하여
너희로 소원을 두고 행하게 하시나니

빌 (2 : 13)

334
만나서 반가와요

·박미래 사, 이정승 곡
만나서 반가와요 주께서 만드신 날
주뜻 대로 택하사 이 날을 축복하셨네
형제를 향한 계획 아름답고 놀라와
자매를 향한 주사랑 참 아름답고 놀라와

능히 너희를 보호하사
거침이 없게 하시고 너희로 그 영광
앞에 흠이 없이 즐거움으로 서게
하실 자 곧 우리 구주
홀로 하나이신 하나님께 우리 주
예수 그리스도로 말미암아
영광과 위엄과
권력과 권세가 만고 전부터
이제와 세세에
있을찌어다 아멘

유 (1 : 25)

335
그들은 모두 주가 필요해

·Phil McHugh 사
·Greg Nelson 곡
·최덕신 번역
매일 스치는 사람들 내게 무얼 원하나
캄캄한 세상에서 빛으로부름 받아
공허한 그 눈빛은 무엇으로 채우나
잃어버린 자들과 나누라고 하시네
모두 자기 고통과 두려움 가득
주의 사랑으로만 사랑할수 있네
감춰진 울음소리 주님들으시네
우리 가나 놀 때 그들 알겠네
그들은 모두 주가필요해
깨지고 상한 마음 주가여시네
그들은 모두 주가필요해
모두 알게 되리 사랑의 주님

336
당신을 향한 노래
작사 천태혁
작곡 진경
아 주 먼 옛날 - 하늘에서 는 -
당신을 향한 - 계획 있었 죠 -
하나님께 서 - 바라보시 며 -
좋 았더라 고 - 말씀하셨네 -
이세상그무엇보다 - 귀하게 - 나의손으로 창조하였노라 -
내가너로인하여 기뻐하노라 - 내가너를사 랑하노 라 -
사 랑해 요 - 축 복해 요 -
당신의마음 에 우리의 - 사랑을 드려요 -
337
주 안에서
작사.곡 유상렬
함춘호 편곡
Andante
이 시간 - 이 곳에 모인 사 람들 - 우리
주안 에서서로사랑 해요 - 마음을 - 열고서
주를 찬양해 - 이 - 곳에 주님 사랑 넘치리 -
주 안에서 - 우리들은 늘하나 마음 다하여 - 우리들
은 늘찬 양언제 나 주안에서 사랑합시다 - 주님
께 영광 찬 - 양 -

여러 사람의 말이 우리에게 선을 보일 자
누구뇨 하오니 여호와여 주의 얼굴을 들어 우리에게
비추소서 주께서 내 마음에 두신 기쁨은
저희의 곡식과 새 포도주의 풍성할 때보다 더하니이다
시 (4:6,7)

338
그대는 주님 보내신

·작사·곡 최인혁
그 대는- 주님보 내신- 나의 가장 귀한선 물
그대는- 하늘로 부터- 내려 진 귀한선 물
그 대는 밝아오는 새벽인양 싱그런 사랑으로
전해오네- 때론그대 지쳐 두 눈에눈물 지을때-
그대 손잡고 주 의 길 함께하리 -
그대는- 주님보 내신- 아름 다운 사랑의 편 지
그대는- 주님보 내신- 예 - 쁜 사랑의하모 니

평안을 너희에게 끼치노니
곧 나의 평안을 너희에게 주노라
내가 너희에게 주는 것은
세상이 주는 것
같지 아니하니라
너희는 마음에 근심도 말고
두려워하지도 말라

요 (14:27)

339
사랑의 주님이

사랑 의 주님 이 날사 랑 하시 네
내모 습 이대 로- 받으셨 네 -
사랑 의 주님 이 날사 랑 하듯 이
나도 널 사랑 하며- 섬기 리 -

340
우리모두 다함께

·최덕신 곡
1. 우리 모두다함께-친 구가되어요 -알고 보면모두 좋은사람
2. 우리 는 --모두 -약 하기때문에 -잘 - 못도 많이 저-지르
예요- 그러 나다들 지쳐 있기때문에 - 아름
지요- 우리 가서로 용서 하지않으 면 - 아-
답게만은 보이지않 지요 - - 일에 지쳐있는 당신
무도 살아 갈수없잖아요 - - 자- 이제손을 잡 아
도 사람 에게 실망한- 당신 도 옆의
요 그리 고서로 이해- 합시 다 우 리앞
사람얼굴 바 라보아 요 그리 고 미 소 지어 보세 요
에있는진실 바라보 고 서로 믿 - 으며살 아-요

341
위로하여라

·예수전도단 김미연
위로하여라 - 네 - 가 아플때 - - 내가
너를위로 - 했 - 듯이 - 눈 물닦아 주 어라
- 네 가 울 때 - - 내가 네눈물 닦 - 아 - 줬듯
이 사 랑은나 - 로 말 미 암 는 은총 -
사 랑은나로말미암는 선 - 물 사 랑은 나 - 로

말미암는 궁휼 - 사랑하라 - 사랑하라 - -

342
평안을 너에게

·요 14 : 27
·Keith Routledge
·다드림 선교단 번역
1. 평안 을 너에 게 주노 라 - 세상
이 줄 - 수 없 - 는 - 세상 이 알수
도 없는 평 - 안 평 - 안
평 - 안 평안을 네 게 주노 라 -
2. 사랑

343
너는 시냇가에

·시 1 : 3
·예수전도단 박윤호
너 - 는 시냇가 에 심 - 은 - 나 무 라 하나
주의 시 절을 좇 아 구원 열 매맺으 면 주의
님 의 사랑 안 에 믿음 뿌 리내리 고 주의
영 화로운 빛 - 너를 보 호하리 니 주의
뜻 대 로 주의 뜻 대로 항 - 상 살리 라

오직 나는
하나님의 집에 있는
푸른 감람나무 같음이여
하나님의 인자하심을
영영히 의지하리로다

시 (52 : 8)

344
넌 하나님의 집에 있는

넌 하나님의 집에있는 푸른감람나 무 -
넌 하나님의 집에있는 푸른감람 - 나 무 -
하 나님 의 인 자하심을 영 원히 의지하 라 -
하 나님 의 신 실하심을 영원히의지하 라 -

345 예수 사랑

예수전도단 번역
예 수 사 랑 - 나 의 사 랑
내 맘속 에 넘쳐 형제를 사 랑 해 -
자매를

346 우리에게 향하신

시 117:2
예수전도단 김진호
우 리에게 향하 신 여호와의 인자 하심이
우 리에게 향하 신 여호와의 진실 하심이
크 고 크 도다 크 시도 다 —
영 원 영 - 원 영원하시도 다 —
크 고 크 도다 크 시도 다
영 원 영 - 원 영원하시도 다

347 주가 만드신 이 날을

Charles F. Brown
주 가 만 드신 - 이 날을 노래 - 해 -
주 가 만 드신 - 이 날을 축 하해 -
주 날 사 랑 하심 알아 - 요 - 이날을
노 래 해 축하 - 해 요 -

348 주가 주신 이날은

이성국 사, 곽경선 곡
주가주신 이 날은 -
이 날은 축 - 복 - 당신에 게 축 복 이어 - 라
- 축복 - 축복 - 축 복 이어 - 라 -
주 님이 너 에게 사 랑 을 주셨 - 네 -
축 복 - 축복 - 축 복 이어 - 라 -
축 - 복 오 축 복 이어 - 라 - -

우리에게 향하신 여호와의 인자하심이
크고 진실하심이 영원함이로다 할렐루야

시 (117 : 2)

349
주는 평화

· 엡 2:14, 벧전 5:7
· 보통으로
· kandy Groves
· 다드림 선교단 번역
주 는 평 화 막힌 담을 모두 허셨 네
- 주 는 평 화 - 우리 의 평 화
- 우리 의 평 화 염 려 다 말 기라
- 주가 돌보 시 니 - 주 는 평 화
- 우리 의 평 화 - 우리 의 평 화 -

이제는 전에
멀리 있던 너희가
그리스도 예수 안에서
그리스도의 피로 가까와졌느니라
그는 우리의 화평이신지라
둘로 하나를 만드사 중간에
막힌 담을 허시고

엡(2:13, 14)

350
사랑의 노래

· Moderato
· 작사·곡 유상렬
나 에게 당신은 - 주님 께서 베푸 신 사랑의 노
래 아 침을 비추는 - 밝아 오는 해처 럼 빛 나는 기
쁨 우 리는 서로 - 마음 으로 하나 된 위 로의 손
길 당 신은 언제나 - 아름 다운 꽃처 럼 향 기를 주 -
네 절망 과 아픔 근심 우릴 흔들 어도 기도 눈 위로 - 와 힘이 되리
니 때때 로 넘어짐은 우리 주님께서 사랑을 완성케 함이
라 내 맘 속에 - 한가지 - 간 절한 소망은 - - 당
신과 영원히 - 주님 노 래 하는 - 것 - 언제 - 나 - 항상 - 우
(2nd time to Coda)
리의 맘 속에 - 주 님 사랑 - 늘 거 하 시리 -
절망 님 사랑 - 늘 거 하 시리 -
주 님이 - 주 - 신 기쁨의 선 - 물
사 랑의 노 - 래 - -

351
우리안에 사랑을

· Dave Bilbrough
· 다드림 선교단 번역
우리 안 에 사 - 랑을 우리눈 에 사랑
을 이 나라 힘 쓸 - 도록 채우소 서 - 오주
님 진실한 형 제의 사랑 새롭게알 게 하소
서 우리안 에 사 - 랑을 사 - 랑을 -

352
주님 사랑 온누리에

· 작사·곡 채한성
주 님의사랑이- 이 곳에 가득하기를- 기도합- 니
은총이-
다. 주 님의평화가- 우 리들 가운데 - 있기를원합니
기쁨이-
다. 주 다. 때 로는 지치고- 때 로는 곤해도-
주 만을 바라보면 서 - 세 상의고통이- 내게닥쳐와도-
주만을 사랑하리라 - - 주 님의축복이- 이
곳 에 넘쳐 나기를- 원 - 합 - 니 다 주
님의사랑이- 이 곳에 가득하기를- 기도합- 니 다

353
형제의 모습속에

· 작사·곡 박정관
♩=82
형 제의 모 습속에 보 이 는
우 리의 모임중에 임 하 신
하 나 님 형상 아름 다 와 - 라
하 나 님 영광 아름 다 와 - 라
존 귀한 주의 자녀 됐 으 니 사랑
존 귀한 왕이 여기 계 시 니 사랑
하 며 섬 기 리

너희 염려를
다 주께 맡겨 버리라
이는 저가 너희를 권고하심이니라

벧전 (5 : 6)

354
날 사랑하신

355
누군가 널 위해 기도하네

작사·곡 박철순

날사랑하신 - 주님의그큰사 랑으로 -
내안에계신 - 예수님의그사 랑으로 -
당신을 사랑합니 다
당신을 축복합니 다 -
나의힘으로 - 당신을 사랑할 - 수없 - 네
나의가진 모 - 든 것 - 으로 당신을축복할 - 수 없 - 지만
주님이주 - 신 - 크고도 놀라우 - 신 그 사랑 - 으로
당신을 사랑합니 다 -
당신을 축복합니 다 -

당신 이 지쳐 서 기도 할수없 고
당신 이 외로 이 홀로 남았을 때
눈 물 이 빗물 처럼 - 흘러내릴 때
당신 은 누구 에게 - 위로를얻나
주님 은 아시 네 당신 의 약함 을
주님 은 아시 네 당신 의 마음 을
사랑으 로 - 돌 봐 주시 네 -
그대홀 로 - 있지 못 함 을 -
누군 가 널 위 하 여 -
조용 히 그 대 위 해 -
누군 가 기도 하 네 - 네가홀
로 외로워 서 - 마음 이 무너질 때
누군가 널위 해 기도 하 네 -

이와같이 성령도 우리 연약함을 도우시나니 우리가 마땅히 빌 바를 알지 못하나
오직 성령이 말할 수 없는 탄식으로 우리를 위하여 친히 간구하시느니라
롬 (8 : 26)

356
축복송

· 작사·곡 송정미
때-로 는 너의앞에 어려 움과 아픔 있지 만 담대하
너는택 한 족속이요 왕같은- 제사 장이며 거룩한
게- 주를바 라보 는 너 의 영혼 - 너의영
나라 하나님 의소유 - 된 백성 - 너의영
혼 우리볼 때 얼마 나 아름다 운지
혼 우리볼 때 얼마 나 사랑스 러운지
너의영혼 통 해 큰영광받 으 실
하나님을 찬 양 오할렐 루 야.

357
우리

1. 외로움도 견디어나 겠오 바 보 라소릴들 어 도좋
2. 우리모두 손을내밀 어서 넘 어 진형제일 으켜주
3. 옆에있는 형제손을 잡고 우 리 - 모두노래 합시
소 - 나 를비웃는 그비웃음 들 - 그
세 - 사 람이살면 한번사는 것 - 걸
다 - 서 로-보며 인사나누 고 - 우
사랑으로 받아주겠 소 - 이 모든것이 힘들다는
음 멈추고 생각해봐 세 - 시 냇물이 강으로 흘러
리 - 모두 일어납시 다 - 우 리 - 모두 받을구름
것을 당 신은 나에게알려줬 소 당신 의
서 - 저 바다와하나가됨듯 이 우리는
시다 이 렇게 모든것이맞을 때 우리는
사랑은 너 무나많고크오 그 래서나는 살아가겠 소
하나요 당 신과 나도하나 우 리는하나 가되야하 오
하나요 당 신과 나도하나 우 리는하나 가되야하 오

358
주님께서 주시는

· kurt kaiser
· 예수전도단 번역
주님께 서주시 는 -
그 사랑 놀라워 라 -
그 의생 명 주- 시기까 지
널 사랑 하네 날 사랑 하네
너 와 날 사랑 하 네 -

오직 너희는 택하신 족속이요
왕같은 제사장들이요
거룩한 나라요 그의 소유된
백성이니 이는 너희를
어두운 데서 불러내어 그의 기이한
빛에 들어가게 하신 자의
아름다운 덕을 선전하게
하려 하심이라

벧전 (2:9)

359
우린 주안에 한 가족

G   Em   C   Am   D7
우리함께걸어 요   주의인도하심따 라
Bm   Em   Am   D7
손을잡고하 나가되어요   주의사랑우 리안에있네
G   Em   C   Am   D7
우리서로섬기 며   주의사랑나눌 때
Bm   Em   Am   D7   G
모든사람다 알게되 -리라 -   우리주의 가족임을 -
G   Em   C   Am   D7
우리주안 -에한가족 -   주우릴 하나되 -게했 네
G   Em   C   Am   D7   G
주의사랑 -나누며 서로섬 -길 -때 주의나라 -이뤄지리 -

360
주님의 그 사랑이

• 이성국 사, 한정수 곡

C   G   B7   Em   Em7/b   C   Am   Dsus   D7/c
주 님 의 그 사 랑 이 늘 함 께 있 으 라 주
G   B7   Em   Em7/b   Am7   D7   G   C/D   D7
님 의 그은 총 이   항 상 풍성하여 라   주
G   B7   Em   Em7/b   C   Am   Dsus   D7
님 의 참노 망 이 언 제 나넘쳐 라 주-
G   B7   Em   Em7/b   C   Am   Dsus   D7   G   G7
님 의 그기 쁨 이 영 원 히 네게있으 라
C   D7   G   B7m   Em   C   D7   G   Am   Bm
귀한사 -랑 -나에게 주신 -   우리주님을 -모두 찬 -양
C   D7   G   B7/F#   Em   C   Am   Dsus   D6   D   D7
귀한사 -랑 -내게주신 -   우리주님을 -찬 양   -
% G   C   G   C   G   C   G   C
주를찬양하 -리 영원히 -   주를높 -이 -리 영원히 -
G   C   G   C   G   C   F.O.
주를 송축하 -리영원히 -   주를기뻐하 -리 영원히 -
D.S.
Repeat time
to Fade

361
주의 사랑으로

• 최세인 사, 송정훈 곡

G   D7/F#   Em   Em7/D
주의사랑 으로 사랑하게 하소서 -   -
C2   G/B   Am7   Dsus4   D7
1. 주 께서 -내게 주신 -   내 가 -주께 받 았던
2. 내 방법 -다 버리고 -   내 욕심 -모두 버 리고
G   D7/F#   Em   Em/D
주 의 사랑으로 사랑하게 하 소서 -   -
Am7   Dsus4   D7   G   C/G   G   (C6/D)   D.C
주 의 사 랑 으 로   -

어느 때나
하나님을 본 사람이 없으되
만일 우리가 서로
사랑하면 하나님이 우리 안에
거하시고 그의 사랑이
우리 안에
온전히 이루느니라

요일 (4 : 12)

362
하나되게 하소서

하나님께서는 — 우리의 만남을
걷네 하늘아 버지 사 랑안 - 에 서
- 계획해놓셨 네 —— - 우린하나되 어
- 어디든가리 라 - 주위해서라 면
- 우리는 기 - 다 리며 - 기 - 도
- 무엇이든하리 - 라 - 당신과함 께
- 우리는 하 - 나 되어 - 함 - 께
하네 우리의 삶 에 사 랑넘치도 - 록 -

너희 의인들아 여호와를 즐거워하라 찬송은 정직한 자의
마땅히 할 바로다 수금으로 여호와께 감사하고
열 줄 비파로 찬송할찌어다
새 노래로 그를 노래하며 즐거운 소리로
공교히 연주할찌어다

시 (33 : 1 - 3)

·특·별·찬·양·

너희 권능있는 자들아

영광과 능력을 여호와께 돌리고 돌릴찌어다

여호와의 이름에 합당한 영광을 돌리며

거룩한 옷을 입고 여호와께 경배할찌어다

시편 29편 1～2절

363
낮은자의 하나님

· 양영금 사, 유상렬 곡
나의가 - 장 - 낮은 마 - 음 - 주님께 - 서 - 기뻐하 - 시고
내가지 - 쳐 - 무력할 - 때 - 주님내 - 게 - 힘이되 - 시고
작은일 - 에 - 큰기쁨 - 을 - 느끼게하시는도 - 다 -
아름다 - 운 - 하늘나 - 라 - 내맘에주시는도 - 다 -
우리에게 - 축 복 하심 - 하 나 님 사랑 -
낮은자를 - 높 여 주 시고 - -
아름다운 - 하늘 나라 - 허 락 하시고 -
내모든 - 것 - 예비 하 시네 - -
찬 양 함에 기 쁨을 - 감 사 함 에 평안을 -
간구함에 하 나님 - 알 도록 - 하 셨 네 -

364

나의 하나님

·Andante ♩≒69
·작사.곡 유상렬
Gadd2 B7/F# Em9 -/D Am/C Am7
나 의하나님-그 크-신사랑- 나의 마음속에 언제
D7 Gadd2 B7/F# Em9 -/D
나 슬픈 눈물 지을때- 나의 힘이되시는 - 나의
Am/C D7 G Gadd2 B7/F#
영원하신 하나님 - 나의 구원의 반석 - 나의
Em9 -/D Am/C Am7 Dsus4 -7
생명의주인 - 나의 사 - 랑의 노 - 래 실패
Gadd2 B7/F# Em9 -/D Am/C Am7
하여지칠때 -나의 위로되시는 - 나의 하나님을 찬양해
G B7 Em -7
- 세월 이 지나도 변치 않으 리 - 내
C Am7 G/D D7 Am D7
가 주를 -사랑하는 마 -음 즐 거운 날이나 - 때론
외 로운 밤이나 - 험한
B7 Em Am D7
슬픈 날이나 - 모두 하나님을 사 랑합 시
끝곡 짜기 라도 - 나의 하나님은 동 행하 시
G -7 Am D7 B7 Em
다 세 월이 지나도 -비- 바람불어도 - 모두
니 내 영혼 언제나 -하나 님을 바라며 - 세상
Am D7 G
하나님 을 사 랑합 시 다.
끝날까 지사 랑하 리 라.

365
내 기뻐하는 자

·사 42:1-8
·박명선 곡
1. 내 기뻐하-는 자— 나의 택한 자— 나의
2. 내 기뻐 하-는 자 나의 택한 자- 내가
신을 — 네게주었노니 — 너는 세상에-공의-를 — 베
붙드는 — 나의종-이니 — 너는 세상에-자유-를 — 전
풀-라 — 공의를— -베 풀 -라 — 상한
하-라 — 자유를- -전 하-라 — 소경
갈 대를 — 꺾지않으며 -꺼져가는등불 -을 끄지않고 — 진
의 눈을 — -뜨게하며 -어둠에처한자 -에 게참빛을 — 진
리-로-공의-를 — 공의를 베 풀-라 나는
리-로-자유-를 — 자유를 전 하 — 라
여호와 - 이는내-이-름 이-라- 네
손을 잡 -아 -너를보 호하며 — 너를세워 — 세상의빛 되-게
하리라 — 나는 여호와 — -영 광의 하나님- 너
를 세워 — 세상의 빛되-게 하리라- 세
상-의- — 빛 —

366

마 5:3-10

·마 5:3-10
·노기동 곡
마음이가난 한자 - 천국이저희 것 이요
애 - 통하는자 복있나니 - 위로를받 겠 네
온유 한자 복 있나니 - 저희가땅을얻 - 을 것이요
의에주리고 목 마 - 른자 - 저희가배부 르 리
긍휼히여기 는 자 는 긍휼히여김을 - 받 네
마음이청결 한 자는 - 하 - 나님 보 네
화평케하 는 자는 - 하나님아들이 - 라 불리고
의를위하여 - 핍박 받 - 은자 - 천국이저 희 것

367
어찌하여야

♩=66
· Andrae Crouch
어 -찌하여 야 그크 신 은혜 갚 으리
무 -슨말로 써 그사 랑 -참감사 하 리요하
늘의-천군천사 라도 -나의마 음 -모르리 라 나이제
새 소 망이있음 은 - 당신의은 혜 라
하 나 님께 영 광 하 나 님께 영광하
나 님께 영 광날사 랑 하신 주 그피
로 날구 하 사 죄에 서 건지 셨네 하
나 님께 영 광날사 랑 하신 주 주
바치 리 라 모 두 -나의일 생을 당신 께 -
세상영 광 명예 도 갈보리로 돌 -려보 내 리 그피

Andrae Crouch

368

여호와는 나의 반석

곡 박정관
여 호 와는 나 의 반 석 나의요 새 나를
사 망의줄이 나 를 두르고 불의의홍수 가 나를
건 지 시는 하 나 님
두 렵 게 하 였 으 며
나의 피할 바 위 시요 나의 방 패 나의
지옥의 줄이 나 를 두르고 사 망의올무 가 내게
구 원 나의 산 성 나의
이 르 렀 으 나
힘이되신 여 호 와여 나의 주 여
내가 주 를 사 랑 합 니 다 내가
찬 송 받으 실 여 호 와께 아 뢰 리 니 원수
환 난에서 하 나 님께 부 르 짖었 더 니 주가
들에 계 서 구 원 얼 으 리
내 소 리 들 으 셨 도
다 나의 다 주가
내 소 리 들으 셨 도 다

369

영광메들리

· 임마누엘 편곡
영광- 가장높은 곳에 영광- 전능하신 주
의 생명 과 능-력 이 되시 는 주-나
생명의 말씀되신 - 하나님의 어린양께 -
의 소망 이 되-시 는 -구세- 주 나
영 광- 돌 리세 주 께-
의 생명 과 능-력 이 되시 는 주-나
영광- 영광- 영광- 영 광-
의 소망 이 되-시 는 -구세- 주 - 나는
영광- 영광돌리 -세- 주께-
찬 양-하 리 주-님 을 - 나의 생명-과
어린 양 께 - 영 광을 - 그분은
힘을 -다해 생 명 다-하 여 힘
왕 의 왕 -그분은 주 의 주 -그분은
을 다-하 여 나 의소 망 되신주 -
예수 예수 예수 예수 오
- 나 는 -구세- 주 내 주 그분은
Fine
그분은 왕 그분은 나

370

널 사랑하심

A. B. Warner
W. B. Bradbury
♩=112
곡 박명선
사 55:1-3
Solo
Chorus
예수 사랑 하심은 거룩 하신 말일세
우리 들은 약하나 예수 권세 많도 다
날 사랑 하심 날 사랑 하심
날 사랑 하심 성 경에 써있 네
너희 목 마른 자들아 물로 나 아오라 돈없
눈자도 오라 물 로 나오라 돈없 이 값없 이 오
라 와서 포도주와 젖을 사 라 너희
가 어찌 하여양식아 닌것을 위 하여 배부
르지못한 것을위하 여 수고 하느냐 나를
청종하 라그리하면 너희 가 좋은
것을먹고 즐거움을얻으리 라
널 사랑 하심 널 사 랑
하나님께로 하나님께로 우리 하 나님께로 나아
하심 널 사 랑 하 심 성
오 라 하나님께로 하나님께로 우리
경 에 써있 네 성 경 에
하 나님께로오 라 우리 하 나 님께
써 있 네
로 오 라

371
어린양 되신 예수님

♩=74
작사·곡 이유정
1. 이세상 어둠속에 서 죽어 가는 모든 영 혼
2. 하나님을 멀리떠 나 대적 하는 모든 영 혼
세상을 사랑 - 하는 하나 님 애타게 기다리시 네
우리를 부르시는 하나님 오 래 참고 기 다리
네 인류의죄 - 를 위하여 - 하늘의영 - 광 버 리고
- 이땅에오 - 신 예수 님 우 리를구 - 원 하시려
- 멸시와천 - 대당하여 - 어린양되 - 신 예수 - 님 -

372
예수님의 사랑 알까요

·작사·곡 조환곤

1. 저 하늘 나라 - 아기 별님 - 예수 님의 사랑알
2. 어 느날 밤에 - 기도 하던 - 나의모습 생각이

까요 - - 저 넓은 바다 - 고기들은 - 아 시 나요 -
나요 - - 나 의 아픔을 - 아 시 나요 -

예수님의 사랑알 까요 - 나무들 노래하며 얘기하는 숲에서
서글프던 나의모 습을 - 의사도 고개젓고 돌아서던 나에게

예수 님은 말씀하셨 죠 구름이 지나가면 웃음 짓는
예수 님은 다가오셨 죠 아픔이 시작되면 고통 받던

하 늘 로 나의 마음 날아가겠 네
나의 몸 사랑으로 낮 게하셨 죠.

내영혼이 찬양해요 주님의사 랑 비가오는 거리에서

도 - 아 - 나의맘을 다하여서 주님을찬 양

내주님 찬양 해 하늘나라 아기별도 찬양 -

넓은바다고기들도 찬양 - 모든 만물 들은 주를

찬양 - 예수님 의 사 랑

373
평안을

· 작사·곡 이유정
짙은 안개 가득 하던 나의
희는 마음 의근 심도 두려워
아 픈영 혼에 한 줄 기비 춰오는
하 지도 말라 세 상 이주 는것과
햇살 아침 이슬같은 눈빛 이세
다른 평안 을네게주 노라 이것
상 어느 곳에 서 도 바꿀 수 없는 보 석
을 너에 게이 름은 나의 기 쁨을 주고
나의 가 장깊 은곳 에 서 들리
네안 에 있는 이기 쁨 을 가득
눈 그분의 음 성 평안 을네게주 노
케 하려함 이라
라 너 라 어둠 가득 한이
세 상 네가 환란을 당 해 도 담
대 하라 내가세 상 을 이기었노 라
이세 상어느 무 엇 과도 바꿀
수 없는 보 석 이땅 의모든 이 름
인류 의모든 죄 를
위 에 가장 뛰어나신 이름 평화
위 해 자신 의생명을 주 신 그분
의왕이되 신 주 이세
은예수그리 스도 주 주! 이세 상어느 무 엇
과 도 바꿀 수 없는 보
석

374
피난처

♩=71
경일수 곡
Gmaj7   Cmaj7   Bm
하나님은 - 우리의 피난 처시요 - 힘 이시니 -
Em   A7   D   Gmaj7
환란 중에만날 - 큰 도움이시라 - 하나님은 - 우리의
Cmaj7   Bm   Em   A7
피난 처시요 - 힘 이시니 - 환란중에만날 - 큰
D7   G   G7   Cmaj7
도움이시라 - 땅이 변하여도 - 산이
Bm   Am   D7   Gmaj7
흔들려도 - 두려 워 하지아니 하 며
Am   D   Bm   Em   Am   A#dim
바 다가요동하고 - 앞 길이캄캄해도 두려 워 하지 아니 하
D   D7   Gmaj7   Cmaj7
리 라 하나님은 - 우리의 피난 처시요 - 힘
Bm   Em   A7   D7   G
이시니 - 환란중에만날 - 큰 도움이시라 -

375

주는 나의

· 시편 27, 63편
· Andante ♩=69
· 유상렬 곡
하나님이시여 하나님이시여 주는 나의 하나님이
시 로다 나의 몸과 마음 주를 갈망하며 이제
내가 주께고백 하 는말 여호 와는 - 나의
빛 이요 - 여호 와는 - 나의 구원이시니 내가
누구를 - 두려워 하리요 - 여호 와는 생명의
피난 처 시니 - 주의 인자가 - 생명보다 나으므로 내
입 술이여호와를 찬 양하리 - 내 평생에 - 주를찬양
하며 - 주의 이름으로내손 들리라 -

376
주님의 솜씨

하늘을 바라보라 - 드넓은 저 바다도 - 온 세상 지으신 - 주
핀꽃을 보라 - 하늘을 나는 새도 - 만물을 지으신 - 주
님의 솜씨라 - 먹구름이 다가와 - 태양을 가려도 - 만
님의 솜씨라 - 눈보라가 닥쳐와 - 온 땅을 덮어도 - 만
물을 주관하시는 - 주 님의 섭리라 모두 고개를 들고 어둔
마음을 열어 크신 주님의 - 능력을 바라보라 - 너
와 나 지으신 주의 놀라운 손길 - 우리 다함께 - 주를
찬양 - 해 - 찬양 해 -
온 하늘과 땅 위의 만물아 - 겸손히 무릎꿇고
주 의 위엄 앞에 경배하 라 - 들에

해 - 온 하늘과 땅 위의 만물아 -
겸손히 무릎꿇고 주의 위엄 앞에 주의 위 - 엄 앞에
경 - 배 하 - 라 - 모두 고개를 들고 어둔
마음을 열어 크신 주님의 - 능력을 바라보라 - 너
와 나 지으신 주의 놀라운 손길 - - 우리 다함께 - 주를
찬양 - 해 모두 찬양 - 해 - 찬양 해 - -
우리 다함께 - 주를 찬 양 해 -

1. 찬양받으시기 합당하신 주님

즐겁게 찬양하라. 하나님 안에서 기운을 내라.
세상이 가장 심하게 으르렁거릴 때, 가장 좋은 시편들을 노래하라.

2. 천국의 경배

입으로 찬양하라. 온몸으로, 온맘으로 찬양하라.
모든 재능과 능력으로 찬양하라. 모든 창조적인 방법으로 찬양하라.

3. 찬양의 모범

오늘 찬양하라. 그 귀하신 얼굴과 그 찔리신 손과 열린 옆구리로 인해 찬양하라.
기쁨으로 천둥처럼 외치라.

4. 새로운 영혼을 위한 새 노래

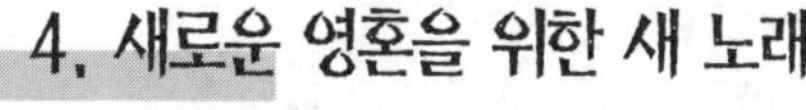

영원에서 영원으로 찬양하라. 영혼의 깊은 밤에도 노래하라.
절망으로 인해 희망이 사라질 때 찬양하라.
땅과 하늘과 공간과 시간이 감사를 연주하는 찬양의 줄이 되게 하라.

5. 에단의 노래

찬양하라. 아침해가 뜰 때, 이슬이 풀잎 속에서 반짝일 때,
아무런 찬양의 제목이 없을 때 노래하라.
이미 주신 모든 것으로, 그 인자하심의 계획으로 찬양하라.

6. 말할 수 없는 선물을 찬양하라.

말할 수 없는 선물을 찬양하라.
하늘의 광채를 띠고 승리의 노래를 부르게 하심을 찬양하라.
천국의 창문이 활짝 열려 있음을 기뻐하라.
영원의 집으로 인도하심을 찬양하라.

프 레 이 즈

비전북출판사

이 땅의 황무함을 보소서 하늘의 하나님 긍휼을 베푸시는 주여 ♪
우리의 죄악 용서 하소서 이 땅 고쳐 주소서 ♬

편집하면서

프레이즈 VOL 2.는 청년들과 청소년들을 위해 그 대상에 맞게 엄선한 찬양곡들의 모음입니다.
새로운 편집에 의한 차례와 구성을 살펴 보겠습니다.

Chapter 1 : 새노래

새노래를 따로 분류함으로써 배움과 나눔에 있어서 효율성을 기했습니다.
그리고 각각의 새노래는 진행되는 차례와 주제에 맞게끔 재분류를 하였습니다.

Chapter 2 : 경배와 찬양

예배의 중심이 되는 찬양으로서 주제별로 구분하였습니다. 구분은 **경배와 찬양, 간구, 감사, 헌신
과 의탁, 기쁨, 구원, 치유와 회복, 선교와 전도, 선포와 명령, 영적전쟁과 승리** 등으로 되어 있어
예배 성격과 흐름에 맞는 곡 선정에 도움이 되도록 하였습니다.

Chapter 3 : 축복과 평안

교제와 축복 그리고 평안과 화합을 위한 찬양을 따로 분류하여 회중들 간의 교제에
도움이 되도록 하였습니다.

Chapter 4 : 특별찬양

특송과 발표를 위한 곡들을 선정하여 분류하였습니다.

INDEX : 수록음반색인

본서에 게재된 곡들이 수록된 음반명을 기록하여 쉽게 곡을 배울 수 있도록 하였습니다.

프레이즈 VOL 2.가 여러분들의 경배와 찬양 생활에 도움이 된다면 실로 큰 기쁨이 아닐 수 없습니다.
살아계신 하나님을 찬양합시다!

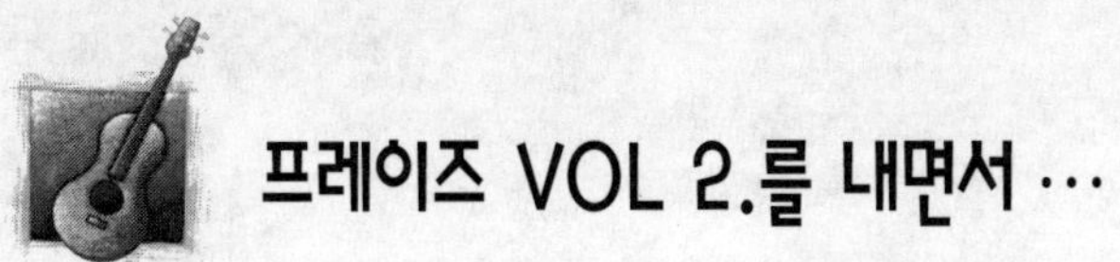

프레이즈 VOL 2.를 내면서 …

"나는 여호와니 이는 내 이름이라 나는 내 영광을 다른 자에게, 내 찬송을 우상에게 주지 아니하리라"

(이사야 42 : 8).

살아계신 하나님께서는 자신의 영광을 위하여 찬송케 할 백성을 창조 하셨습니다.

그렇습니다!

오직 하나님의 이름에만 모든 존귀와 위엄과 능력이 있습니다.

그 이름에만 구원의 감격이 있습니다.

또한 하나님께서는 자신의 비전과 부흥의 역사를 창조된 백성들을 통해 세워 나가길 원하십니다.

어둠으로 황무케 된 세상을 자신의 백성들을 통해 빛으로 인도하길 원하십니다.

우리는 마땅히 그분께 순종하며 그분의 큰 역사에 동참해야 할 것입니다.

"찬양과 예배"야말로 하나님의 거룩한 백성들이 세상을 치유키 위한 출발점이라고 할 수 있습니다.

허다한 하나님의 백성들이 찬송으로 주님의 주님되심을 고백하고 주님의 이름을 만방 가운데 선포할 때

이 땅의 역사는 새로운 부흥을 맞이할 수 있을 것입니다.

우리 모두 기대합시다. 주님의 영광이 온 세상에 가득하며, 주님의 찬송이 세상 끝까지 울리는 그날을.

할렐루야! 하나님께 전심으로 우리의 사역을 올려 드립니다.

"여호와여 내가 만민 중에서 주께 감사하고 열방 중에서 주를 찬양하오리니

대저 주의 인자하심이 하늘 위에 광대하시며 주의 진실은 궁창에 미치나이다

하나님이여 주는 하늘 위에 높이 들리시며

주의 영광이 온 세계 위에 높으시기를 원하나이다"(시편 108 : 3-5).

차 례 노래 번호순

BEST SONG

1. 이 땅의 황무함을(부흥)
2. 고요한 아침의 나라
3. 나는 광대한
4. 나의 가는 길
5. 나 주님의 기쁨되기 원하네
6. 너를 사랑해
7. 너의 가는 길에(파송의 노래)
8. 모든 민족에게
9. 보라 세상 죄를(하나님의 어린양)
10. 성령이여
11. 세상에 소중하고(사랑하며)
12. 우리는 주님의 흘리신 피로
13. 우리는 한 몸
14. 우리 보좌 앞에 모였네(비전)
15. 주님 나라 임하시네
16. 주의 사랑을
17. 주의 이름 높이며
18. 하나님의 사랑을(주만 바라볼찌라)
19. ROMANS 16:19

C CODE

20. 나는 여호와니
21. 이 시간 주님께 나온 우리들
22. 나의 영혼아 잠잠히
23. 날 만나라
24. 놀라운 인도자
25. 살아 계신 성령님
26. 주 예수여 오시옵소서
27. 나의 주 찬양합니다
28. 주께 나아가세
29. 내 안에 사는 이
30. 나를 사랑하는 자들이(잠 8:17)
31. 능히 너를 보호하사
32. 거룩하신 성령이여
33. 여호와 우리 주여(시편 8편)
34. 주님의 사랑
35. 나를 정결케 하며
36. 하나님 한 번도 나를(오 신실하신 주)

37. 주님은 나의 죄와 허물
38. 얼마나 아프실까
39. 예수님의 모습을(전능하신 하나님)
40. 주의 강가로
41. 주 알기 원합니다
42. 심령이 가난한 자는
43. 평강의 주님
44. 광야를 지날 때
45. 우리 주님(내 주를)
46. 온유와 위엄
47. 나의 만족과 유익을 위해
48. 주를 보네
49. 어린양 보라
50. 주 날개 밑에서
51. 셀라 셀라
52. 우리 모두 찬양하세
53. 찬송할 수 있을 때에
54. 우리 모두 손뼉을 치며
55. 우리들은 여호와를(주 여호와는 나의 힘)
56. 주안에서 다 기뻐하세
57. 내가 산을 향하여
58. 전능한 하나님 아버지
59. 나의 하나님 Ⅱ
60. 우리는 모두 다(주님의 증인)
61. 너는 결코(너 결코 용기 잃지 말아라)
62. 메마른 우리 마음
63. 위대한 주
64. 오라 주님께 즐거이(오라 우리가 주님께 노래하며)
65. 천지 지으신

D CODE

66. 주님을 따르리
67. 거룩하신 하나님
68. 주께 노래하세
69. 주여 나를 주의 성소
70. 두손 들고 소리 높여
71. 주님 이곳에
72. 내 영혼 주 찬양하며

73. 내 맘 깊은 곳
74. 주님은 나의 힘
75. 주의 임재 앞에 잠잠해
76. 생명의 주 말씀
77. 주의 사랑을
78. 주는 우리의 소망
79. 하나님이 세상을
80. 우리를 사랑하신
81. 천사의 말을(사랑은 가장 귀한 것)
82. 주 앞에 이렇게 나와
83. 주여 이 시간 주께
84. 겸손하게 무릎 끓고
85. 기다려요
86. 주는 보이지 아니하시는
87. 주 내 삶의 주인 되시고
88. 아침 안개 눈앞(언제나 주님께 감사해)
89. 나는 가난하고(시편 40편)
90. 존귀한 주의 보혈
91. 온 세상 위한 십자가
92. 영문 밖으로
93. 선하신 목자
94. 내 성의 기쁨의 기를
95. 해 뜨는 곳부터
96. 주께 찬양드리세
97. 우리는 주님이 흘리신 피로
98. 온유한 마음을 주옵소서

E CODE

99. 아버지 큰 사랑 감사해요
100. 주의 이름 높이며 Ⅱ
101. 이 시간 주님께
102. 와서 찬양
103. 알렐루야
104. 오 귀한 주이름
105. 주님의 성령이
106. 주님의 영광이
107. 수고하고 무거운
108. 여호와는 나의
109. 나의 앞에 계신 주님(계신 주님)
110. 구원자 주 예수

Hallelujah!

Praise

111. 내 영혼의 구세주
112. 내 주 같은 분 없네
113. 나는 용서받았네
114. 좋으신 하나님
115. 주의 긍휼로
116. 나의 주님께(선물)
117. 오랫동안 기다려 온(그 믿음 간직하여라)
118. 형제여 우리
119. 사랑해요 아름다운 이름
120. 너 있는 곳에서(거기서 찬양하라)
121. 만왕의 왕께
122. 들으라 이스라엘
123. 찬양하라 내 영혼아 Ⅱ
124. 맑고 밝은 날
125. 나의 발은 춤을 추며
126. 주는 우리의 도움
127. 너 근심 걱정 와도(주 너를 지키리)
128. 보라 그 놀라운 주의 사랑을

F CODE

129. 내가 길을 잃고
130. 예수 경배하리
131. 두손 들고 송축하며
132. 아침해 하늘에 솟아(주 찬양)
133. 찬양의 보좌에
134. 신실한 하나님
135. 이 땅에 오직(주밖에 없네)
136. 예수 날 위하여
137. 나의 하나님
138. 나 여호와 치료의 주
139. 아버지 날 붙들어 주소서
140. 아버지여 구하오니
141. 내 감은 눈안에(전부)
142. 실수하여 힘을(내가 네 안에 착한 일을)
143. 너를 사랑해
144. 세상 끝날까지 (가라)
145. 주님께서 보낸(사랑의 편지)
146. 우리는 한 몸

147. 오 할렐루야
148. 주말씀
149. 문들아 너희 머리를
150. 주님의 진리를
151. ROMANS 16:19
152. 기뻐하며 즐거워하라
153. 무지개를(주님께 드려요)

G CODE

154. 나 주님의 기쁨되기 원하네
155. 오 주님
156. 내 영혼이 주를
157. 여호와 나의 하나님
158. 위대하신 주 하나님
159. 경배하리 내 온맘 다해
160. 주를 부르라
161. 주의 거룩하심 임할 때
162. 주의 이름 부를 때
163. 나의 주 다스리시네
164. 그 이름 예수
165. 주 여호와가 통치하시네
166. 하늘에 있는
167. 거룩한 보좌 앞에
168. 오 나의 주님
169. 수많은 무리들 줄지어(예수 이름 높이세)
170. 주의 이름 높이며
171. 모든 민족에게
172. 더 넓은 세계를
173. 나의 가는 길
174. 주 내 맘에 모신 후에
175. 오직 주님만
176. 주님의 날개 아래 살리라
177. 해아래 새것이 없나니(새롭게 하소서)
178. 나 약해 있을 때에도(주님만이)
179. 내 영 자유케
180. 하나님께로 더 가까이
181. 지치고 상한(주여 인도하소서)
182. 주님과 같이

183. 보라 세상 죄를(하나님의 어린양)
184. 놀라워라
185. 날마다 떠오르는(신실하신 주)
186. 주 예수 우리 죄 위해
187. 고아들의 아버지
188. 한 아기가 우리에게
189. 주여 여기 오소서
190. 여호와의 영광을
191. 예수 존귀한 주이름
192. 영광과 존귀
193. 주 예수의 이름 높이세
194. 주 예수 경배하세
195. 나는 노래하리
196. 영광을 돌리세(주님의 영광)
197. 샬롬 예루살렘
198. 해방되었네
199. 예수 안에 있는 나에게
200. 날 도우시네
201. 길 만들라
202. 항상 기뻐해요
203. 나팔소리 천사의 노래
204. 내게 오라
205. 우리 주만 참 하나님
206. 가난한 자가(기쁨의 탄성)
207. 외로움에 지친(오시오)
208. 세상의 유혹 시험이(주를 찬양)
209. 주님은 항상 살아 계셔서
210. 주 예수 다스리시네
211. 죽임을 당하신

A CODE

212. 나는 광대한
213. 거룩하신 하나님
214. 왕되신 주
215. 오 하나님 영광 존귀
216. 주님 보좌 앞에 나아가
217. 나는 생명 양식
218. 나의 영이
219. 하늘이여 외치라
220. 죽임 당하신 어린양

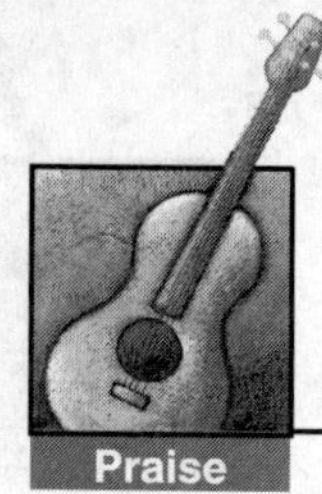

221. 지금 우리는(일어나 새벽을 깨우리라)
222. 날 구원하신 주
223. 나는 알아요
224. 우물가의 여인
225. 사람들은
226. 새벽
227. 이 땅의 황무함을(부흥)
228. 우리 보좌 앞에 모였네(비전)
229. 주님 나라 임하시네
230. 주님이 주신 땅으로
231. 무화가 나뭇잎이(난 여호와로 즐거워하리)
232. 주께 구속된 자들이
233. 갈릴리 마을(가서 제자 삼으라)
234. 성령이여
235. 유월절 어린양의 피로
236. 위엄의 주 하나님

MINOR CODE

237. 고요한 아침의 나라
238. 나는 주의 깃발 든 군사
239. 나는 주님을 찬양합니다
240. 다 와서 주께 찬양 드리며
241. 샬루 샬롬 예루살라엠
242. 이스라엘의 하나님
243. 나 항상 주 송축하며
244. 구름같이 허다한(예수를 깊이 생각하자)
245. 휘장을 지나
246. 나에게 생수 부으시니(내 잔이 넘치나이다)
247. 주 그 이름 거룩
248. GOD IS GOOD

249. 거룩하신 주님
250. 전신갑주 입고
251. 우리 주의 성령이
252. 저 높은 보좌에
253. 우주 만물 창조하신
254. 주의 사랑 주의 능력
255. 왕의 왕과 주의 주께
256. 주 나의 은신처
257. 하나님 우리와 함께 하시네
258. 기뻐하라 시온의 딸
259. 너의 가는 길에(파송의 노래)

Bb CODE

260. 주의 이름을
261. 내 구주 예수님
262. 예수 예수 예수
263. 담대하라
264. 우리 함께 만나는(참 기쁜 노래)

축복과 평안

265. 세상에 소중하고(사랑하며)
266. 우리의 만남은(왕국과 소명)
267. 우리가 하나되어(시편 133편)
268. 저는 시냇가에(복 있는 사람은)
269. 지금 우리가(아름답게 하리라)
270. 주의 사랑 안에서
271. 서로 용납하라
272. 형제와 함께 사는 것
273. 갈릴리 호숫가에서
274. 하나님 앞에서(헤어짐 속에서)
275. 이날은 이날은
276. 하나님은 너를 지키시는 자
277. 하나님은 우리를

278. 사랑의 나눔
279. 주의 사랑으로 사랑합니다
280. 주님께서 주시는 그 사랑으로
281. 주님의 그 사랑이
282. 아버지여 우리는
283. 사랑합니다.
284. 하나님의 큰 사랑이
285. 모든 일이 끝나고
286. 하나님의 사랑을(주만 바라볼찌라)

특별찬양

287. 나 비록(꿈이 있는 자유)
288. 나의 사랑이 되시는 주여
289. 내게 음악 주신 분
290. 볼찌어다
291. 세상 슬픔에(사람들에게)
292. 양을 치는 목자들에게(아기 예수를 보고)
293. 여호와는 나의 목자시니
294. 예수 그분은
295. 예수 그 이름(그 이름)
296. 예수 나의 주님(귀한 이름 예수)
297. 예수님은 나의(모든 것 되시는 주님)
298. 왕 만왕의 왕(왕께 찬양해)
299. 우리가 간직해야 할(하연이에게)
300. 주의 얼굴 바라봅니다(주님만을 사랑합니다)
301. 크고 작은 만물속에(나 누구이기에)
302. 피곤한 하루(내일 일은 내일 염려하라)
303. 하나님께서는(물고기가 살 수 있도록)
304. 한 걸음 두 걸음(골목길 걸을 때)

가사첫줄 가나다순

가

가난한 자가(기쁨의 탄성) 206
갈릴리 마을 233

갈릴리 호숫가에서 273
거룩하신 성령이여 32

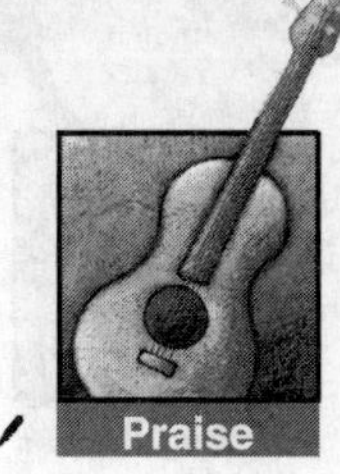

Hallelujah!
Praise

거룩하신 주님 249
거룩하신 하나님 213
거룩하신 하나님 67
거룩한 보좌 앞에 167
겸손하게 무릎 꿇고 84
경배하리 내 온맘 다해 159
고아들의 아버지 187
고요한 아침의 나라 2, 237
광야를 지날 때 44
구름같이 허다한(예수를 깊이 생각하자) 244
구원자 주 예수 110
그 이름 예수 164
기다려요 85
기뻐하라 시온의 딸 258
기뻐하며 즐거워하라 152
길 만들라 201

나

나는 가난하고(시편 40편) 89
나는 광대한 3, 212
나는 노래하리 195
나는 생명 양식 217
나는 알아요 223
나는 여호와니 20
나는 용서받았네 113
나는 주님을 찬양합니다 239
나는 주의 깃발 든 군사 238
나를 사랑하는 자들이(잠 8:17) 30
나를 정결케 하며 35
나 비록(꿈이 있는 자유) 287
나 약해 있을 때에도(주님만이) 178
나에게 생수 부으시니(내 잔이 넘치나이다) 246
나의 가는 길 4, 173
나의 만족과 유익을 위해 47
나의 발은 춤을 추며 125
나의 사랑이 되시는 주여 288
나의 앞에 계신 주님 109
나의 영이 218

나의 영혼아 잠잠히 22
나 여호와 치료의 주 138
나의 주님께(선물) 116
나의 주 다스리시네 163
나의 주 찬양합니다 27
나의 하나님 Ⅰ 137
나의 하나님 Ⅱ 59
나 주님의 기쁨되기 원하네 5, 154
나팔소리 천사의 노래 203
나 항상 주 송축하며 243
날 구원하신 주 222
날 도우시네 200
날마다 떠오르는(신실하신 주) 185
날 만나라 23
내가 길을 잃고 129
내가 산을 향하여 57
내 감은 두눈에(전부) 141
내게 오라 204
내게 음악 주신 분 289
내 구주 예수님 261
내 맘 깊은 곳 73
내 성의 기쁨의 기를 94
내 안에 사는 이 29
내 영 자유케 179
내 영혼의 구세주 111
내 영혼이 주를 156
내 영혼 주 찬양하며 72
내 주 같은 분 없네 112
너 근심 걱정 와도(주 너를 지키리) 127
너는 결코(너 결코 용기 잃지 말아라) 61
너를 사랑해 6, 143
너의 가는 길에(파송의 노래) 7, 259
너 있는 곳에서(거기서 찬양하라) 120
놀라운 인도자 24
놀라워라 184
능히 너를 보호하사 31

다

다 와서 주께 찬양 드리며 240
담대하라 263

더 넓은 세계를 172
두손 들고 소리 높여 70
두손 들고 송축하며 131
들으라 이스라엘 122

마

만왕의 왕께 121
맑고 밝은 날 124
메마른 우리 마음 62
모든 민족에게 8, 171
모든 일이 끝나고 285
무지개를(주님께 드려요) 153
무화과 나뭇잎이(난 여호와로 즐거워하리) 231
문들아 너희 머리를 149

바

보라 그 놀라운 주의 사랑을 128
보라 세상 죄를(하나님의 어린양) 9, 183
볼찌어다 290

사

사람들은 225
사랑의 나눔 278
사랑합니다 283
사랑해요 아름다운 이름 119
살아 계신 성령님 25
새벽 226
생명의 주 말씀 76
샬롬 예루살렘 197
샬루 샬롬 예루샬라엠 241
서로 용납하라 271
선하신 목자 93
성령이여 10, 234
세상 끝날까지(가라) 144
세상 슬픔에(사람들에게) 291
세상에 소중하고(사랑하며) 11, 265
세상의 유혹 시험이(주를 찬양) 208
셀라 셀라 51
수고하고 무거운 107

Praise
Hallelujah!

수많은 무리들 줄지어(예수 이름 높이세) 169
신실한 하나님 134
실수하여 힘을(내가 네 안에 착한 일을) 142
심령이 가난한 자는 42

아

아버지 날 붙들어 주소서 139
아버지여 구하오니 140
아버지여 우리는 282
아버지 큰 사랑 감사해요 99
아침 안개 눈앞(언제나 주님께 감사해) 88
아침해 하늘에 솟아(주찬양) 132
알렐루야 103
양을 치는 목자들에게(아기 예수를 보고) 292
어린양 보라 49
얼마나 아프실까 38
여호와 나의 하나님 157
여호와는 나의 108
여호와는 나의 목자시니 293
여호와 우리 주여(시편 8편) 33
여호와의 영광을 190
영광과 존귀 192
영광을 돌리세(주님의 영광) 196
영문 밖으로 92
예수 경배하리 130
예수 그분은 294
예수 그 이름(그 이름) 295
예수 나의 주님(귀한 이름 예수) 296
예수 날 위하여 136
예수님은 나의(모든 것 되시는 주님) 297
예수님의 모습을(전능하신 하나님) 39
예수 안에 있는 나에게 199
예수 예수 예수 262
예수 존귀한 주이름 191
오 귀한 주이름 104
오 나의 주님 168
오라 주님께 즐거이(오라 우리가 주님께 노래하며) 64

오랫동안 기다려 온(그 믿음 간직하여라) 117
오 주님 155
오직 주님만 175
오 하나님 영광 존귀 215
오 할렐루야 147
온 세상 위한 십자가 91
온유와 위엄 46
온유한 마음을 주옵소서 98
와서 찬양 102
왕되신 주 214
왕 만왕의 왕(왕께 찬양해) 298
왕의 왕과 주의 주께 255
외로움에 지친(오시오) 207
우리가 간직해야 할(하연이에게) 299
우리가 하나되어(시편 133편) 267
우리는 모두 다(주님의 증인) 60
우리는 주님이 흘리신 피로 12, 97
우리는 한 몸 13, 146
우리들은 여호와를(주 여호와는 나의 힘) 55
우리를 사랑하신 80
우리 모두 손뼉을 치며 54
우리 모두 찬양하세 52
우리 보좌 앞에 모였네(비전) 14, 228
우리의 만남은(왕국과 소명) 266
우리 주님(내주를) 45
우리 주만 참 하나님 205
우리 주의 성령이 251
우리 함께 만나는(참 기쁜 노래) 264
우물가의 여인 224
우주 만물 창조하신 253
위대하신 주 하나님 158
위대한 주 63
위엄의 주 하나님 236
유월절 어린양의 피로 235
이날은 이날은 275
이 땅에 오직(주밖에 없네) 135
이 땅의 황무함을(부흥) 1, 227
이스라엘의 하나님 242

이 시간 주님께 101
이 시간 주님께 나온 우리들 21

자

저높은 보좌에 252
저는 시냇가에(복 있는 사람은) 268
전능한 하나님 아버지 58
전신갑주 입고 250
존귀한 주의 보혈 90
좋으신 하나님 114
주 그 이름 거룩 247
주께 구속된 자들이 232
주께 나아가세 28
주께 노래하세 68
주께 찬양드리세 96
주 나의 은신처 256
주 날개 밑에서 50
주 내 맘에 모신 후에 174
주 내 삶의 주인 되시고 87
주는 보이지 아니하시는 86
주는 우리의 도움 126
주는 우리의 소망 78
주님과 같이 182
주님께서 보낸(사랑의 편지) 145
주님께서 주시는 그 사랑으로 280
주님 나라 임하시네 15, 229
주님 보좌 앞에 나아가 216
주님은 나의 죄와 허물 37
주님은 나의 힘 74
주님은 항상 살아 계셔서 209
주님을 따르리 66
주님의 그 사랑이 281
주님의 날개 아래 살리라 176
주님의 사랑 34
주님의 성령이 105
주님의 영광이 106
주님의 진리를 150
주님 이곳에 71
주님이 주신 땅으로 230
주를 보네 48

주를 부르라 160
주말씀 148
주안에서 다 기뻐하세 56
주 알기 원합니다 41
주 앞에 이렇게 나와 82
주여 나를 주의 성소 69
주여 여기 오소서 189
주여 이 시간 주께 83
주 여호와가 통치하시네 165
주 예수 경배하세 194
주 예수 다스리시네 210
주 예수여 오시옵소서 26
주 예수 우리 죄 위해 186
주 예수의 이름 높이세 193
주의 강가로 40
주의 거룩하심 임할 때 161
주의 긍휼로 115
주의 사랑 안에서 270
주의 사랑으로 사랑합니다 279
주의 사랑을 16, 77
주의 사랑 주의 능력 254
주의 얼굴 바라봅니다(주님만을 사랑합니다) 300
주의 이름 높이며 17, 170
주의 이름 높이며 Ⅱ 100

주의 이름 부를 때 162
주의 이름을 260
주의 임재 앞에 잠잠해 75
죽임 당하신 어린양 220
죽임을 당하신 211
지금 우리가(아름답게 하리라) 269
지금 우리는(일어나 새벽을 깨우리라) 221
지치고 상한(주여 인도하소서) 181

차

찬송할 수 있을 때에 53
찬양의 보좌에 133
찬양하라 내 영혼아 Ⅱ 123
천사의 말을(사랑은 가장 귀한 것) 81
천지 지으신 65

카

크고 작은 만물 속에(나 누구이기에) 301

파

평강의 주님 43
피곤한 하루(내일 일은 내일 염려하라) 302

하

하나님 앞에서(헤어짐 속에서) 274

하나님 우리와 함께 하시네 257
하나님 한 번도 나를(오 신실하신 주) 36
하나님께로 더 가까이 180
하나님께서는(물고기가 살 수 있도록) 303
하나님은 너를 지키시는 자 276
하나님은 우리를 277
하나님의 사랑을(주만 바라볼찌라) 18, 286
하나님의 큰사랑이 284
하나님이 세상을 79
하늘에 있는 166
하늘이여 외치라 219
한 걸음 두 걸음(골목길 걸을 때) 304
한 아기가 우리에게 188
항상 기뻐해요 202
해 뜨는 곳부터 95
해방되었네 198
해아래 새것이 없나니(새롭게 하소서) 177
형제여 우리 118
형제와 함께 사는 것 272
휘장을 지나 245

G·R

GOD IS GOOD 248
ROMANS 16:19 19, 151

주제별 분류

BEST SONG

고요한 아침의 나라 2, 237
나는 광대한 3, 212
나의 가는 길 4, 173
나 주님의 기쁨 되기 원하네 5, 154
너를 사랑해 6, 143
너의 가는 길에 7, 259
모든 민족에게 8, 171
보라 세상 죄를 9, 183

성령이여 10, 234
세상에 소중하고 11, 265
우리는 주님의 흘리신 피로 12, 97
우리는 한 몸 13, 146
우리 보좌 앞에 모였네 14, 228
이 땅의 황무함을 1, 227
주님 나라 임하시네 15, 229
주의 사랑을 16, 77
주의 이름 높이며 17, 170
하나님의 사랑을 18, 286

ROMANS 16:19 19, 151

경배와 찬양

거룩하신 주님 249
거룩하신 하나님 213
거룩하신 하나님 67
거룩한 보좌 앞에 167
겸손하게 무릎 꿇고 84
경배하리 내 온맘 다해 159
고아들의 아버지 187

Praise
Hallelujah!

그 이름 예수 164
기다려요 85
나는 광대한 3, 212
나는 노래하리 195
나는 알아요 223
나는 주님을 찬양합니다 239
나의 가는 길 4, 173
나의 앞에 계신 주님(계신 주님) 109
나의 영이 218
나의 영혼아 잠잠히 22
나의 주님께(선물) 116
나의 주 다스리시네 163
나의 주 찬양합니다 27
나의 하나님 Ⅰ 137
나의 하나님 Ⅱ 59
나 항상 주 송축하며 243
날마다 떠오르는(신실하신 주) 185
날 만나라 23
내가 산을 향하여 57
내 감은 눈안에(전부) 141
내 구주 예수님 261
내 맘 깊은 곳 73
내 영혼이 주를 156
내 영혼 주 찬양하며 72
내 주 같은 분 없네 112
놀라운 인도자 24
능히 너를 보호하사 31
다 와서 주께 찬양 드리며 240
두손 들고 소리 높여 70
두손 들고 송축하며 131
만왕의 왕께 121
무지개를 찾아(주님께 드려요) 153
보라 그 놀라운 주의 사랑을 128
살아 계신 성령님 25
생명의 주 말씀 76
샬롬 예루살렘 197
샬루 샬롬 예루살라엠 241
선하신 목자 93
셀라 셀라 51
수많은 무리들(예수 이름 높이세) 169

신실한 하나님 134
심령이 가난한 자는 42
아버지 날 붙들어 주소서 139
아침해 하늘에 솟아(주 찬양) 132
알렐루야 103
어린양 보라 49
여호와는 나의 108
여호와 우리 주여(시편 8편) 33
여호와의 영광을 190
영광과 존귀 192
예수 경배하리 130
예수님의 모습을(전능하신 하나님) 39
예수 존귀한 주이름 191
오 귀한 주이름 104
오 주님 155
오직 주님만 175
오 하나님 영광 존귀(오 하나님) 215
온유와 위엄 46
와서 찬양 102
왕되신 주 214
왕의 왕과 주의 주께 255
우주 만물 창조하신 253
위대한 주 63
위대하신 주 하나님 158
위엄의 주 하나님 236
이 땅에 오직(주밖에 없네) 135
이스라엘의 하나님 242
이 시간 주님께 101
이 시간 주님께 나온 우리들 21
저 높은 보좌에 252
전능한 하나님 아버지 58
좋으신 하나님 114
주 그 이름 거룩 247
주께 나아가세 28
주께 노래하세 68
주께 찬양드리세 96
주 나의 은신처 256
주 날개 밑에서 50
주 내 맘에 모신 후에 174
주 내 삶의 주인 되시고 87

주는 보이지 아니하시는 86
주는 우리의 소망 78
주님께서 보낸(사랑의 편지) 145
주님 보좌 앞에 나아가 216
주님은 나의 힘 74
주님은 항상 살아 계셔서 209
주님의 날개 아래 살리라 176
주님의 사랑 34
주님의 진리를 150
주님 이곳에 71
주를 부르라 160
주말씀 148
주 여호와가 통치하시네 165
주 예수 경배하세 194
주 예수 다스리시네 210
주 예수여 오시옵소서 26
주의 거룩하심 임할 때 161
주의 사랑 주의 능력 254
주의 이름 높이며 17, 170
주의 이름 높이며 Ⅱ 100
주의 이름 부를 때 162
주의 이름을 260
주의 임재 앞에 잠잠해 75
죽임 당하신 어린양 220
죽임을 당하신 211
찬송할 수 있을 때에 53
찬양의 보좌에 133
찬양하라 내 영혼아 Ⅱ 123
천사의 말을(사랑은 가장 귀한 것) 81
천지 지으신 65
평강의 주님 43
하나님께로 더 가까이 180
하나님 우리와 함께(하나님 우리와 함
께 하시네) 257
하나님은 한 번도 나를(오 신실하신 주) 36
하늘에 있는 166
하늘이여 외치라 219
해 뜨는 곳부터 95
휘장을 지나 245

Hallelujah!
Praise

간구

거룩하신 성령이여(잠 8 : 17) 32
나를 사랑하는 자들이 30
나 주님의 기쁨 되기 원하네 5, 154
성령이여 10, 234
아버지여 구하오니 140
온유한 마음을 주옵소서 98
이 땅의 황무함을(부흥) 1, 227
주 알기 원합니다 41
주 앞에 이렇게 나와 82
주여 나를 주의 성소 69
주여 이 시간 주께 83
주의 강가로 40
주의 긍휼로 115

감사

날 구원하신 주 222
아버지 큰 사랑 감사해요 99
아침 안개 눈앞(언제나 주님께 감사해) 88

헌신과 의탁

나의 만족과 유익을 위해 47
내 안에 사는 이 29
영문 밖으로 92
우리는 한 몸 13, 146
주님을 따르리 66
주님의 성령이 105
지금 우리는(일어나 새벽을 깨우리라) 221
형제여 우리 118

기쁨

가난한 자가(기쁨의 탄성) 206
기뻐하라 시온의 딸 258
기뻐하며 즐거워하라 152
나에게 생수 부으시니(내 잔이 넘치나이다) 246
나의 발은 춤을 추며 125
나팔소리 천사의 노래 203
내 성의 기쁨의 기를 94

너 있는 곳에서(거기서 찬양하라) 120
맑고 밝은 날 124
무화과 나뭇잎이(난 여호와로 즐거워하리) 231
오라 주님께 즐거이(오라 우리가 주님께 노래하며) 64
오 할렐루야 147
우리들은 여호와를(주 여호와는 나의 힘) 55
우리 모두 손뼉을 치며 54
우리 모두 찬양하세 52
우리 주의 성령이 251
우리 함께 만나는(참 기쁜 노래) 264
주께 구속된 자들이 232
주는 우리의 도움 126
주 안에서 다 기뻐하세 56
주여 여기 오소서 189
한 걸음 두 걸음(골목길 걸을 때) 304
항상 기뻐해요 202
GOD IS GOOD 248

구원

내 영혼의 구세주 111
내가 길을 잃고 129
너를 사랑해 6, 143
보라 세상 죄를(하나님의 어린 양)9, 183
사람들은 225
새벽 226
얼마나 아프실까 38
예수 날 위하여 136
온 세상 위한 십자가 91
외로움에 지친(오시오) 207
우리 주님(내 주를) 45
존귀한 주의 보혈 90
주님은 나의 죄와 허물 37
하나님이 세상을 79
한 아기가 우리에게 188

치유와 회복

광야를 지날 때 44
나는 용서받았네 113

나를 정결케 하며 35
나약해 있을 때에도(주님만이) 178
나 여호와 치료의 주 138
내게 오라 204
놀라워라 184
메마른 우리 마음 62
수고하고 무거운 107
실수하여 힘을(내가 네안에 착한 일을) 142
예수 예수 예수 262
오 나의 주님 168
우리를 사랑하신 80
우물가의 여인 224
주님과 같이 182
주의 사랑을 16, 77
지치고 상한(주여 인도하소서) 181
해아래 새것이 없나니(새롭게 하소서) 177

선교와 전도

갈릴리 마을(가서 제자 삼으라) 233
너의 가는 길에(파송의 노래) 7, 259
더 넓은 세계를 172
세상 끝날까지(가라) 144
우리는 모두 다(주님의 증인) 60
주님이 주신 땅으로 230

선포와 명령

고요한 아침의 나라 2, 237
구름같이 허다한(예수를 깊이 생각하자) 244
길 만들라 201
나는 여호와니 20
들으라 이스라엘 122
모든 민족에게 8, 171
문들아 너희 머리를 149
오랫동안 기다려 온(그 믿음 간직하여라) 117
우리는 주님이 흘리신 피로 12, 97
주님 나라 임하시네 15, 229
주님의 영광이 106

Hallelujah!

영적 전쟁과 승리

나는 주의 깃발 든 군사 238
내 영 자유케 179
너는 결코(너 결코 용기 잃지 말아라) 61
담대하라 263
세상의 유혹 시험이(주를 찬양) 208
예수 안에 있는 나에게 199
우리 주만 참 하나님 205
유월절 어린양의 피로 235
전신갑주 입고 250
주님의 영광이 106
주를 보네 48
주 예수의 이름 높이세 193
해방되었네 198

축복과 평안

갈릴리 호숫가에서 273
모든 일이 끝나고 285
사랑의 나눔 278
사랑합니다 283

서로 용납하라 271
세상에 소중하고(사랑하며) 265
아버지여 우리는 282
우리가 하나되어(시편 133편) 267
우리의 만남은(왕국과 소명) 266
이날은 이날은 275
저는 시냇가에(복 있는 사람은) 268
주님께서 주시는 그 사랑으로(사랑송) 280
주님의 그 사랑이 281
주의 사랑 안에서 270
주의 사랑으로 사랑합니다 279
지금 우리가(아름답게 하리라) 269
하나님 앞에서(헤어짐 속에서) 274
하나님은 너를 지키시는 자 276
하나님은 우리를 277
하나님의 사랑을(주만 바라볼찌라) 286
하나님의 큰 사랑이 284
형제와 함께 사는 것 272

특별찬양

나 비록(꿈이 있는 자유) 287

나의 사랑이 되시는 주여 288
내게 음악 주신 분 289
볼찌어다 290
세상 슬픔에(사람들에게) 291
양을 치는 목자들에게(아기예수를 보고) 292
여호와는 나의 목자시니 293
예수 그분은 294
예수 그 이름(그 이름) 295
예수 나의 주님(귀한 이름 예수) 296
예수님은 나의(모든 것 되시는 주님) 297
왕 만왕의 왕(왕께 찬양해) 298
우리가 간직해야 할(하연이에게) 299
주의 얼굴 바라봅니다(주님만을 사랑합니다) 300
크고 작은 만물 속에(나 누구이기에) 301
피곤한 하루(내일 일을 내일 염려하라) 302
하나님께서는(물고기가 살 수 있도록) 303
한 걸음 두 걸음(골목길 걸을 때) 304

·BEST SONG·

이러므로 하나님이 그를 지극히 높여 모든 이름 위에 뛰어난 이름을 주사
하늘에 있는 자들과 땅 아래 있는 자들로 모든 무릎을 예수의 이름에 꿇게 하시고
모든 입으로 예수 그리스도를 주라 시인하여
하나님 아버지께 영광을 돌리게 하셨느니라(빌립보서 2 : 9 - 11)

1

부흥

느헤미야
합 3:2
♩=72
고형원
이 땅의 황무함을 보소서 - - 하늘의 하나님 - - 긍휼을
베푸시는 주여 우리의 죄악 용서 하소서 - - 이
땅 고쳐 주소 서 이제 우리 모두 하
나 되어 - 이 땅의 무너진 - 기초를 다시 쌓을 때
우 리의 우상들을 태우실 - 성령의 불 - 임하소
서 부흥의 불길 - 타오르게 하소서 -
진리의 말씀 - 이 땅 새롭게 하소서 - 은혜의 강물 - 흐르게
하소서 - 성령의 바람 - 이제 불어 와 오 -
주의 영 - 광 가득한 새 날 주소 서 오 -
주 님 나 - 라 이 땅에 임 하소 서

2
고요한 아침의 나라

3
나는 광대한

사 60:1-3
고형원
고요한아침의 나라 길었던흑암의세월
하나님 보우 하사 이 땅에 새날이 왔네
주님이흘리신 보혈 생명의강으로흘러
죽었던이땅살리고 하늘은혜열렸네
고요한아침의 나라 주를위해 주를위해
흰옷입은 주님의 백성 일어나라 일어나라 빛을
발하라 주의영광네위에 임하였으니 빛을
발하라 열방에 빛비추라 너의 주를위해

Russell. L. lowe
예수전도단 번역
나는 광대한 주이름 찬
나는 광대한 주이름 찬
양 나는 영원히
양 나는 영원히
주를 높이리 왕의왕 주의주 통
치하네 그 크신 위엄으로 전능하신
아버지 만물의 창조자
자 만물의 창조자

일어나라 빛을 발하라. 이는 네 빛이 이르렀고 여호와의 영광이
네 위에 임하였음이니라. 보라 어둠이 땅을 덮을 것이며 캄캄함이 만민을
가리우려니와 오직 여호와께서 네 위에 임하실 것이며
그 영광이 네 위에 나타나리니 열방은
네 빛으로, 열왕은 비취는 네 광명으로 나아오리라
사(60:1-3)

4

나의 가는 길

Don Moen
두란노 번역
나 의 가 는 길 - 주님 인 도 하 - 시 네
광야 에 길을 - 만 드 - 시 고 - 날
- 그 는 보이지 않아도 - 날 위해 - 일 하
인 도 해 사 막에 - 강 만
- 시네 - 나 의 인 - 도 자 - 항상
드 신 것 - 보라 -
함 께 하 - 시 네 - 매일 사 랑 과 - 힘
하 늘 과 땅 - 변 해도 - 그 의
주 시 며 - 인 도 하 - 시 네 -
말 씀 영 - 원 히 - 내 삶에 -
인 도 하 - 시 - 네
Fine
새 일 행 - 하 리 - -

보라 내가 새 일을 행하리니
이제 나타낼 것이라. 너희가 그것을
알지 못하겠느냐. 정녕히
내가 광야에 길과 사막에 강을 내리니
사 (43 : 19)

5
나 주님의 기쁨되기 원하네

6
너를 사랑해

다드림 번역
최덕신

나주님-의기쁨되-기원 하 - 네 ― 내
겸손히-내마음드-립니 ― 다-

마음을-새롭-게하소-서
나의모-든것-받으소-서

새부대-가되-게하-여주 ― 사- 주
나의맘-깨끗-케씻-어주 ― 사- 주

님의빛-비추-게하소-서 ― 내가
의길로-행하-게하소-서 ―

원 하는- 한 ― 가지-

주님 의-기쁨이되는것 ― 내가

원 ― 하는- 한 가-지 ―

주님 의-기-쁨이되는것 ―

너를사 - 랑- 해 내 가슴이-찢-어지-

네 너를 사랑하-는 내마음-다 표현할-수 없-어-

내 마음- 괴로워하- 네 너를사 - 랑-

해 내 손과발- 찢-기었- 네 너를

위험에-서 건지려-내 몸을던-져 널위-해

내 손과-발찢기었- 네 너를 사 - 랑-

해 내 품에널안-으- 리 ―

바다끝-이 라-도- 하늘꼭-대 기 라-도
그누구-가 너-를- 정죄한-다 하여-도

거기서-도널지-키 리
내가너-를용서-하리 너를사 랑 해 ―

7
파송의 노래

수 1:9
요 16:33
고형원

너의 가는길-에주의평-강 있으라- 평강 의왕함께가-시
니 너의 걸음 걸음 주 인도하-시리 주의
강한-손널이고-시 리 너의 가 는길-에주의축-복
있으리- 영광 의 주 함께가-시 니 네가
밟는모든땅- 주 님다스-리 리 - 너는
주의-길예비케-되 리 - 주 님나라워-하

여 길떠 나는 나의형-제 여
주 께서가라-시 니 너는 가라 주의이름으로
- 거칠 은광야위에-꽃은 피어나고- 세상.
은네안에서- 주님의 영광보리라- 강하고 - 담대하
라 세상 이기 신주 늘함 -께- 너와 동행- 하시
며 네게 새힘 늘- 주시 리 -

내가 네게 명한 것이 아니냐 마음을
강하게 하고 담대히 하라 두려워 말며 놀라지 말라
네가 어디로 가든지 네
하나님 여호와가 너와 함께 하느니라 하시니라

수 (1 : 9)

8
모든 민족에게

K Steven Bosset
두란노 번역
♩=80

1. 모든 민족 에게 - - 주 성 령부어 주소
2. 모든 열방 에게 - - 주 성 령부어 주소

서 - - 하 나님 의 백 성 - - -
서 - - 영 광중 에 오 사 - 주

주 의말씀 주 시고 - 꿈 과환 상
경 외하게하 시고 - 큰 신능 력

주 사 - 주 의 비밀알 리 소 서 -
으로 - 땅 과 하늘흔 드 소 서 -

우 리민 사 오니 - 하 늘이주의 날 선포
주 를기 다 리니 - 만 물이주의 날 올보

- 케 하소서 - 그 날 엔주 - 의 영 이
- 게 하소서 -

임하여 - 큰부흥이 - 땅 위에일 - 어 나리 라

모든영혼 - 깨어일 어날 때 - 주 예 수를 - 부

르 는자 는 - 구 원되 리 - -

9
하나님의 어린 양

요 1:29
사 53:4-6
♩=64
고 형원

보라 세 상죄를지고 가는 하 나님 어린 양 그는

실로우리의질고를 지고 우리 슬 픔을 - 당하셨 다 보라

세 상죄를지고 가는 하 나님 어린 양 그는

실로우 리의질고를 지고 우리 슬 픔을 - 당하셨 다 그가

찔림은 - 우리의 허물 우리의 허물 - 인 함이 - 요 그가

상함은 - 우리의 죄악 우리의 죄악 - 인 함이 - 라그가

징 계를 받음 으로 우리가평화누리 고 그가

채 찍에채찍에 맞음으로 우리 가 우리 가 - 나음

을 - 입었도 - 다 나음 을 - 입었도 - 다 나음

을 - 입었도 - 다 나음 을 - 입었도 - 다 -

10
성령이여

Brian Doerksen

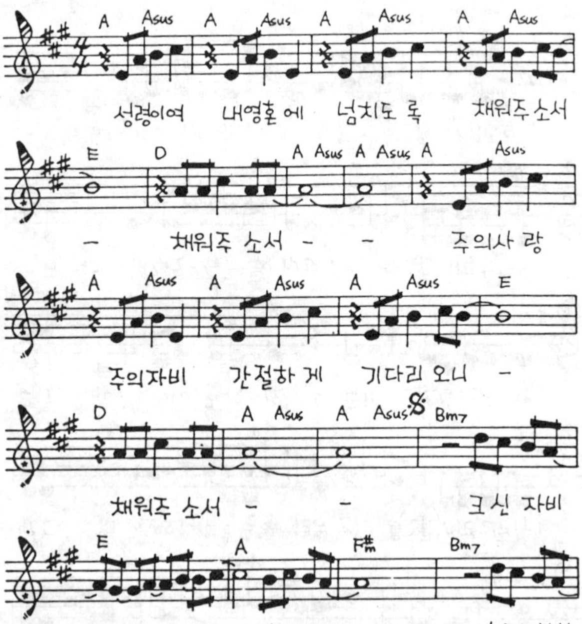

성령이여 내영혼에 넘치도록 채워주소서
- 채워주 소서 - - 주의사랑
주의자비 간절하게 기다리오니 -
채워주 소서 - - 크신 자비
- 로 - 내 - 죄 - 를 - 씻으소서 - 순전하신
- 주의사 - 랑 - 을 — 새롭게 ——— 간절히
원하네 주임재 하심을 간절히
원하네 주 님의 임재 하 심을

Last Time

1st Time D.C
2st Time D.S
3st Time D.S.S

11
사랑하며

최인혁

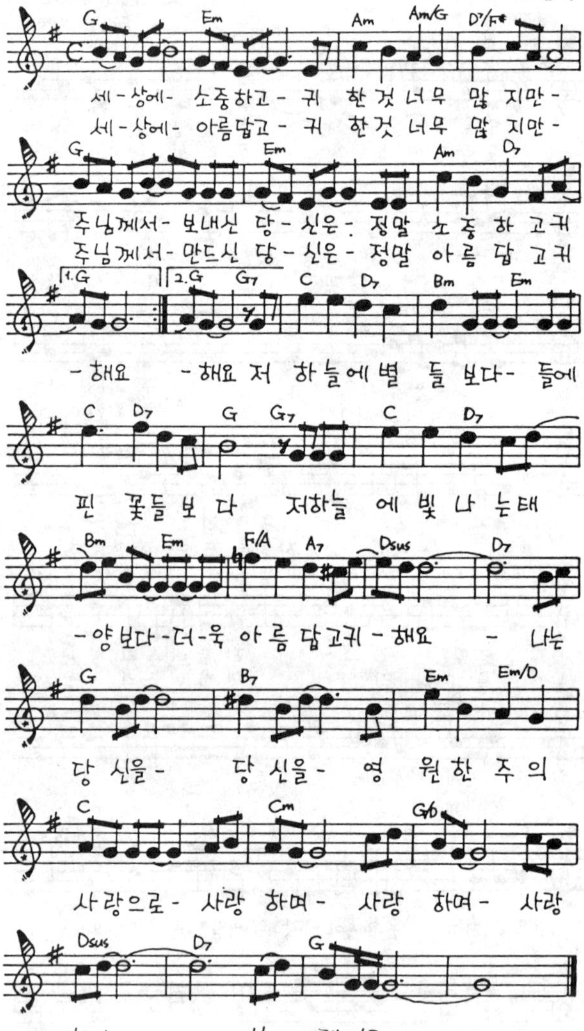

세 - 상에 - 소중하고 - 귀 한것 너무 많 지만 -
세 - 상에 - 아름답고 - 귀 한것 너무 많 지만 -
주님께서 - 보내신 당 - 신은 - 정말 노중 하 고귀
주님께서 - 만드신 당 - 신은 - 정말 아름 답 고귀
- 해요 - 해요 저 하늘에 별 들 보다 - 들에
핀 꽃들보 다 저하늘 에 빛 나 눈태
- 양 보다 - 더 - 욱 아 름 답고귀 - 해요 - 나는
당 신을 - 당 신을 - 영 원한 주 의
사랑으로 - 사랑 하며 - 사랑 하며 - 사랑
하며 - - 살 - 겠어요 - -

12
우리는 주님의 흘리신 피로

Graham Kendrick
두란노 번역

1. 우리는 주님이 흘리신 피로 친 백성 되었으
2. 하늘과 땅 - 의 모든 권세가 주 앞에 무너지
니 주의 권세와 그 큰 능력으로
는 승리의 그 날 곧 다가오리니
주 의 군대 삼으소 서 -
주 예수여 임하소 서 -
가 라 주님과 온 세 상 향하여
주님 의 백 - 성들 모 두 다 외치세 예 수 그리스도
권세와 능 - 력의 주 - 주 -
- - 주 - 예수 그리 스도 -
- 권능의 주 - - 예수 그리 스도 -
- - 만 왕의 왕

13
우리는 한 몸

Robert Gay
예수전도단 번역

우 리는 한 - 몸 - 성령 안에 서 - 주님 의 사랑
으 - 로 - 하나 되었 네 - 우리 손 에 검 - 들고 주를
찬양 하면서 - 그 맘 소유하 - 며 힘 - 차게 행진을 - 하
네 - 우리는 주님의 - 백성 거룩 한 나 라요 주
님을 찬 - 양하 - 는 택하 신 족 - 속 우 리 는
주 님이 - 백성 거룩 한 나라요 주 민 는 - 성 도 들
소 리 높 - 여 주를 찬 양 해 - -

이 일 후에 내가 보니 각 나라와
족속과 방언에서
아무라도 능히 셀 수 없는 큰 무리가 흰 옷을
입고 손에 종려 가지를 들고
보좌 앞과 어린양 앞에 서서 큰
소리로 외쳐 가로되
구원하심이 보좌에 앉으신 우리 하나님과
어린 양에게 있도다 하니
계 (7:9-10)

14
비젼
계 7:9-11
고형원
♩=74

우리 보 좌앞에모 였네   함께주를찬양-하
며 하 나님의사랑그 아들주셨네   그 의피로우린
구원받았 네십자 가 에서쏟으신그   사랑
강같이온땅에-흘 러 각   나라와족속 백
성방언-에서 구원받고주   경배드리   네
아 - 멘 찬 -송과 영   광과지 혜
구 원하심이 - 보 좌에앉으신 우 리하나-님과 어
감 - 사 존 귀 와   능 력과힘 우
린양께있도 다 구 원하심이 - 보   좌에앉으신 우
리 하나님 께 세 세토록아   멘
리하나-님과어   린양께 있 도   다

15
주님 나라 임하시네
♩=40
고형원

주님 나 라임하 시네 -   주의날은멀지않았 네 너는
일 어나 주 를따-르 라   하나님널부르-시 네   세상
은 아직 어둠 속에 -   빛되신주보기원하 네   너는
일어나그 빛을발-하라   주님의영광   네게임 - 했
네일어나 주 위 해서라 -   강한용사 - 여 -
주님이너와 -너와 함께하 -시네주께서 다 시오실길 -   그
길 예 비 하 - 라 -   영광의주님 - 오
만 왕의왕   -곧 오 시   네   -

여호와의 사자가 기드온에게
나타나 이르되 큰 용사여 여호와께서
너와 함께 계시도다
삿 (6:12)

16
주의 사랑을

17
주의 이름 높이며

Walt Harrah
예수전도단 번역
주의 사랑을 - 주의 선하 심 -을 -
주의 은혜를 생각 해 보 라 - 하늘
보 다도 더높으 신 - 아 버 지의사 랑
크 고놀 랍 네
아 버지사 랑 크 고놀 랍 네 -
내 어찌- 그 사랑 - 잊 으리 내
나 깊을- 잃 고 - 헤 맬 때 그
어찌 주의- 긍휼 - 잊 으 리 - 내
사 랑날- 찾아 - 내 셨 네
영 혼의- - 모 든 소원- - 만
족 시킨- 하 나님 -
Rich Founds
예수전도단 번역
주의 이름높 -이 며
주를 찬 양하 -리 라 -
나 를위 해이 - 땅 에
오 신주를찬 - 양 해 -
하늘 에서 이 땅에 - 내 - 려와
- 십자가 -에 달려서 - 날 구 했네
- 무덤에-서 일어나 - 하늘로 - 올라가신
- 주의 이름높 -이 리 -

18

주만 바라볼찌라

하나 님의 사 - 랑을 사모하는자 하나
님게 찬 - 양과 경배하는자 하나
님의 평 - 안을 바라보는자 너의 모 든것창조하신
님의 선하심을 닮아가는자
우리주님이 너를 얼마나 사 랑하시는 지 하나
자녀 삼으셨 네 하나 님 사 랑 의 눈 으로 너를
어 느때나바라보시 고 하나 님 인자 한 귀 로써 언제
나 너에게기울이시 니 어두 움 에 밝은빛을
비 침 주시고 너의 작 은 신 음 에 도
응답 하시 니 너는 어 느곳에 있 - 든지
주 를 향하고 주만 바 라 볼 찌 라
라 주만 바 라 볼 찌 라 -

19

ROMAN 16:19

Dale Garrott.
John Mark Childers
Ramon Pink and
Graham Burt

Ro - mans Six - teen nine - teen says - Ro - mans six - teen
nine - teen says - 선 한 데는 - 지 혜 롭 고 - 악
한데는 - 미 련하라 - 선 한 데는 - 지
혜 롭 고 - 악 한데는 - 미 련하라 - 평강
의 주님 속 히 사단을 너희 발 아 래에
상 하게 - 하리 평 강 의 주 님 속
히 사단을 너희 발 아 래에 상 하게 - 하리

너희 순종함이 모든 사람에게 들리는지라
그러므로 내가 너희를 인하여
기뻐하노니 너희가 선한데
지혜롭고 악한데 미련하기를
원하노라 평강의 하나님께서
속히 사단을 너희 발
아래에서 상하게 하시리라
롬 (16 : 19, 20)

▪ 경배와 찬양 ▪

아버지께서 참으로 예배하는 자들은
신령과 진정으로 예배할 때가 오나니 곧 이때라
아버지께서는 이렇게 자기에게 예배하는 자들을
찾으시니라(요한복음 4 : 23)

20
나는 여호와니

사 42:8
43:7.21
고형원
♩=64
나 는 여호- 와니- 이는- -내이름 이라-- 나
는 나의 영광- 을 -다른자에 게 주지 않으리라- 나
는 여호- 와니- 이는- -내이름 이라 — 나
는 나의 찬송 을 -우상에 게 -주지않으리라 - - 오
라 나의 아들 딸 들아 나의 영광위 -해창 조한자 -들아 나
의 찬송 부르 게 내 가 너희를지었으 니 -
가 너희를 내 가 너희를- 내가너희를지었으 니 오
라 오 라 오 라 오 라 -

21
이 시간 주님께 나온 우리들

22
나의 영혼아 잠잠히

최덕신
시 62:5-7
박윤호

이 시간 주님께 나온 우 리들 - 두 손 모아 기도 드
리 고 - 서 방황하던 이 마음 - 주님 품에 맡
기 세 - 마음과 뜻과 정성 다 하여 -
기도하는 어린 양 들 - 을 주님께선 그 품에 -
고이 안아 - 주시 리 모두다 나 와 손에 - 손을
잡고 - 다 함께 주를 찬양 해 이 시간
우 리의 모 든 - 것을 - 주님께 맡 기 세

나의 영혼 아 잠 잠 히 -
오직 주만 나 의 반 석 -
나의 구원 과 영 광 이 -
하나 님 만 바 라 - 라 -
나의 구 원 이 시 - 요 -
하나 님 께 있 음이 여 -
대저 나의 소 망이 주 - 로
나의 산 성 이 시니 내 - 가
내 힘 의 반 석 과 피 난 처 도
주로 좇아 나 느 도 다 -
요동 치 아 니 하 - 리 -
하 나 님께 있 도 - 다 -

나의 영혼아 잠잠히 하나님만 바라라 대저 나의 소망이
저로 좇아 나느도다 오직 저만 나의 반석이시요
나의 구원이시요 나의 산성이시니
내가 요동치 아니하리로다
나의 구원과 영광이 하나님께 있음이여
내 힘의 반석과 피난처도 하나님께 있도다
시 (62:5-7)

23
날 만나라

Kirk Dearman
다드림 번역

날 만나라 날 만나라 그-
룹 날개 사- 이에서 날 만나라
날 만나라 날 만나라 그-
룹 날개 사- 이에서 날 만나라

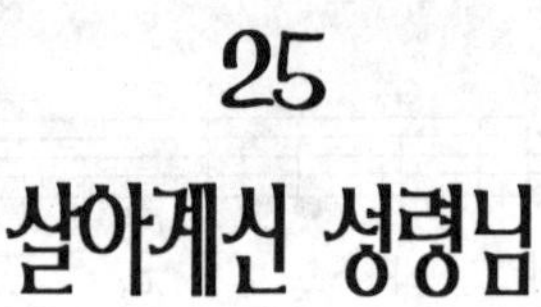

2. 주 경배해 3. 주 만나리

25
살아계신 성령님

Paul Armstrong
독라노 번역

살 아계신 성 령님 날 붙드소 서
살 아계신 성 령님 날 살피소 서
채 우소 서 채 우소 서
성 령하나 님 새롭 게 하소 서

24
놀라운 인도자

Bill Yarger
다드림 번역

1. 놀 라운-   인 도자- 예 -수- -
2. 전 능의-   하 나님-
3. 영 원하- 신 아 버지-
4. 평 강의-   왕 이신-

나를살- 펴 아 소서- 예 -수- -
가장귀- 한 이 -름-
변 함없- 고 거 룩한-
내 근심-   아 소서-

인 -도 ── 하소서- 예 -수- -
영 -광 ── 찬 -양-
함 -께 ── 하소서-
씻기 소서 - 눈 -물-

놀 라운-   인 도자- 예 -수- -
전 능의 -   하 나님-
영 원하신   아 버지-
평 강의 -   왕 이신-

이 백성은 내가 나를 위하여
지었나니 나의 찬송을 부르게 하려
함이니라
사 (43 : 21)

26
주 예수어 오시옵소서
계 22:20
Jill Gallina
두란노 번역

주 - 예수 - - 여 - - 오시옵소 — 서
우리 마음 - 모아 서로 사랑하는 세 - 상을
당신 오십 - 을 나 기 다 립 니 다 -
만들렵니 - 다 당 신 뜻을 따라 -
그날이 오면이 세상 - 슬픔 사 - 라 - 지고
난 주와 - 영원히 함께 걸 으 리
전쟁 그치고 평화와 사랑만 있 게 되 리라 - 평화
우리 주 예수 만 민을 위하여 예 비 하신 곳 -
와 사랑이 넘치는 세상 - 주 님 오 실 날 위해
- 우리는 항상 예비 하리라 - 그날 의 주 -
- - 주께서 예비 하 신 곳 - 평화와 사 랑 넘치
는 세 상 - 새 하늘 새 땅 영 원 한 그의 나라 -
오시옵소 — 서 나 - 의 주

27
나의 주 찬양합니다
Kirk Dearman
& Jimmills
두란노 번역

나 의 주 찬양 합 니다
찬양 합 니다
나 의 주 송축 합 니다
송축 합 니다
영원하 신 아 버지 께 모든 만 물
경 배 해 모 든 만 물
경 배 해 아 - 멘 -

이것들을 증거하신 이가
가라사대 내가 진실로 속히 오리라
하시거늘 아멘 주 예수여
오시옵소서
계 (22:20)

28
주께 나아가세

With a steady rhythm
David Fellingham
두란노 번역
주께- 나 아 가 세 - 온 전 한
믿음으 로 그 때에 주 가 우 리 를
가 까 이 하 시 리 -
성 소 에 - 서 서 - 확 신 을
가 지 고 어 린양 피 로 우 리 를
깨 끗 케 하 신주 경 배 드 리 리 -

29
내 안에 사는 이

Gary Garcia
두란노 번역
내 안에 사는 이 예 수 - 그 리 스 도 - 니
나 의죽 음 - 도 유 익 - 함이 라 나의
왕 내노 래 내생 명 - 또내기 쁨 나의
To Coda
함 나의 검 내평 강 - 나의 주 -
D.C al Coda
Coda
익 - 함이 라

30
나를 사랑하는 자들이

잠 8:17
김 성훈 곡
나를 사 랑하는자들 이 나의 사 랑을 입으
며 나를 간 절히찾는자 가 나를 만 날것 이니
라 나를 사랑 하는 자가 나를

간 절히찾는자 가 나를 가 나를 사랑 하는
자가 나를 간 절히 찾는 자 가

31
능히 너를 보호하사

32
거룩하신 성령이여

David Morris
예수전도단 번역

♩ = 69

능 히 너를 보호 하사 넘 어 지지않 -
고 주영 광앞에흠 없이 서 - 서
기뻐하게하신 - 주 - 구주 예수님 의 -
은 혜로 우 리 하나 님 - 께 - 모두
영 - 광 - 크신 위 - 엄 또 권력과 - 모두
권 - 세 이 제 와 영원 히 아 - 멘

Chris A. Bowdter

1. 거 룩 하 신 - 성 령 이여 - -
2. 우 리 에 게 - 임 하 소서 - -
성 령의 - 불 로 오 셔서 -
세 상 헛 된마 - 음 태 우소서 -
손 들고 - 주를 바 랄때 -
성령 이 여 - - 성령 이 여 - -
성령 이 여 - - 임하소 서 - -

D·C   Fine

우리가 아직 죄인 되었을 때에 그리스도께서
우리를 위하여 죽으심으로
하나님께서 우리에게 대한
자기의 사랑을 확증하셨느니라
롬 (5 : 8)

33
시편 8편

34
주님의 사랑

시 8
최덕신 곡
여 호와 우리 주-여- 주의 이름이- 온 땅-에- 어
찌 그리아름다 운지요- 어 찌 그리아름다 운지요-
여 호와 우리 주-여- 주의 이름이- 온 땅-에- 어
찌 그리아름다 운지요- 어 찌 그리아름다 운지요-
주의손가락으로 지은 신- 주 의하늘과 -
주의베풀어두신 달과 별- 내 가보오 니 -
사 람이 무엇 이관대-주께 서저를- 생각 하시며-
인 자가무엇 이관대- 저 를 권고 하시 나이까-

채한성 곡
주님의사랑 주님의사랑 너무-나도좋아 요
그 사랑안 에 영원히 있겠어 요 -
주님은나의 주님은나의 영원한찬송이시 니
나는주님 을 영원히 찬양해 요 -
하늘에떠다니-눈 구 름도- 주님을 사랑하 며
공중을나는- 새들도- 주의 사랑을- 찬양해 요-
주님을 사 랑 해요- 주님을 찬 양 해요-
모든만물 지 으신- 주 님 의 사 랑

여호와 우리 주여 주의 이름이 온 땅에 어찌 그리
아름다운지요 주의 영광을 하늘 위에 두셨나이다
시(8:1)

35
나를 정결케 하며

♩ = 66
Michael Christ
예수전도단 번역
나를 정결케 하—며 내게
생명 주신— 보—혈 구속의 제물되
사 나의 죄 대속 한 보—혈— 날 씻으
소 서 흰 눈보다 더 희게— 더희
게 —— 예 수는— 하 나님— 어린 양

37
주님은 나의 죄와 허물

최 덕신
주 님은 나의 죄 와 허— 물
내 가아 직죄 인 되 었을 때
모 두사 해 주셨으 니 — 나도
주 날사 랑 하셨으 니 — 나도
형제의 잘— 못 과— 부— 족 함
자매의 모— 습 있는 그— 대 로
용 서하 기 사 랑하 기 원해 요 —

36
오 신실하신 주

최 용덕
하나님한 번도 나를— 실망시킨 적 없으
지나온 모 든세 월들— 돌— 아보— 아—
시고— 언 제나공 평과 은 혜— 로
도— 그 어느것 하나 주 의손 길
나를— 지키셨 네 오신실 하신 주
안미 친것 전혀없 네
오신실 하신 주 내너를떠나지도 않으리라
내너를버리지도 않으리라 약 속하셨 던 주님
그 약속을 지키 사 이 후 로도 영원
토록— 나를 지키 시 리라 확신하 네

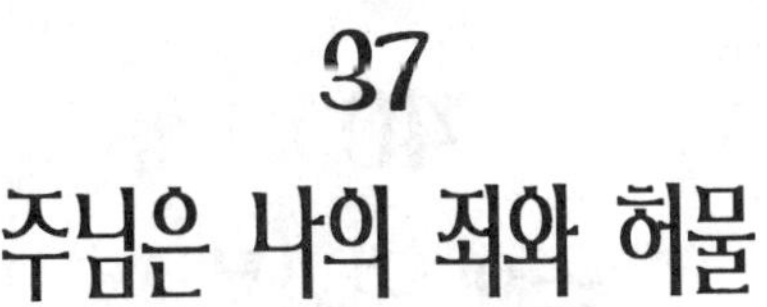

이것을 너희에게 이름은 너희로
내 안에서 평강을 누리게
하려함이라 세상에서는 환난을
당하나 담대하라
내가 세상을 이기었노라 하시니라
요 (16 : 33)

38
얼마나 아프실까

송 명희 사
김 영석 곡
사 53 : 4
얼 마 나 아프실 까 - 하나님 의 마음
은 - 인간들 을 위 하 여 아들
을 제물 로 삼으실 때 - 얼마나 아프실
까 - 주님 의 몸과 마 음
사람들 을 위 하 여십자가 에 달려 제물되 실
때 - 얼마나 아프실 까 - 하나
님 - 가슴 은 - 독생 자 주 셨건
만 - 인간 들 부족하 다 원망할 때
- 얼마나 아프실 까 - 주님 의
심 령 은 - 자신을 주 셨건 만
- 사람 들 부인 하 며욕할 때 -

39
전능하신 하나님

백 승남
1. 예 수 님의 모습을 - 생 각 하 - 면
2. 예 수 님의 사랑을 - 느 낄 때 - 면
늘 항 상 내마음 - 평안 해 -
아 무것 없어도 - 충분 해 -
예 수 님의 모습을 - 생 각 하 - 면
예 수 님의 사랑을 - 느 낄 때 - 면
내 맘 에 기 쁨이 가득 넘치네 - - 영원
그 사랑 내 맘을 황홀 하게해 - -
한 주님의 사 랑 - 찬양 해 나의 하나님 되심을 모두
것 - 창조 하 - 시는 전 능하신 - 하나 님

40
주의 강가로

R. Edward Miller
예수전도단 번역
주 의 강 가 로가 게하 소 서
주의 강 가 로가 게하 소 서 주의 강
가 로가 게하소 서 이끄 소 서
채 우 소 서 살 리 소 서

41
주 알기 원합니다

예수전도단 번역
주 알기 원 - 합니 다 보기를 원 - 합 - 니
다 주 영 광 의빛 - 비침 주소 서
- 내 모든 말 과 삶 속 에 서 주님 만을
담기 를 원합니 다 오직 주 님께 - 영

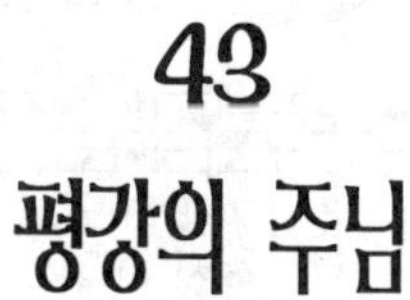
광 돌려 드리 리

43
평강의 주님

요 4:24
Robert Gay
두란노 번역
평강의 주님 세상 빛 이 - 되셨네 왕 되신 주께
온 맘 다해 - 찬양해 경 배하리 신 령과 진정으 로
소 리높여 주 이름 찬양 - 해 나 의 모든 삶을 오
직 주님께 드 리리라 나 를 받으 소서 나의 왕 - 나의 주

42
심령이 가난한 자는

마 5:3-10
역 명혁
심령 이 - 가난한자 는 천국 이 - 저희것이 요
한 자복이있 나 니 땅을 기 업으로받겠 네
애통 하 는자는 복있 네 위로 를 - 받을 것이 요 온유
의에 주리고목마른자 는 저의 배 - 부를것이
요 긍휼 히 여기는자 는 긍휼 히 여김받겠 네
마음 이 청결한자 는 하나 님 을볼 것이 요
화평 케 - 하는자 - 는 하나 님의아들이라일컬 네
의를 위 히여핍박받는 자 천국 이 - 저희것이 라
내게 도 주소 서 내가 복 을받기원하 네
오 - 내 - 주 - 여 주소 - 서 아 - 멘

하나님은 영이시니
예배하는 자가 신령과 진정으로
예배할찌니라
요 (4:24)

44
광야를 지날 때

45
내 주를

신 8 : 2.16
최덕신
Cmaj7 C#dim Dm9 /G G7 Em7
광야를지날 때 - 시험을당할 때
Am7 Dm7 /G G7 Cmaj7
- 어려운순간 에 - 기뻐 하 라
감사 하 라
C#dim Dm9 /G G7 Cmaj7
- 주 너를훈드 사 - 감추인어두 움
- 그시련을통 해 - 너를단련하 사
- 모든일합하 여 - 선을이루시 며
Fmaj7 Bb Gm7 G6 C(add2)
- 드러내주시 리 - 인내 하 라
- 정금같이되 리 - 기뻐 하 라
- 승리케하시 리 - 감사 하 라
C/E Dm7 F/G G/F C/E
- 주안 에 서 - 인내 하 라
Am /G F Dm D7/F# Gsus4
- 기뻐 하 고 - 감사 하 라
G C/E F Dm G /F C/E
- 주네방패되 사 - 그선하심으 로
Am7 Dm7 F/G G7 Csus4 C
- 늘함께하시 며 - 지키 시 리 -

♩=74
장인호
C(add2) Em7 Am Fmaj7 G
1. 우리주님 크 신사랑 한없 것 만
2. 주님을판 이 죄인도 용서 하 시 려
C(add2) Em7 1.F G G+
주님가신 그 길만은 가질못 했 네
주님홀로 외로운길
2.F G C Em/B Am F G
가야 만 했 나 오 주 님 의- 그모습은
C Em/B Am F G C Em/B Am Am7
손 과 발 다- 찔리신 피 흘-린참 사랑을- 보여주셨
Dm G C G/B Am Am7
- 네- - 오 나 의 예수님-
F C F Gsus4 G
왜 십자가-홀 로 지셨 나 -요-
왜 나를--사 랑 하셨 나 -요-
Fmaj7 G Am F G Fmaj7 G Am F G
대신죽은 사랑 은 나를살리시었 네
Fmaj7 G Am F G Fmaj7 G F G
내가살아갈동 안 찬양하게하소 서 내주-
C G/B Am F G C G/B Am F G C
를 - 내주- 를 - 내주- 를 -

46
온유와 위엄

47
나의 만족과 유익을 위해

Graham Kendrick
최유신 번역

Graham Kendrick
두란노 번역

1. 온유와 위-엄 인성과 신-성 완전한
2. 하나님의 본-체 무죄한 주-님 십자가
3. 무궁한 지-혜 전능한 하나님 불멸의

조-화를 이루셨-네 영원하신-주
죽기까지 복종하셨네 생명을 주시려
사-랑나 타내셨-네 무한하신-주

육신을 입으사 겸손히 무릎꿇고 발을
십자가 달리사 저들을 용서하소서-
우리를 들으사 높으신 보-좌-로-

씻기셨 네 오 늘 라 와-라 온유와
기도했 네
이끄시 네

위-엄 - 급 혀 경 배 해 -

- 너 의하나 님 - - 너

의하나 님 - -

1. 나의 만족과유익을위-해 가지려했던세
의능력체험 하면-서 주의고난에동

상일들 이젠 모두다 해로 여기-고 주님
참 하고 주의 죽으심 본을 받아-서 그의

을 위해다 버리네 내안에 가장
생명에참 예하 네

귀한것 주 님을알이 라 모든

것 되시며- 의와 기쁨되신 주 사랑 합니다

- 2.부활 합니다 - 나의 주 -

나를 사랑하는 자들이 나의 사랑을
입으며 나를 간절히
찾는 자가 나를 만날 것이니라
잠 (8:17)

48
주를 보네

David W. Morris
& Mike Messa
예수전도단 번역
주를 보네 죽음 의 고 난을 당하신주
님 영광 과존귀로관쓰 신
모 든 권 세 가지신주 님 — — 예 수를
보 네 보 좌우 편에앉으신 주
우 리 위해중 보 하 시 네 말
씀 으로만물붙드신 주 ———— 주
는 영 광 의 왕 — 빛 나는 승 리자 정
사와 권세이기신-주님 — 주 는영광의왕-
빛 나는 승 리자 원 수를 잠 잠케하 — 셨네
— 승 리 의 왕 — 예 수 — 세
상 주 관 - 자들 - 모두 결 박하 — 셨 네 —

49
어린양 보라

Cathy Perrin
예수전도단 번역
어 린 양 보 라 어 린 양 보 라
보 좌 에 계 신 하 나 님어 린 양
어 린 양 보 라 어 린 양 보 라
보 좌에 계 - 신 하 나 님어 린 - 양 -
천 군 과 천 사들이 어 린 양께 영 광
엎 드 려 경 배하세 영 원 토 - 록 - 어린양보

이튿날 요한이 예수께서 자기에게
나아오심을 보고 가로되
보라 세상 죄를 지고 가는
하나님의 어린양이로다
요 (1 : 29)

50
주 날개 밑에서

시 63
조춘모
날 개밑에 서 노래하 네
주 영 이주 께 매달리네 나
의 생명 되신 주 ― ― 주
의 구원 되신 주 ― ― 내
날 개밑에 서 노래하 네 나 의 안
영 이주 ― 께 매달리네 나 의 반
식 되신 주 ― 주 날 개밑에 서노 래
석 되신 주
하 네 주 날 ― 개밑 에 서
― 그 크 신 사 ― 랑 ― 안 에 서
― 주 를 찬 양 하 네 ―
내

51
셀라 셀라

1. 셀라셀라 주 님께 소 리를 더높 여서 ― 오
2. 임마누엘 주 님은 우 리와 함께 하죠 ― 오
영광영광 주 님의 이 름을 더빛 내요 ―
할 렐루야 주 님을 다 함께 찬양 해요 ―
온 세상 들 온 만민 들 모두
다 모여 서 주 하 나님을 노래 해요 ―

52
우리 모두 찬양하세

백 승남
우 리모두 찬양하세 ― 그 거룩하신 ― 주이름 을
우 리모두 찬양하세 ― 거룩하 ― 신 주이름 ―
온 세 상에널리 전파하세 ― 그 의크신이름 을
우 리 모두함께 목소리높 ―여 기쁨으로 ― 찬 양

53
찬송할 수 있을 때에

54
우리 모두 손뼉을 치며

백 승남

찬송할수 있을때-에 우리마음 하-나로-
크신주님 의 사랑-을 높이찬양 해
환 란 가운 데- 계 시 며
어둠과 참빛을 주 관하-시는 -
우리의 벗되며- 우리의 주이신-
예 수 님 늘 찬양- 하 세 -

Peter Jacobs

우 리모-두소 -뼉 을치-며 소리높여-주님
찬양 해 우 리모-두소 -뼉 을 치-며
주 님찬-양해 (손뼉) 주님-의거 -룩 한이-름
영 원-히 찬-양 ─ 해요 모 두-다 손
-뼉 을치-며 주 님찬-양해 (손뼉) 우리모-두
기 쁨으로 귀하신주-님을 찬양 해-
우 리모-두 거 룩하신 주 님찬-양 해

나는 여호와니 이는 내 이름이라 나는
내 영광을 다른 자에게, 내 찬송을
우상에게 주지 아니하리라
사 (42:8)

55
주 여호와는 나의 힘

합 3:18-19
백 승남
우리들은- 여호와를- 인하여즐 거워하며-
나의구원- 하나님을- 인하여기 뻐하리-
인하여즐 거워하리-로다 주 여호
와 는나의 ― 힘 내발을 사슴과같게- 하사
나 로나 의높은곳 ―에 다 니게하시 리

56
주 안에서 다 기뻐하세

예수전도단 번역
주안에서- 다 기뻐하세- 주의사랑- 다 찬양하세-
주께더가까이나가 동 행하 며 주안에서- 다
기뻐하세-
내게곡식이 풍성 할때보다-
새포도주가 풍성 할때보다-
주의기쁨-더넘치 네 네 여호 와여 주의 얼굴
을 들어- 내 게 비추 소서- 여호
와여 주의 얼굴 을 들어- 비 춰 주소 서

57
내가 산을 향하여

시 121:1.2
김영기
내가 산을 향 하여- 눈을 들리 라
나의 도움 이 어디 서 올- 꼬
천지 주신 여 호와- 나의 왕이 여
영원 무궁 히 지키 시 리림 다

나는 여호와를 인하여 즐거워하며
나의 구원의 하나님을
인하여 기뻐하리로다 주 여호와는
나의 힘이시라
나의 발을 사슴과 같게 하사 나로
나의 높은 곳에 다니게
하시리로다
합 (3:18.19)

58
전능한 하나님 아버지

Mark & Helen Johnson
and Chris Bowater
두란노 번역

In a lively half-time

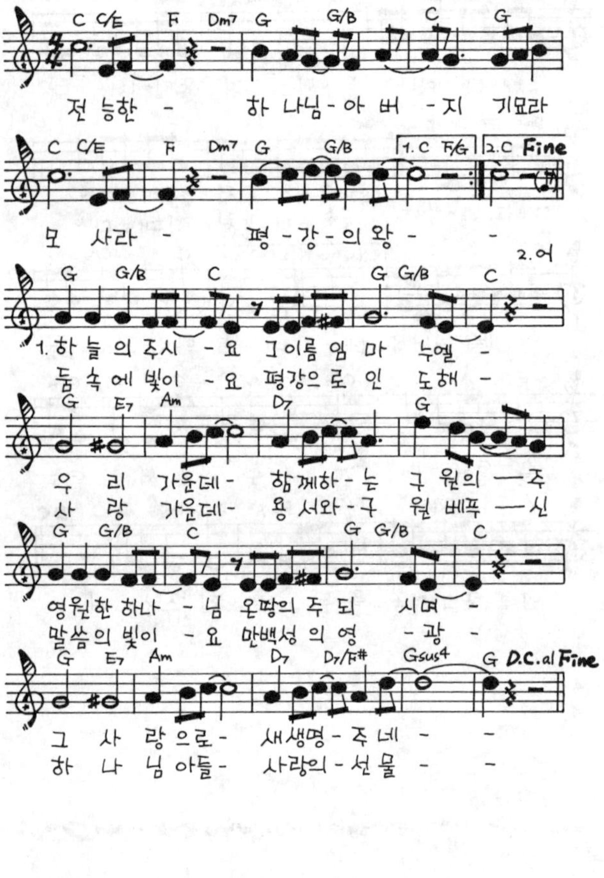
전 능한 - 하 나님 - 아 버 - 지 기묘라
모 사라 - 평 - 강 - 의 왕 - -
Fine
2. 어
1. 하 늘 의 주시 - 요 그이름 임 마 누엘 -
둠 속 에 빛이 - 요 평강으로 인 도해 -
우 리 가운데 - 함께하 - 는 구 원의 — 주
사 랑 가운데 - 용 서와 - 구 원 베푸 — 신
영원한 하나 - 님 온땅의 주 되 시며
말씀의 빛이 - 요 만백성 의 영 - 광 -
D.C. al Fine
그 사 랑으로 - 새생명 - 주 네 - -
하 나 님 아들 - 사랑의 - 선 물 - -

59
나의 하나님Ⅱ

이유정

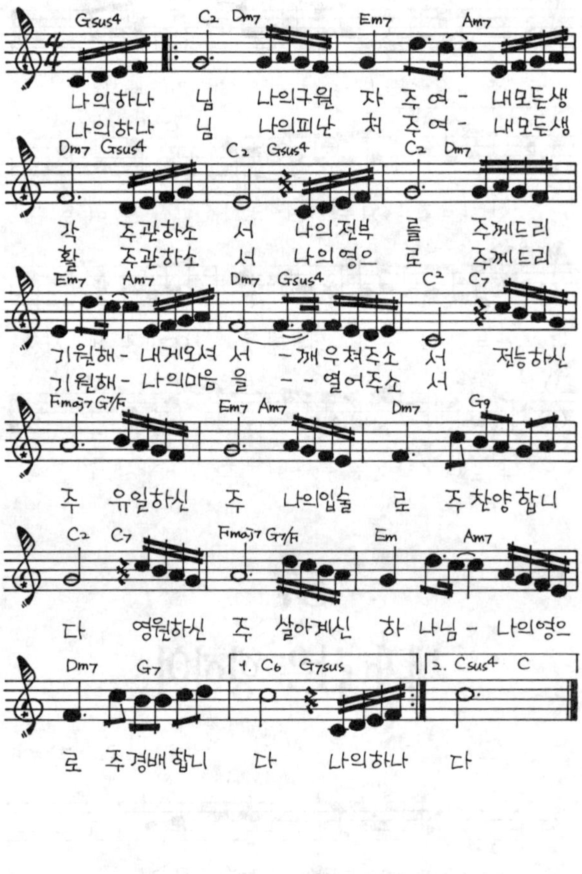
나의하나 님 나의구원 자 주 여 - 내모든생
나의하나 님 나의피난 처 주 여 - 내모든생
각 주관하소 서 나의전부 를 주께드리
활 주관하소 서 나의영으 로 주께드리
기원해 - 내게오셔 서 - 깨우쳐주소 서 전능하신
기원해 - 나의마음 을 - - 열어주소 서
주 유일하신 주 나의입술 로 주 찬양 합니
다 영원하신 주 살아계신 하 나님 - 나의영으
로 주경배합니 다 나의하나 다

내가 나의 침상에서 주를
기억하며 밤중에 주를 묵상할 때에
하오리니 주는 나의 도움이
되셨음이라 내가 주의 날개
그늘에서 즐거이 부르리이다
시 (63 : 6.7)

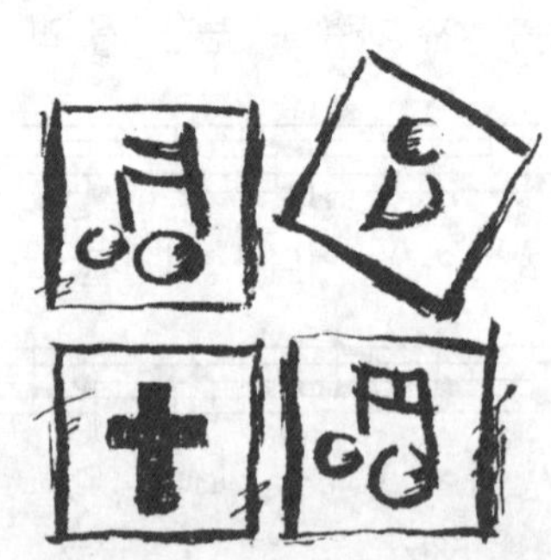

60
주님의 증인

최덕신
우 리 는 모두다- 주님의 증-인-
- 땅끝까-지 이르러- 주 복음전하 세
우 리 는 모두다- 주님의 증-인-
- 땅끝까지 이르러- 주 복음 전하 세
죄인위해 십사 가-시신 고 난의주님 -
사망권세이기 고사신- 부활 의주님 -
다시오심 약속하-신 재림의주님 -
- 땅끝까지 이르러- 주님- 전하 세
세 주 님 - 전 하 세

61
너 결코 용기 잃지 말아라

♩=144
정종원
너는 결코작지 않도다 - 너를위해 - 이루신- 주님의
- 능력을보 - 라- 너는이제-약하지 않도다 - 네안에
- 계신주님-이 세 상보다크시 - 니 -
너 결-코 - 용-기잃지 말아-라 주-가너와
함 께 — 하 시리니 - 너 결-코용-기용-기잃지
말 아-라 주-가너와 함 께 - - 하시리라 -

무릇 내 이름으로
일컫는 자 곧 내가 내
영광을 위하여 창조한 자를
오게 하라
그들을 내가 지었고 만들었느니라
사 (43:7)

62
메마른 우리 마음

63
위대한 주

Don & Valerie Dalton
두란노 번역
Micheal W. Smith
& Deborah W. Smith
두란노 번역

1. 메 마 른 우 - 리 마 - 음 - 황 폐 한 이 - 땅 에
- 강물 같은 주 - 의 은 - 혜 부어 주소 서
성 령 의 - 비 내 - 려 - 우 릴 씻 - 으 소 - 서 -
우리 마음을 - 새 롭 게 하 소 서
- 성령 의 - 단 비 를 - - - 온
세계 위에 부 어 주 - 소 서 - - 성령 의
- 단 비 로 ——— 주의 빛과 능력

위 대 한 주 그 는 거 룩 한 분 그 능 력 으 로 우 리 믿
네 - 위 대 한 주 그 는 진 실 한 분 그 의
긍 휼 에 사 랑 넘 쳐 - 위 대 한 주 영
광 받 을 주 님 위 대 한 주 찬 양 받 을 분
위 대 한 주 목 소 리 높 여 목 소 리 높 여
위 - - 대 한 주
주 -

우리 주 하나님이여 영광과 존귀와 능력을 받으시는 것이
합당하오니 주께서 만물을 지으신지라 만물이
주의 뜻대로 있었고 또 지으심을
받았나이다

계 (4:11)

64
오라 우리가 주님께 노래하며

Robert E. Mason
다드림 번역
♩.=176
C G/B Am Am7/G
오라 주님께 즐거이 노래하며 — 반
Dm7 G Am C G/B
석향해 외 - 치 - 자 감사 함으로 그 앞에
Am Am7/G Dm7 G
나 - 가 — 며 기 쁜 노래 부 - 르
Am Am7/G G/B Am Am7/G
자 그 눈 위 - 대한 하 나 님 온 땅
Dm7 G Am Dm7 G
위 에 위 내 - 하신 왕 그 눈 위 - 대한
Am Am7/G Dm7 G Am
하 나 님 온 땅 위 에 위 대 - 하신 왕 —

65
천지 지으신

Laurie Jasurda
예수전도단 번역
♩.=66
C F C/E Dm7 C
천 지 지으신 주님 안에 나 - 의 믿음 있 -
G/B F C/E Dm A/C#
네 천 지 지으 신 주님 안에
Dm Gsus G/B C F/G C G F C
나 의 믿음 있네 씽 할 렐 루 야
Dm7 C/E Gsus G/B C F/G C G F C
할 렐 루 - 야 할 렐 루 야
Dm7 C/E Gsus G/B Gsus G/B C Csus C
할 렐 루 — — 할렐루 야 — —

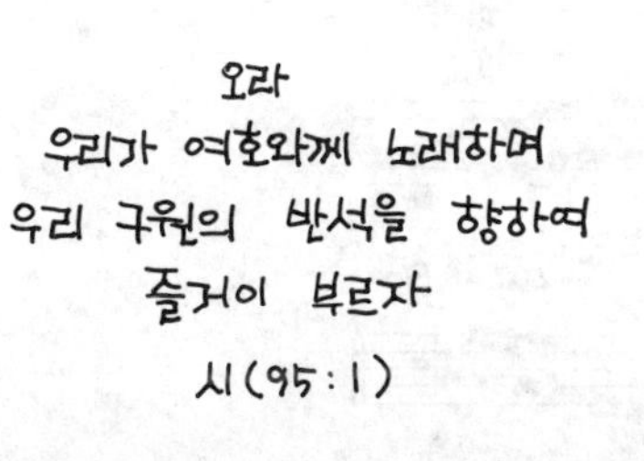

오라
우리가 여호와께 노래하며
우리 구원의 반석을 향하여
즐거이 부르자
시 (95:1)

66
주님을 따르리

마 16:24-25
Morris Chapmam
최 덕신
주님-을 따르-리 내 십자가지-고 주따르-
리 주님-을 따르-리 내 십자가지-고 주따르-
리 리 주를 따르려거-든자기 를부인하-고 따르
라 - 주를 따르려거-든 자기
십자가지-고 따르 라 - 주님이
네 안에 충 만 -히 거 하시도 -록- -자기
를부인하-고 자기 십자가지-고 따르 라
- 주님이 너 의삶을 통 -해 영광을
받 으시도 -록- -자기 를부인하-고 자기
D.C al Fine
십자가지-고 따르 라 우리다함-께

67
거룩하신 하나님

Bob Fitts
예수전도단 번역
♩=80
(형제) (자매)
거룩하신 하나님 어린 양 거룩하신 하나님 어린
(형제) (자매)
양 주의이름 선포하며 찬 양 주의이름
(함께)
선포하며 주 찬 ― ― 양 찬 ―
― 양 주 ― 찬 양 ―

69
주여 나를 주의 성소

John Thompson
& Randy Scruggs
한국 컨티넨탈 싱어즈 번역
주여 나를 주의성소만 드소서 ― 순결
과 거룩 진실 하 ― 게 감사 로 써 당신을
위 해 ― 주의 성소 되 ― 리

68
주께 노래하세

박 정관
주 께 ― ― 노래하 세 ― 구 원 의
반 석예 ―수 께 ― 모 두 ― ― 경배하
세 ― 주 님 앞 에 무릎꿇 고
― 오 전능의 주 영광의 하 나 님 ―
온 세상다스리 시 ― 네 오 존귀하
신 어린양 예 ― 수 ― 우리 위해죽으셨
네 ― 두 손 ― ― 높이올 려
― 주 님 께 사 랑드 ―리 세 ―
그 는 ― 우리목 자 ― 우
리 는 그 의양 ―이 니 ―

70
두손들고 소리높여

Eddie Espinosa
두란노 변역
♩= 72
D   Dmaj7   G   G/F#
두 손 들- 고 - 소리높 -여 -
Em7   A7   G   D
기쁨으 로 나의마음 —— 드 립 니다
나의삶을 ——
나의사랑 ——

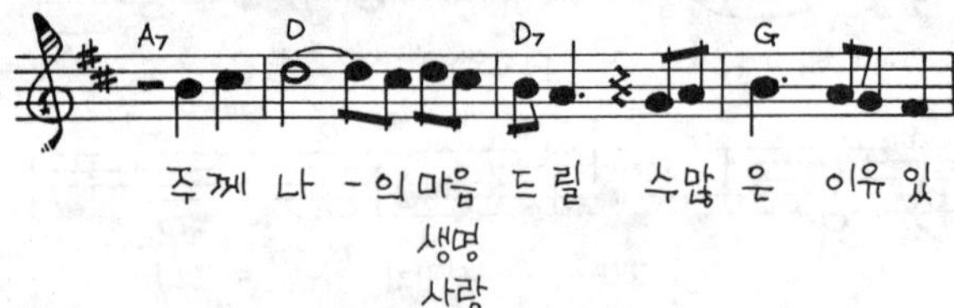
A7   D   D7   G
주께 나 -의마음 드릴 수많 은 이유있
생명
사랑

Em7   D   Bm   Em7   A   F#m7   Bm7
네 오직 주 님만 찬 양해   주 님만 찬
사 랑 해
사 랑 해   사

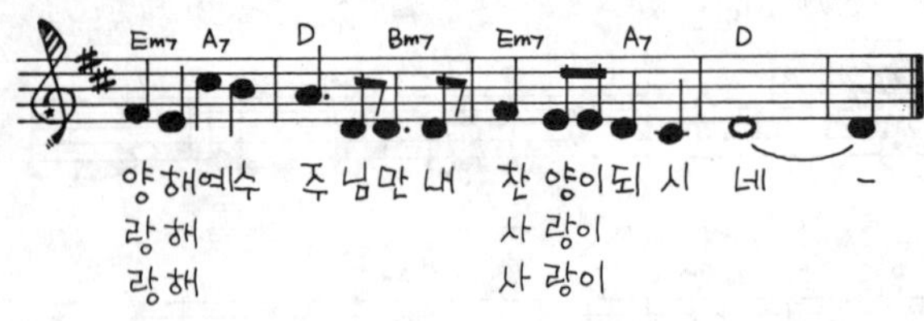
Em7   A7   D   Bm7   Em7   A7   D
양해예수 주 님만 내 찬 양이되 시 네 —
랑 해   사 랑이
랑 해   사 랑이

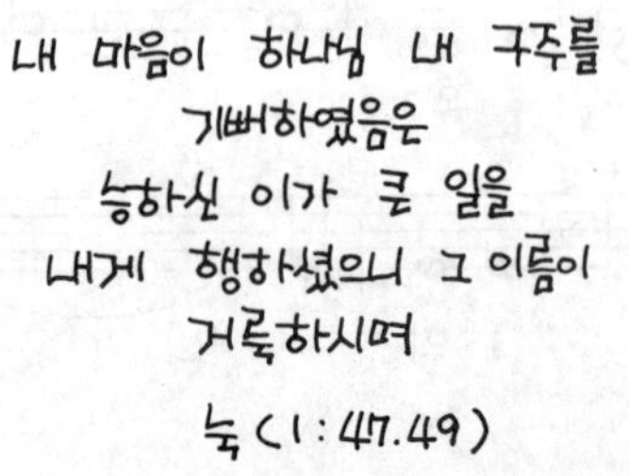
내 마음이 하나님 내 구주를
기뻐하였음은
능하신 이가 큰 일을
내게 행하셨으니 그 이름이
거룩하시며
눅(1: 47. 49)

71
주님 이곳에

고 형원
G/A   D   F#m   G   Em7
주님 이곳에 주님 이곳에 우리 와함께 함께
심령을 위로 하시며 병든 우리몸 고쳐
Asus4   A7   D   Gmaj7   A7
하시네 - 나의 몸과맘 경배 드 리
주시네 - 결박 을끊고 자유 주 시
Bm   G/A   D   G6/A   1. D   2. D
네 주님 이곳에 계시 네 상한 네

72
내 영혼 주 찬양하며

눅 1: 46-49
예수전도단 변역
D   G   D   G
내 영 혼주 찬양하 며 하나 님내구주를기뻐-
A7   D   G
함은 능하 신 이가 큰일 행하 시니 그
D   A7   D   A7
이 름거룩 해 - 내영혼 주 찬양하 며내영혼
E7   A7
주 찬양하며 - 하나 님내구주를기뻐 - 함은 능하
D   G   D   A7   D
신 이가큰일행하 시니 그 이 름거룩 해 -

73
내 맘 깊은 곳

예수전도단 번역

내 맘 깊 은 - 곳 주께 노 래 하네
내 맘 깊 은 - 곳 주를 찬 양 하 네
새 로 운 노래로 주를 찬 양 하 세
할 렐 - 루 - 야 할 - 렐 루 야 -
내 맘 깊 은 - 곳 주께 노 래 해
내 맘 깊 은 - 곳 주를 찬 양 해
새 로 운 노래로 주를 찬 양 해
할 렐 - 루 - 야 할 - 렐 루 야

74
주님은 나의 힘

Frank Hernandez
& Sherry Saunders
예수전도단 번역

주님은 나 의 힘 내 가 두 려 울 때
주 나의 도 움 되 시 네
주 는 나 의 방패 내 생 명 드 리 네
영 원 히 내 모 든 것 되 신 주

75
주의 임재 앞에 잠잠해

주 의 임재 앞에 잠잠 해 주 여 기 계 시 네
주 의 영광 앞에 잠잠 해 주 의 빛 비 치 네
주 의 능력 앞에 잠잠 해 주 역 사 하 시 네
와 서 모두 굽혀 경배해 신 령 과 진 리 로
거 룩한 - 불 태 우 시 며 영 광 의 관 쓰 네
죄 사 하고 치 유 하 시 누 놀 라 운 주 은 혜
순 결 하 신 주님 거 룩 한 존 전에
그 영광 찬 란해 빛 되 신 우 리 왕
주 믿 는 자 에게 능 치 못 함 없네
주 의 임재 앞에 잠 잠 해 주 역 기 계 시 네
주 의 영광 앞에 잠 잠 해 주 의 빛 비 치 네
주 의 능력 앞에 잠 잠 해 주 역 사 하 시 네

76
생명의 주 말씀

생명의주 말씀 - 나항상 종일토록묵상하여 - -
내맘을채우고 - 그빛은 내앞길비-추네 - 주말
씀 내-발의등이 요 내길 의 -빛이오 니 주
님의양식 으로나 -살겠네- 생명의주 말씀 - -

77
주의 사랑을

78
주는 우리의 소망

Walt Harrah
예수전도단 번역
정종원
주의사랑을 - 주의선하심 -을 -
주의은혜를 생각해보라 - - 하늘
보다도 더높으신 - 아 버 지의사랑
크고놀랍 네
아 버지사랑 크고놀랍 네 -
내 어찌 - 그 사랑 - 잊 으 리 내
나 갈을 - 잃고 - 헤 맬때 그
어찌 주의 - 긍휼 - 잊 으 리 내
사 랑날 - 찾아 - 내 셨네
영혼의 - - 모 든 소원 - - 만
족 시킨 - 하 나님 - -
주는 - 우리의 소망 - 주 는 - 우리의 힘 워
로 - 의노래 가 - 되시는 주 - 를찬양 해
주는 - - 우리의 소망 - 주 는 - 우리의
힘 구 원 - 의노래 가 - 되시는
주 - 우리 가는곳마다 - 주의 눈 길머무시고
의를 위한깨끗함 - 을 갚 아 주시며 우
리 가 - 찬송할 때에 - 주 의 손이응답하시
네 주는 - 우리의 소망 - 주
는 - 우리의 힘 사 랑 - 의노래
가 - 되시는 주 -

79
하나님이 세상을

요 3:16, 17:3
빌 2:13.

정종원

1. 하 나 님 이 세 상 을 사 랑 하 사 독 그
2. 영 생 은 유 일 하 신 하 나 님 과 그
3. 우 리 안 에 계 시 는 성 령 님 은 늘

생 자 로 그 사 랑 보 이 셨 네 그
보 내 신 예 수 님 을 앎 이 라 누
소 원 을 두 시 고 행 하 시 네 그

아 들 을 믿 고 의 지 하 는 자 영 생
구 든 지 영 생 을 누 리 는 자 주 안
놀 라 운 비 밀 을 잃 지 않 고 주 안

을 어 - 게 되 리 라
에 거 함 을 알 리 라
에 살 면 서 기 뻐 해

너희 안에서
행하시는 이는 하나님이시니
자기의 기쁘신 뜻을 위하여
너희로 소원을 두고 행하게 하시나니

빌(2:13)

80
우리를 사랑하신

John Chisum
& Gary Sadler
두란노 번역

♩=88

우 리를사랑 하 신 자 비의주아 버 지

주 께로 - 나 아갈때에 - 기도 들 으 사 우리

죄 악과 - 강곽 - 함 주님 께 고백 - 하니

- 우릴 민 망히 - 여기 - 사 - 치료의 은혜

허락하소 서 주 얼굴구 - 할때 - 자유
Fine

주 시 고 씻어 주 - 소서 - 치료

하시 는 - 주의 은 혜 임 - 하 - 네 치료

하시 는 - 주의 은 혜 임 - 하 - 네 -
D.C. al Fine

81

사랑은 가장 귀한 것

Peter Jacobs 사
Hanneke Jacobs 곡
샬롬 노래 선교단 번역
천사의 말을 하여 - 도 - 또 내일 일을 안다해 도
사랑은 오래 참으 - 며 - 또 언 제나 온유하 며
산옮길 믿음있어 - 도 - 아무 소용 없 네
사랑은 교만치 않 - 고 - 자랑하지 않 네
이세상 모든 지식 - 도 - 부귀와권 - 세도 -
모든 것 바라는 사 - 랑 - 모든것 믿는 사랑 -
주님의 사 랑없 으면 - 내 겐 아무것도 아니 네
나 는
이 세상 가장귀한 것 그 것은 주님의 사 랑 그사
랑 내맘에 밝은 빛이되었네 가 장 귀한 주님의 사 랑
3rd time
Fine
D.S

82

주 앞에 이렇게 나와

송 정미
주 앞 에 이렇 게 나와 모든 것 내려 놓 - 고 주님
과 뜻을 다하여 간절 히 소망 하오니 주 말
이 주실 말씀을 우리 들 - 기원합 니 - 다 마음
씀 생명 이되어 우리 를 - 주장하
소 - 서 주여 말씀하소 서 — 주의 종 이듣 겠
나 — 다 주여 말 씀하소 서 — 주의 종 이듣 겠
나 — 다 할렐 루 할렐 루 - 야 할렐 루 할렐
루 - 야 할렐 루 할렐 루 - 야할렐 루 할렐 루 - 야
1. D
2. D

83

주여 이시간 주께

주 여 이시간 주께 의 지하고 간 절히 기도하 오 니
모 든 사람들에 게 주 의 축복 주소 서 주

여 이시간 주를 바 라보고 간 절히 기도하 오 니
당 신의 변함없 는 사랑 나 를 바꿔주소 서 서
내 게채워주소 서

84
겸손하게 무릎 꿇고

예수전도단 번역
겸손하게무릎꿇고 주께경배하며 진심
내 - 영 혼 주를 향해 높이 활짝 열려
으로주를 찬양 할렐루야 찬양
할 렐 루 - 야 할 - 렐 루 - 야
할 렐 루 - 야 아 - 멘

85
기다려요

Bob Cull
다드림 번역
기 다 려 요 주을 성들어 요
기 다 려 요 성령 께 맡겨 요
주를기다리 - 는 자는 새 힘 얻으리
주의영이게 - 신 곳엔 평안 있으리

86
주는 보이지 아니하시는

Joey Holder
두란노 번역
주는 보이지아 니 하시 는
하나님형 상 이시 며 온 만물
보 - 다먼 저시 며 온 하늘과 땅
을 다 주관하 시 네 주는
네 - 찬송과 존귀와 영광과 능력을
영원히 왕께돌 리 - 세 - 찬송과 존귀와
영광과 능력 영 원 - 히 - - 영
원 - - 히 아 - 멘 -
- - 아 - 멘 - -

87
주 내 삶의 주인 되시고

Judy Pruett
두란노 번역
Flowing
F#7   Bm7   Em7
주 내삶의주 - 인되 - 시고 - 새로운일
직 주님만이 - 내일 - 생과 - 내영혼의
G/A   A   Bm   D/A
- 이루 - 셨네 - 주뜻이루 - 려고 - 날
- 주되 - 시네 - 주말씀전 - 하라 -
Em7   1.G/A   A   2.G/A   A
예 정하 - 셨네   오   주
선 택하 - 셨네
F#7   Bm   A/B Bm7   Em7
의 능력으로 - 인도 - 하사 - 크 신일
의 얼굴만을 - 찾으 - 리니 - 주 여나
A   A/G   F#7   1.Bm7   Em7
- 을 이루소 - 서 의지합 - 니다
- 와 함 - 께 하 -
Asus4 A   2.Bm7   Em7 D/F# Asus4 A   D
- 주 사 주뜻이 루소 - 서

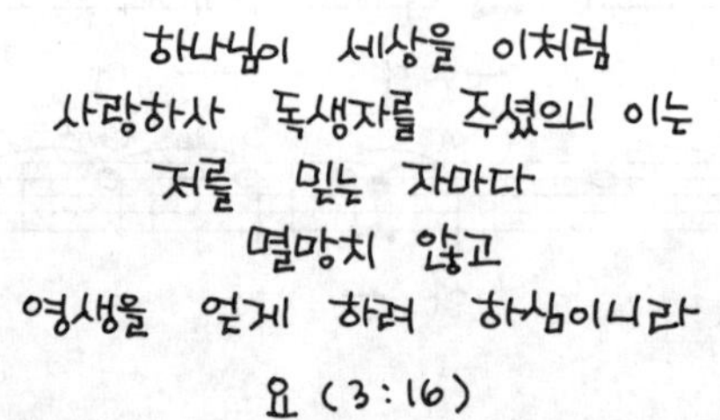

하나님이 세상을 이처럼
사랑하사 독생자를 주셨으니 이는
저를 믿는 자마다
멸망치 않고
영생을 얻게 하려 하심이니라
요 (3:16)

88
언제나 주님께 감사해

김 성은 사
이 유정 곡
D   A7   Bm   Bm7   Em   Em7
아침 안개눈앞가리 듯 나의 약한믿음의심쌓일
빗줄기에바위패이 듯 나의 작은소망사라져갈
Asus4 A7   F#   Bm
때 부드 럽게다가온주의말 씀 아무
때 고요 하게들리는주의음 성 내가
1.Em   Asus4 A7   2.Em   A7   D   D7
것도염려하지마 라 너 를사랑하노 라
G   A7   D   D7   Em   A7
외로움과방황속에 서 주님앞에나아갈때
D   Em   A7   F#m   Bm
에 위로 하시는주님 나를도우사 상한
E7   Asus4 A7   D
나의마음 감싸주시 네 십자가의보 혈로
F#m   G   Asus4 A7
써 주의 크신사랑알게하셨 네
D   F#m   Em   A7   D
주 님께감사하리 라 언제 나 주님께감사 해

89
나는 가난하고 (시 40편)
시 40:17
이유정
D Dmaj7 D7 G2 G
나는가난 하고 나는궁핍 하오나
Gm/Bb D/A E7/G# E7/G# Asus4 A7
주 께서 나 -를 생각하시 오 니
D Dmaj7 D7 G2 G
주는나의 도움이시요 건지시 는 자 시라나의
Gm/Bb D/A B7 Em A7 D
하나 님이 시 여 지체 하지 마소 서

90

존귀한 주의 보혈

John Barnett
두란노 번역

D Am7 G Em D Am7
존 귀 -한주의 보 -혈날 정 -결케하
이 -름우 리 -구원했
G/B A/C# D Am7 G Em7
-네 모 -든죄와 허 물이- 그
-네 내 죄 -를위한 십 자가- 주
D/A A 1.D G/A 2.Bm7 F#7
피 로씻겼- 네 존 네 영 원 -히감사
님 이지셨- 네
G F#7 Bm7 Em7 A
하 -며 주 의 -지하리- -라 -존
D Am7 G Em7 D/A A
귀 -한주의 보 -혈 그 놀 라운사
Bm7 Bm/A G Em/A D
-랑 -생 명 주신 사 -랑 -

91
온 세상 위한 십자가
고형원
♩=68
D F#
1. 온 세 상 위한십자 가 -드
G Asus A D
높 이 셨도 다 -주 예 수 의피강같
F# G A7 G/D D
이 -온 땅에-흐 르 네 -
D F#
2. 그 피 를 의지하는 자 -새
G Asus A D
사 람되 어 서 -주 예 수 사랑가지
F# G A7 G/D D
고 -강 같이흐 르 겠 네 -

나는 가난하고 궁핍하오나
주께서는 나를 생각하시오니 주는 나의
도움이시요
건지시는 자시라
나의 하나님이여
지체하지 마소서

시 (40:17)

92
영문 밖으로

고 형원
♩=55
영문 밖으 로 영문 밖으 로
- 주님 을 따 라 나가 자 -
온 세 상 위 해 죽 으신예수 님
그 - 십 자가 높이 들고 서
그 - 십 자가 길을 따라 서
- 그 - 십 자가 높이 들고 서
- 그 - 십 자가 길을 따라 서

94
내 성의 기쁨의 기를

Unknown
예수전도단 번역
♩=126
내성의 기쁨의기를 높이 들리라 기를
높이 들리라 나의 마음 의성에내성의 기쁨 의기를
높이 들리라 나의 왕 나와함께계실때 기를 높이리라 모든

93
션하신 목자

Martin Nystrom
선 하신-목자-날 사 랑하-는분- 주
인 도하-는곳- 따라가 - 리 주의말-씀을- 나
들 기워-하-여주 인도하-는-곳 가려 네
네 나를 푸른초-장과 - 쉴 만한물-가로- 내
선 하신-목 자- 날 인-도해 - 험한
산 과골-짜 기-로 내가 다 닐찌-라 도- 내
선 하신-목 자- 날 인-도해 -

열 방에 모든 열 방에 모든 열 방에기를
높 이리라 모든 열 방 에 나의 왕 나와함께계실때 -

95
해뜨는 곳 부터

Graham Kendrick
두란노 번역
1. 해뜨는 곳부터 지는 곳까지 온 땅에 주님만
2. 민족과 열방에 보내주소서 제자 삼고 그들
3. 열방의 교회여 함께 모여라 국경을 넘어서
크시도다 온 세상 나라들 주의 것 되고
세례주리 주 모든 권세를 가지셨으니
문을 열고 추수할 일꾼들 주와 함께해
온 만물 주님을 찬 양하 리 -
주님의 증인들 일 어서 리
땅 끝이 주 경배 할 때 까 지 -
모 두 다 일 - 어 나 주 - 님 의 빛 - 으로 비 - 추어
라 주 찬양 드리며 사랑 으로 - 세상
채 - 우 리 라 온 백 성 들 기뻐하
라 - 온 땅 이 여 주 - 께 오 라 -

96
주께 찬양드리세

시 75편
예수전도단 번역
주께 찬 - 양 드 리세 - 찬양 드 리 세 -
주께 찬 - 양 드 리세 - 드 리 세 -
주의 이름 과 그 기 사를 - 전파 하 리라 -
주께 찬 - 양 드 리세 - 드리 세 -

Praise!

하나님이여
우리가 주께 감사하고
감사함은 주의 이름이 가까움이라
사람들이 주의 기사를
전파하나이다
시 (75:1)

97
우리는 주님이 흘리신 피로

98
온유한 마음을 주옵소서

Graham Kendrick
두란노 변역

1. 우리는 주님이 흘리신 피로 친 백성 되었으
2. 하늘과 땅-의 모든 권세가 주 앞에 무너지
니
는
주의 권세와 그 큰 능력으로
승리의 그 날 곧 다가 오리니
주의 군대 삼으소 서-
주 예수여 임하소 서-
가 라 주님과 온 세 상 향하여
주님의 백-성들 모두다 외치세 예수 그리스도
권세와 능-력의 주- 주-
- 주- - 예수 그리스도 -
- 권능의 주- - 예수 그리스도 -
만왕의 왕

Graham Kendrick
두란노 변역
Prayfully ♩=104

온유한 맘 을- 주옵소
서- - 주님과 같
이- 온유한 맘-
- 주 님의 긍 휼 과- 주
님 의 눈 물 을- 는
낄 수 있 는 맘 을
주옵소 서- -

나는 마음이 온유하고
겸손하니 나의 멍에를 메고 내게
배우라 그러면 너희 마음이
쉼을 얻으리니 이는 내 멍에는 쉽고 내
짐은 가벼움이라 하시니라
마 (11 : 29. 30)

99
아버지 큰 사랑 감사해요

Steve Stewart
예수전도단 번역

아버지 큰사 랑 감사해 요 내게
예수님 내삶 에 주되시 네 내영
성령님 거룩 한 분이시 여 나의

독 생 자 를 주 셨 네 — 나를
에 불 을 붙이 셨 네 — 나의
모 든 것 다스 리 네 — 주님

가 까 이 부 르 신 주를찬 양 나의
모 든 삶 새 롭 게 변 화됐 네 주님
당 신 의 손 길 을 원 합 니 다 난항

눈 떠 보 게 하 셨 네 —
의 길 로 인 도 하 네 —
상 주 만 찬 양 하 리

100
주의 이름 높이며 II

Bruce Balliger
예수전도단 번역

주의 이름 높이며다 경배드리면서 나 가세 -
우리 들을 내려놓고 주만바라보며 경 배해 -
두손 주를 향해들고 그의이름높여 드 리세 -

주의 이름높이며다 경배드리면 서 나 가세 -
우리 들을 내려놓고 주만바라보 며 경 배해 -
두손 주를 향해들고 그의이름높 여 드 리세 -

주의 이름높이며 다 경배드리면 서 나 가세주 께
우리 들을 내려놓 고 주만바라보 며 경 배해
두손 주를 향해들 고 그의이름높 여 드 리세

오 - 경 배해 우 리주 예 수 - -

101
이시간 주님께

Graham Kendrick

이 시간주 님 께 - 찬양드려 요
- 가장귀한 것 을 - 주앞에드려 - 요 -
- 나의마음 에 - 넘치는사 랑
- 당신은영 원 하신 - 아 빠 아버지
- 기쁨과소 망 을 - 주께드리 리
- 신령과진 정 으로 - 사랑해 요 -

102
와서 찬양

와서 찬양 - 제사 장들 - 아 - 와서
경배 - 거룩 한 나라여 예배해 예 - 수 - 우리
구원자 - 그는 귀한 - 영광 의 - 왕 - -

너는 내게 부르짖으라
내가 네게
응답하겠고 네가 알지 못하는
크고 비밀한 일을
네게 보이리라
렘 (33:3)

103
알렐루야

하 스데반
알 렐 루 야 나-
알 렐 루 야
의 -힘 이 -되 신 여호와 여 내
알 렐 루 야
가 -주 를 -사 랑 하나이 다

104
오귀한 주이름

예수전도단 번역
오 귀 한 주 이름 오 귀 한 주 이름
오 귀 한 주 이름 예 수 내 주
전 능 의 왕 이요 만 유 의 주 시니
오 귀 한 주 이름 예 수 내 주 진 실 한
목 자 오 영원 한 반 석 전 능 의 하 나
님 - 엎 드 려 절 하고 사 랑 을
드 리세 오 귀 한 주 이름 예 수 내 주

105
주님의 성령이

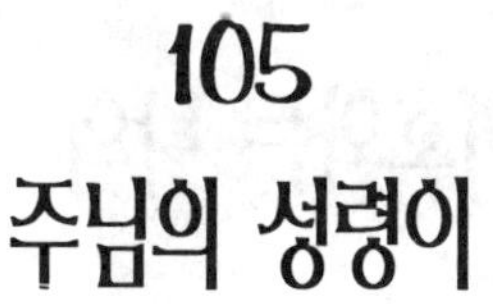

예수전도단 번역
주 님의 성 령 이 - 내 게임 했 네
상 한영 고 치 며 - 갇 힌 자 푸 시 며
- 옥 문을 열 어서 - 눈 뜨 게 하 도 록
- 주 님의 성 령 이 - 내 게임 했 네 -

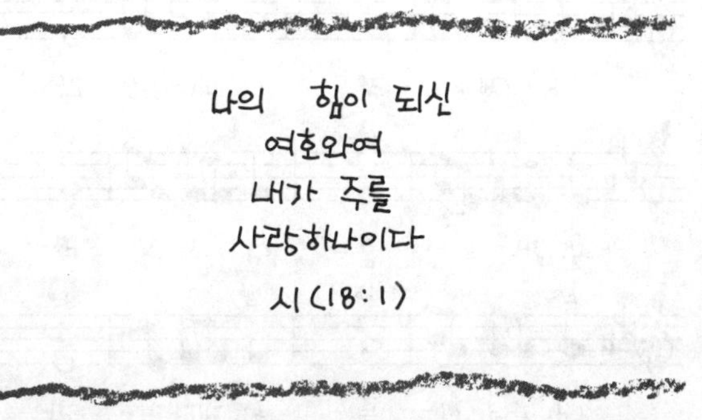
나의 힘이 되신
여호와여
내가 주를
사랑하나이다
시 (18:1)

106
주님의 영광이

사 60:1

김진호

주님의 영 - 광이 - 임하 - 여서
- 나 - 의 영 - 혼이 - 힘을얻 - 었네
- 오 나의 영 - 혼아 - 빛을발 - 하 라
- 오 나의 영 - 혼아 - 빛을발하 라 -

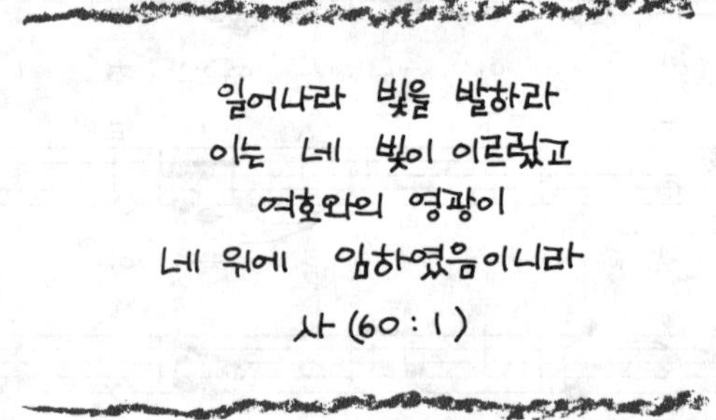
일어나라 빛을 발하라
이는 네 빛이 이르렀고
여호와의 영광이
네 위에 임하였음이니라
사 (60:1)

107
수고하고 무거운

김진호

수 고하고 무 거운 짐 진자들 아
다 내게로오 라 다 내게로오 라
내 가너 희 - 를 쉬 게하리 - 라
내 가너 희 - 를 쉬 게하리 - 라

108
여호와는 나의

시 23편

이운수 곡

여 호 와는 나 의목자 시니 -
내가 부 족함 전 혀없 네
푸른 풀 밭물가 으로 날 인도하 네
나의 영 혼 평 안 해 -

109
계신 주님

송명희 사
최덕신 곡

나의 앞에계신 주-님 나의눈동자에주있게 하소서 나의
머리위에계신 주-님 나의 머리들어주바라보게 하소서나의
하소서 나의 좌 우옆 에 계 - 신 주
님 나와 동행하시 는 주 알게하소
서 - 나의 뒤에계신 주-님 나를 안 으시

며 보호 하시눈 주 의지 하게-하소 서

110
구원자 주예수

Melody Green
예수전도단 번역

구원 자주 예 수 하나님의 아 -들
귀하신 어린양 메시야 거룩하신 하나 님
오하나님 감사해 독 생자 주시 고 - 또
성 령님 보내사주 의일을이루 시 네

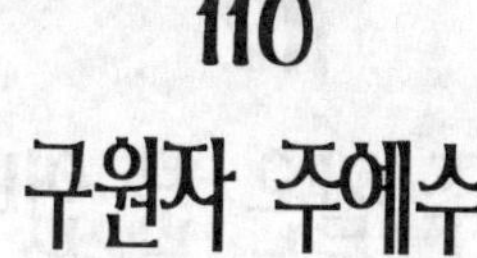

111
내 영혼의 구세주

Kathryn Kuhlman
예수전도단 번역

내영혼 의구세주 ——— 내
예 수내구 —— 주 내영혼 의구세
주 ——— 주눈 나의 구세 주 —
예 수 예 수 예 수
예 수 - 내영혼 의구세
주 ——— 주눈 나의 구세 주 -

112
내 주 같은 분 없네

Eddie Espinosa
두란노 번역
내주같-은 분 없-네 - 그 어-느 누 구-도-
- 내생명-다 하 도-록 - 주얼굴-만 구 하-리-
- 내주같-은 분 없-네 - 그 어-느 누 구-도-
- 내주같-은 분 없-네 - 이땅-위 -에-
오 하-나 님 - 주나의모 -든 -것--
- 내주같-은 분 없-네 - 이땅-위 -에
- 오 하-나 -님- - 주나의모 -든 -것-
- 내주같-은 분 없-네 - 이땅-위 -에

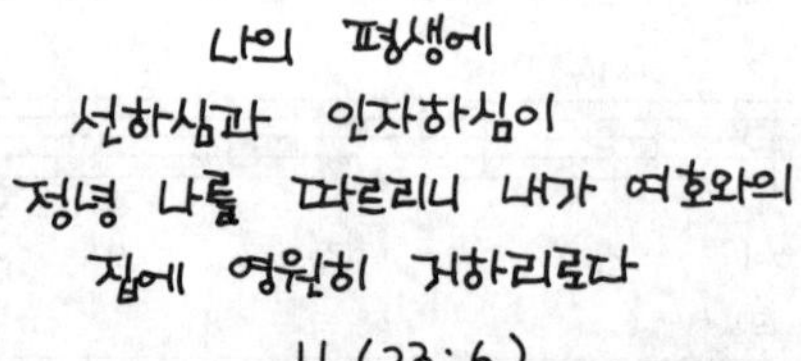

나의 평생에
선하심과 인자하심이
정녕 나를 따르리니 내가 여호와의
집에 영원히 거하리로다
시 (23:6)

113
나는 용서 받았네

Rob Hayward
예수전도단 번역
나는용 -서 받-았 -네 살아
계신아버지-사랑으로 - 용 납되 -고 정죄함없
-네 진실 하신아버지사랑으 로 온세 상 구주 창
조 주께 나아 갈 때 두려움 전혀없 네 주께
예 배드릴 때 -에 기 쁨 과평화 - 있 네

114
좋으신 하나님

좋 으신 하 나님 좋 으신 하 나님
참 좋으 신 나의 하 나 님

115
주의 긍휼로

Graham Kendrick
예수전도단 번역
♩=53
E G#m7 A A/B B
주 의 긍 - 휼 로
E G#m7 A A/B B
이 땅 고치 소 서
C# G#m7 A°7/C C#
성령 의불 로 정케 하소 서
주의 손길 로 고쳐 주소 서
Amaj7 G#m7 F#7 B
겸 손히 무 릎 꿇 고비 - 오 니 오주
C Dsus4.2 D
역 - 이땅 고 치 - 소
Esus E E/D C
서 - 오주 여 - 긍휼
Dsus4.2 D Esus
베 푹 - 소 - 서

우리 각 사람에게 그리스도의 선물의
분량대로 은혜를 주셨나니 그러므로 이르기를
그가 위로 올라가실 때에
사로잡힌 자를 사로잡고 사람들에게
선물을 주셨다 하였도다

엡 (4:7.8)

116
선물

김 지현
E E/D# E/D A/C#
나의 주님 께 귀 한 것 받았으 니
아기 예수 님이 땅에 오신 것 은
E C# F#m9 B7 E
무 한 한 사 랑 감 사 하 네 나도 주님 께
하나님 사랑 때문이 네 나의 예수 님
E/D# E/D A/C# G# C#
나의 것 드리고 싶 네 소 중 한 나의것
영광을 버리신 것 은 우리를 향하신
B E E7 A Gdim7 G#
드리고 싶 네 나에겐 소중했던 그 추억
그 사랑 이 야
C# F# B7 E E7
들 당신앞 엔 모두헛 된 것
A Gdim7 G# C#m7 F#
주님의 품속엔더 아름 답 고 놀라 운
C# F# B7 E E/D#
역사를 품 - 고있 네 오주 님 내영혼
E/D A/C# Am E
받으소 서 밝은 햇 살같이
F# B 1. E 2. F# B E
품으소 서 품으소 서

117
그 믿음 간직하여라

118
형제여 우리

정종원
하 스데반
오 랫동안 기 다려온 우 리주님 을
어 찌하면 기 쁨중에 만 나뵈올 까
잠 시후면 속 히오실 우 리주님 을
무 얼가져 기 쁨드릴 까
우 리임금 분 명하게 말 씀하셨 네
강 하고 담 대하여 라 나의
약 속귀중 함 아는 택 한자들 아
그 믿음 간 직하여 라
형제 여우 리예수 님명 령따
라 살 자 자매여우 리주
를위 해이 몸을 바 치 자
너 는 말씀을 전 파하 라 때
를 얻든지 못 얻든 지 항 상힘쓰
라 범사에 오 래 참 음 과
가르 침으 로경 책하 며경
계 하 며 권하 라

너는 말씀을 전파하라 때를 얻든지 못 얻든지
항상 힘쓰라 범사에 오래 참음과 가르침으로
경책하며 경계하며 권하라

딤후 (4 : 2)

119
사랑해요 아름다운 이름

120
거기서 찬양하라

Dick & Melodie Tunney
Twila Paris
예수전도단 번역

119
1. 사 랑해 요아 - 름다운이름 예 수 그리스도 -
2. 찬 양찬 양큰 - 소리로찬양 예 수 님 - 찬양 -
예수예 수아 - 름다운이름 예 수 사랑해요 -
손 뼉치며큰 - 소리로찬양 예 수 님 - 찬양 -
Fine
천 지를 만드신 - 하 나님앞 - 에
목 소리 높 여서 - 찬 - 양하라 -
D.C.

120
너 있 - 는 곳 에 - 서주 찬 양 - 하 라
노 래 - 하 - 라 주 - 님께 영 - 광 -
영 원 - 토 - 록 그 - 사랑
넘 치는 - 참 기 쁨 - 이 라 - 그의
백성모두 주찬양 — 해 넘 치 는 - 기쁨 - 참
감당할수 없는선 - - 물 그 의 크신 - 사 - 랑
내 영혼 깨 - 어 - 큰 소 리 로
만방에 주께서 왕 되 심을 - 찬 양
너 있 - 는 곳 에 - 서주 찬 양 - 하 라
노 래 - 하 - 라 주 - 님께 영 - 광 -
영 원 - 토 - 록 그 - 사랑
넘 치는 - 참 기 쁨 - 이 라 -

121
1. 만 - 왕의왕 께 영광을 어린 양께영 광 을
2. 위엄으로다 스 리시는 주께 경배드 리 세
3. 하 - 늘과땅 의 주시요 만 - 유의주 되 신
4. 할렐루야왕 께 찬양을 할렐 루야어 린 양
만 - 유의주 께 영광을 위대 하신여 호 와
의 - 로우신 주 하나님 우리 경배드 리 네
우주 위에계 신 주님께 우리 찬양드 리 네
할렐 루야주 께 찬양을 위대 하신여 호 와

121
만왕의 왕께

122
들으라 이스라엘

예수전도단 번역
들 으 라 이스라 엘 — 하 나 님은한분
이 시 — 니 — 하나님을 사랑하
라 네온맘으 — 로 — 하나님을 사랑하
라 네생명다 해 — 하나님을 사랑하
라 네온뜻으 — 로 — 하나님을 사랑하
라 네힘을다 해 — F.O

123
찬양하라 내 영혼아 II

예수전도단 번역
찬양하라 내영혼아 내 속 에 있는 것 들 아 다
찬 양 해 위대하신 주 큰 일하셨
네 위대하신 주 이름 찬 양 해

124
맑고 밝은 날

욥 11:17.18   예수전도단 번역
맑고밝은 날 나는 주 이름 찬양하 겠 —네
맑고밝은 날 나는 주를 위 해살 리
맑고밝은 날 내 생활 새로와 지 —니
매 일주님사랑따라 말 씀대로살 리 라 —

125
나의 발은 춤을 추며

나의 발은 춤을 추며나의 손은 손뼉치며나의
입은기뻐노래 부르 네 나의 발은 춤을 추며나의
손은 손뼉치며나의 입은기뻐 노래 부르 네
내가 주 께 찬 양 해 내가 주께 찬 양 해
내가 주 께 찬 양 하며 주를 사 랑 해

126

주는 우리의 도움

경쾌하게   김 제리노

주 는 우리의도 움 우리 의 방패 되시 며 우리
가 주를 즐거 워합 니다 주를 즐 거 워함니 다 그분
안에우리의기쁨 이 있고 거룩 하 신 그이름에
믿음 이있네주 의 인 자하 심 - 을 베푸
소 서우리들에 게 우리 가 주를 바라
나 이다 주님 께 바라 나이 다

128

보라 그 놀라운 주의 사랑을

Patricia Van Tine
이유선 번역

보 라 - 그놀라운 주 - 의사랑을 내 게주 - 셨 네 -
보 라 - 그놀라운 주 - 의사랑을 내 게주 셨 네 -
모 두 - 주의 자 녀되 - 었 네 -
하 나 - 님의
모 두 - 주님 찬 양드 리 세 -
하 나 - 님의 자 녀되 었 네 -

127

주 너를 지키리

너 근심걱정 와도 어려운일 당 해도
걱정 말 아 라 주너를지 키리 -
위험한일당 해도 슬픈일 이 와도
걱정 말 아 라 주너를지키리 -
늘지켜주시리 - 주님의 사랑속에거하라
- 그의 평화속에유하라 - 그분의 영원속에자유하라
1. - 주지 키 리 - 2. 주지 키리 -

그러므로 형제들아
더욱 힘써 너희 부르심과 택하심을
굳게 하라 너희가 이것을
행한즉 언제든지
실족지 아니하리라

벤후 (1:10)

129
내가 길을 잃고

최덕신
내가 길을 잃-고 헤메일-때에 - - 내손
잡 아주-신 주 - - 님 - 내가 외로움-에
슬 퍼울-때에 - - 나를 위 로하-신 주 -
님 - 내가 - 내가 아버지-의 사 랑떠나 -
서 - 죄에 매 여내-맘 괴로울-때- 도
- 나를 사 랑하-시 며 - 내죄 사 하신-주 -
님 - 나를구-원 하 셨 네 - 내가
- 예 - - 수 예 - - 수
예 - - 수 예 - - 수 나를
사 랑하-시 며 - 내죄 사 하신-주 님 -
- 나 를구-원 하 셨 네 -

130
예수 경배하리

Chris A. Bowater
두란노 번역

Worshipfully
예 수 경 배하리 아름다운 주이름 높
이 - 리라 예 수 경 배 하리
왕 의왕또 주 의-주 경 배하 리
감 사찬양 드 리-며 경 배하 리

131
두손들고 송축하며

Carol Mundy
두란노 번역

Worshipfully
두손 들 고송 축 하-며 소리 높여찬 양
하-네 나 의 모든것 이 주경배하 네
- 영광 중 에주 임 하실때 나 엎 드려 고
백하리 온 맘 다해주 사 랑합니 다 -

132
주찬양

Reba Rambo
& Dany Mcguire
두란노 번역

아침- 해 하늘에 솟아- 맑은 물 푸른초 장 ——
은빛 구 -름드러난 세상- 주께 서 만드셨네
놀라 운 주의 솜씨- 위대 한 -창조의 주 ——
내영 혼 -늘찬양하리라- 주찬 양 영원토 록
주찬 양 -아름다 운 솜씨 주찬 양 -지혜와
완전한 -능력- 주찬 양 -주님늘 나 를사랑해 완전
한 그의사 랑 주찬 량

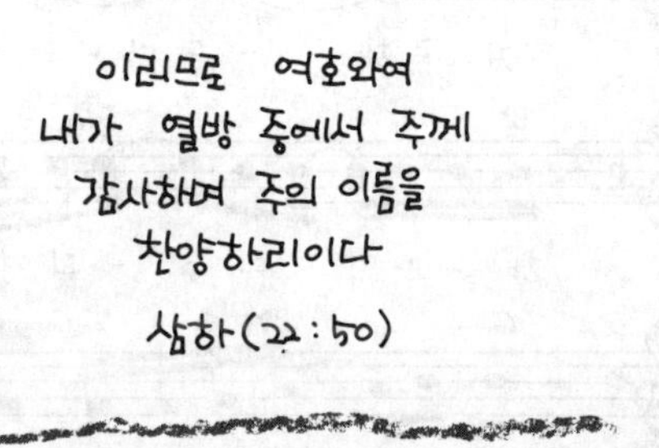

이러므로 여호와여
내가 열방 중에서 주께
감사하며 주의 이름을
찬양하리이다
삼하(22:50)

133
찬양의 보좌에

Robert Gay
예수전도단 번역
♩=65
F2/A   Bb   C/Bb   Bb/Fsus F F/A
찬양 의 보좌에앉으 신 주님 -
Bb   C/Bb   F2 F F2/A
천 사 들과다 - 함 께 영광
Bb2   C/Bb   Am7   Dm7
과 승리 - 관을 - 쓰 신주 - 님 의이름을
F/G   G9   Bb/C C F/A
소 리 높 여 찬양 해
Bb   F/A   Bb/D   Csus C
거 룩하 - 다그 - 이름 - 거룩하 - - 도다 -
Bb   F/A   Dm7
하늘 과땅 - 이주 - 의영 — 광
Gm7   Bb/C   F Gmil F/A Bb   F/A
선포함 - 니 - 다 - 거룩하 - 다그 - 이름 -
Bb/D   Csus C
거 룩하 - - 도다 -
Bb   F/A   Dm7
하 늘 과땅 - 이주 - 의영 — 광
Gm7   Bb/C   F
선 포함 - 니 - 다 -

134
신실한 하나님

Chris A. Bowater
두란노 번역
Bb/C   F   Bb/F   F
신 실 한 - 하 나 님
Bb/F   F C/E Dm   Gm7
- 나의 구 원 자 경배 하 리
C Bb/C   F   Bb/F   F C/E
- 평강 의 왕 - 나 의 하나
Dm   Gm7   Bb/C C7   F
님 찬양 하 리 영 원 히 -

135
주 밖에 없네

정 종원
F   C/E
이땅에 - -오직 - 주밖에 — 없네 - 그무엇
Dm   F/C   C   F
도 - 나를 - 채울수 — 없네 - 주님의 — 평안 - 내안에
C/E   Dm   C7   F
— 있네 - 그누구 도 - 빼앗 - 을수없네 -

136
예수 날 위하여

빌 2:6-11   하 스데반

예 수 날 위하 여 이 땅 에오셔 서 자
신 의몸 버 려 십 자 가를 지셨네 선하
신 예 수 온 세 상 가운 데 가
장 높으시 며 거 룩 한이 름 예수

138
나 여호와 치료의 주

♩ = 69

Don Moen
예수전도단 번역

나 여 호와 - 치 료의 - 주 -
여 호 와는 -
나 는 너의 - 치 료 자
주 는 나의 -
나 의 말 로 너의 질 병 고쳤네 -
말 씀 으로 나의
나 는 너의 - 치 료 자
주 는 나의 -

137
나의 하나님

송상경

나의 하 나님 - 나의 맘 속 에 -
함께 하 시니 - 두 렴없 네 -
나의 하 나님 - 나를 위 하여 -
예비 하 시니 - 감-사 해 조귀하신
주 하나님을 나 소리 높 여-찬양 해
기 쁨으로주 찬 양 해 위대하신
주 하나님을 나 소리 높 여찬양 해
기 쁨으로 주님을 찬 양 -

139

아버지 날 붙들어 주소서

140

아버지여 구하오니

Brian Doerksen
두란노 번역

아 버지 날 붙들-어 주소서 - 주품 안
아 버지 날 붙들-어 주 시리 - 나 주의
에 쉬게 하 소 서 -
것 그분의 자-녀-
아 버지 날 깨닫-게 하 소서 - 주언제
아 버지 날 깨닫-게 하 시리 - 주나를
나 나-를 돌-보-심을
볼 드시니 두-렴-없네
내 모든-걱-정- 주의 발앞에놓으리
내 모든-염-려- 주의 발앞에놓으리
주 거기-계-셔 -
주 여기-계-셔 - 나의 모 습 이 대
로 - 나를사-랑- 하시네

엡 4:1.3
Robert Gay
예수전도단 번역

아 버지여구 하오니 - 이제이 땅고쳐주-소
함 께주를찬 양하며 - 이제우 리마음합-치
서 우리 맘 엮으사-주의 영광나-타-내소서-
세 주예수 그이름-온땅 위에높-이-들리라-
만유의 주님 온 세상알도록 - 목소리
만유의 주님 온 세상보도록 -
합 쳐- 주게 영광돌-리어- 주님의통치- 선포
하게하-소서- 목소리합쳐주 님을찬-양하-며이제
하나가 되게하소 서 - 목소리 님을찬-양하-며
- 이제 하나가 되게하소 서

그러므로 주 안에서 갇힌 내가 너희를 권하노니
너희가 부르심을 입은 부름에 합당하게 행하여 모든 겸손과
온유로 하고 오래 참음으로 사랑 가운데서
서로 용납하고 평안의 매는 줄로
성령의 하나 되게 하신 것을 힘써 지키라

엡 (4 : 1 - 3)

141
전 부

Andante ♩=172
commodo

최경아 사
유상열 곡

내 감은 눈 안에 이미 들어와- 계신

예수님- 나보다- 앞서 나-를- 찾 아 주시

네 내 뻗은 두손 위로 자비 하심을- 내어

주시니- 언제나- 먼저 나-를- 위 로 -하시

네 내 노래 가 운데 함 께 즐 거워

하시는- 늘- 나의 기 쁨이 되시 네

- 수 많은 사 람중에- 나 를 택해잡

으시고- 눈물 거두어- 빛살 가루 채우시 니

- 그 붉은 내 자랑 나 의 기

쁨 나 의 노 래- 나 의 전

부 되 시-네

142
내가 네 안에 착한 일을

빌 1:6

최덕신

실수하여- 힘을 -잃고 피곤하여- 지칠 -때-

자신에게- 실 망- 하여 고개가떨- 궈질 -때-

반복되는- 잘 못 -에- 기운을잃- 고 말 -때-

더이상기-도 마 저- 드릴자신- 이없 -을때

하나님와-나를 - 이렇게연-약 한

- 존 재로 - 지으셔서- 나 를 -

낙망케하 - 시나요 - -

내가 네 안에착한일 -을 시작했 노라- 또한

내가 이루 리 라 - 너의영혼 낙망치말고- 나를

바라 라 너를 아름 답게하리 라

143
너를 사랑해

최덕신

너를 사 - 랑- 해 내 가슴이-찢-어지-
네 너를 사랑하-는 내마음-다 표현할-수 없-어-
내 마음 - 고로워하- 네 너를 사 - 랑-
해 내 손 과발- 찢-기었- 네 너를
위 험에- 서 건지려-내 몸을던- 져 널 위-해
내 손과-발찢기었- 네 너를 사 - 랑 -
해 내 품에 널 안-으- 리 -
바 다끝- 이 라-도- 하늘꼭- 대 기 라-도-
그 누구- 가 너-를- 정 죄한- 다 하 여-도-
거 기서-도 널지-키 리
내가 너-를용 서-하 리
너를 사 랑 해 -

144
가라

마 28 : 19 - 20

최덕신

세 상끝날까-지 함께하리 라- 가 - 라-
가 - 라- 복 음을들 고서 모 든족속 에게 -
가 - 서- 전 하라-가 - 라 -
하늘과땅의모- 든 권 세를- 내제주셨-으 니
- 너희는가서모- 든 족속으로 -
제자를삼 -아 - 아버지와아 들과-성
령의 이 름으- 로- 세 례를-주고 -
내가너희에-게-분 부한모든것 -을-가르쳐 지키-게하라
- 땅 끝까지이르 러 내증인되라 - 가 - 라-
가 - 라- 복 음을들 고서 모 든족속 에게 -
가 - 서- 전 하라-가 - 라 -

145
사랑의 편지

노기도
주님께서 보낸 - 사랑의 편지 읽고
주님께서 풍기 - 섬김의 향기 맡고
나를 향한 사랑 깨달아안되 얼마나 감격했는 지
나를 향한 섬김 깨달아안되 얼마나 감격했는 지
내 작은 맘 속에 - 주를 향한 - 사랑 - 이
내 작은 맘 속에 - 주를 향한 - 섬김 - 이
날이 갈수록 커져 만가네 주를 향한 사 랑
날이 갈수록 깊어 만가네 주를 향한 섬 김
주께서 나를 그리스도의 편지로 - 세상에 보내셨 - 으
주께서 나를 그리스도의 향기로 - 세상에 보내셨 - 으
- 니 - 사람들이 - 나를 통해 그리 스도 - 를
- 니 - 사람들이 - 나를 통해 그리 스도 - 를
읽을수 있도 록 주님의 사랑으로 -
맡을수 있도 록 주님의 섬김으로 -
이웃을 사랑 하 여 세 상 사람 에게
이웃을 먼저 섬 겨 세 상 사람 에게
사랑 의 편지를 읽게 해 주 자
섬김 의 향기를 맡게 해 주 자

146
우리는 한몸

♩=60
Robert Gay
예수전도단 번역
우 리는 한 - 몸 - 성령안에 서 - 주님의 사랑
으 - 로 - 하나 되었 네 - 우리 손 에 검 - 들고 주를
찬양 하면서 - 그땅 소유하 - 며 힘 - 차게 행진을 - 하
네 - 우리는 주님의 - 백성 거룩 한 나 라요 주
님을 찬 - 양하 - 는 택하 신 족 - 속 우 리 는
주님의 - 백성 거룩 한 나라요 주 믿 는 - 성도 들
소 리 높 - 여 주를 찬 양해 - -

오직 너희는 택하신 족속이요
왕같은 제사장들이요 거룩한 나라요
그의 소유된 백성이니 이는
너희를 어둠에서
불러내어 그의 기이한 빛에
들어가게 하신 자의 아름다운
덕을 선전하게 하려 하심이라

벧전 (2:9)

147
오할렐루야

정현섭

오할렐루야 - 우리다함께 - 하나되어 찬양해요 -

오할렐루야 - 모두손잡고 - 기쁜노래 불러 요 요

기쁠때나슬플때나 어느때든지 모두 주를 찬양 합시 다

강한자나약한자나 어느누구나 모두 주를 찬양 합시 다

오할렐루야 - 우리다함께 - 하나되어 찬양해요 -

오할렐루야 - 모두 손잡고 - 기쁜 노래 불러 요 요

148
주말씀

Amy Grant 사
Michel W. Smith 곡
기쁜 찬양 선교단 번역

주 - 말씀 - 내 발에등 - 이요 - 나의 - 길 에빛 이

라 주 - 말씀 - 내 발에등 - 이요 - 나의 -

길 에빛 이 라

길을잃 - 고 - 서 - 나
잊을수 - 없 - 네 - 그

두려울 - 때 - 도 - 주 님 항상 내곁 - 에
영원한 - 사 - 랑 - 나 의 맘 방황하여 - 도

주님계 - 시 - 니 - 두 려움 - 없 - 네
나를붙 - 드 - 사 - 인 도하 - 소 - 서 - 주

나 와함께 하소서 - - -
사 랑하리 영원히 - - -

D.C. 라

149
문들아 너희 머리를

시 24:7-10
박윤호
문들아 너 희머리를 들 지어 다
영광의 왕 이눼시뇨 강한 여호 와
문들아 너 희머리를 들 지어 다
영광의 왕 이눼시뇨 강한 여호 와

영원 한문 들 아 들릴지어 다
영광 의왕이들 어 가시리로 다

150
주님의 진리를

시 86:11-13

예수전도단 번역

주님 의 진 리를 - 내게가르치 소 -서 -
주님 의 진리의길로 - 내가행하오 리 - 니 -
주님 의 진 리를 - 내게가르치 소 -서 -
열심으로 주의이름 - 경외하게 하 소서 -
나의 수하 내님 이여 - - 찬 양하리 - -
주의 이 름영원히 - -높 이 리라 - -
주 내게 향한사 랑 크셔서 나의영혼 - 구원하
-셨으니- 주 찬 -양 하리 내온맘으 로
- 찬 -양 하리 - 찬 -양 하리-
찬 -양 하리 내온맘으로 -

151
ROMAN 16:19

Dale Garrott,
John Mark Childers
Ramon Pink and
Graham Burt

♩ = 96 Spoken

Ro-mans six-teen nine-teen says- Ro-mans six-teen
Sung
nine-teen says- 선 한데는 - 지 혜롭고 - 악
한데는 - 미 련하라 - 선 한데는 - 지
혜롭고 - 악 한데는 - 미 련하라- 평강
의 주님 속 히 사단을 너희 발 아래에
상 하게 -하리 평강 의 주님속
히 사단을 너희 발 아래에 상 하게-하리

여호와여 주의 도를 내게
가르치소서 내가 주의 진리에
행하오리니 일심으로 주의
이름을
경외하게 하소서

시 (86:11)

152
기뻐하며 즐거워하라

Nancy Gordon
예수전도단 변역
♩=69
F   Gm7   F/A   Bb   C C/Bb   F/A   Dm7
기 뻐 하며 즐 거 워하라 소리높여 주를
Gm7   C   F   Gm7   F/A   Bb   C
찬 - 양 기 뻐 하며 즐 거 워하라
Gm7   C   1. F   2. F Bb/F F
모 두 세 대 여왕께 찬 양 기 찬 양 기
F   Bb   G7
뻐 하며 주께나 와 호산나 외 - 치
C   A7   Dm
세 손 을 높이들고 찬 양 주님
Bb   Gm7   Csus   F
께 - 면류 관 드리 세 - -

너희 의인들아
여호와를 기뻐하며
즐거워할지어다
마음이 정직한 너희들아
다 즐거이 외칠지어다

시 (32:11)

153
주님께 드려요

F   Fmaj7   Gm7
무지개를 찾아 다니시 나요
맑은날만 있다 하지않 아요
C   Bb/C   F   Bb/C   C7
돌고도는 생활 하시 나요 -
궂은 날도 있을 거 예 요 - -
F   Fmaj7   Gm7
헛된모 든 꿈을 다 - 가 지고
그런날도 찬송 할수있 지요
Gm7/C   Bb/C   F   Bb/C
주님발앞에 모두 놓아 요   드려
주님이모두 도와 주 세 요
F   Am7   Bb   C7
요 모두 다 주님께 드려 - 요 - 깨진
Gm7   C7   F   Bb/C
꿈 상한맘 - 지친 몸 -   드려
F   Am7   Bb   C7
요 모두 다 주님께 드려 - 요 - 슬픈
Gm7   C   Bb/C   F   Bb/F F
마 음기 쁨으 - 로변 해 요 -

154
나 주님의 기쁨되기 원하네

다드림 번역
나주님 - 의기쁨되 - 기원 하 - 네 - 내
겸손히 - 내마음드 - 립니 - 다 -
마음을 - 새롭 - 게하소 - 서 -
나의모 - 든것 - 받으소 - 서 -
새부대 - 가되 - 게하 - 여주 - 사 - 주
나의맘 - 깨끗 - 케씻 - 어주 - 사 - 주
님의빛 - 비추 - 게하소 - 서 - 내가
의길로 - 행하 - 게하소 - 서 -
원 - 하는 - 한 - 가지 -
주님의 - 기쁨이되는것 - 내가
원 - 하는 - 한가 - 지 -
주님의 - 기 - 쁨이되는것 -

155
오주님

G   C   G
오 주 님 오 주 님 땅과 하늘을
Em   Am   D7   G
지 으신 주 - 주의 크 신 능과 드
Am   C   D7   G
신 팔 로 주께 능치 못 할일 없 네
G7   C   Dsus4 D7 C   G
- 능치 못할실 일 없 네 -

157
여호와 나의 하나님

하 스데반
G D/F# Em Bm C D7 G D7
여 호와 나의하나님 주 님만 사랑합 니 다
G D/F# Em Bm C D7 G
내 영혼 오직주님만 찬 양드 리 네
G D/F# Em Bm C D7 G D7
할 렐루 할렐루-야 할 -렐 루 -야 -
G D/F# Em Bm C D7 G
할 렐루 할렐루-야 할 -렐 루 야

156
내 영혼이 주를

Jeff Nelson
♩=110
C/D   G   C/G   D/G
내 영 혼 이주를 - 갈 - 망 하나 이다
G   Em7   C   Dsus
- 물이 없 어마 르고 - 곤 핍 한 땅에
D   G   C/G   D/F#   Em7
서 성 소에-서 주 -를 바라보았- 나
B/D#   Em9   D   C   C/D
이 -다 주의-권 능 과영 -- 광 -을
D   Bm7   G   G7/B   C²   G   Gmaj7/B
내입 술이 찬 -양 하며 주 송 - 축 하
C²   Am7   D²/F   G
리 나의 평 생 - 에
G²/B   C   D   Bm
주의인 자 가생 명 보 다 나 -으 므
E   E²/G#   Am   Dsus D   C² D
로 주의 이 름으로 - 손을 들 리

주의 인자가 생명보다
나으므로 내 입술이 주를
찬양할 것이라
시 (63:3)

158
위대하신 주 하나님

Debra Hadfield
Tom & Robin Brooks
중대 기독학생회. 두란노 공역
위 대하신주 하나님 - 그는 놀라우신 - 분
위 대하신 주 하나님 - 그는 놀라우신 분
우 리맘과 생 - 활을 - 바꾸신 주 - 님 -
크 신주의 역 - 사를 - 이루시었 네 -
주는 기묘자 모 사 전능왕 영원 - 하신
아버지 평강의왕 - 영원히 다스 리시네위

159
경배하리 내 온맘 다해

David Ruis
두란노 번역
1. 경배하리 - 내 온맘 - 다 해 -
2. 무릎꿇고 - 주 맞이 하 리 -
찬 양하리 - 내 온 힘 다 해 -
내 모든 것 - 다 드 - 리리 -
주 찾으리 - 나 사는 동 안 - 주
주 를향해 - 내 눈을 들 고 - 주
님 의길을 - 나 따라 가리 -
의 지하리 - 주만 의지 하 리 -
주 님만 - 을 경 배 - 하리 주 님만 - 을
찬 양 - 하 - 리 - 찬양받 - 기 합당 - 하 신
존 귀하 - 신 주만 높 - 이 - 리 -

우리 하나님이여
이제 우리가 주께 감사
하오며 주의 영화로운
이름을 찬양하나이다

대상 (29:13)

160
주를 부르라

정종원

주를부르 라 주를부르 라 그가
누구뇨 - 그가 누구뇨 - 그 가 -
예수 - 그리 스도 - 만왕 의 왕이요 살아
계신 - 하나 님 의아 들 - 살아
계신 - 하나 님 의아 들 -
들 - 예 수 -

여호와 우리 하나님이여
우리를 구원하사 열방 중에서
모으시고 우리로 주의 성호를
감사하며 주의 영예를
찬양하게 하소서
시 (106 : 47)

161
주의 거룩하심 임할 때

Mark Altrogge
두란노 번역

주의 거 룩하심 임할-때- 새-우 혜 넘 치-
주의 크 신권 능 임할-때- 나는 보 잘것 없-
주의 빛 난영 광 임할 때- 모든 명 예버 리-

네 - 모든 죄 사하 신 하나-님- 주앞
네 - 주의 힘 과지 혜 임 할-때- 아무
네 - 주는 공 의로 운 하나-님- 신실

에 나 서있-네 외치세 거 룩거 룩
말 할수없-네
하 신 여호-와

거-룩 놀라 운주 이-름 거 룩하신

하 나-님- 장엄- 한주 의통-치- 주님앞-

에 - 나의 모든것이 변 하- 네

162
주의 이름 부를 때

Chris A. Bowater
두란노 번역
G A D A/D G A D Bm7
1. 주의 이름부를 때 - 주님 앞에엎드 리 어
2. 주의 이름부를 때 - 나를불드시는 사 랑
Em7 Asus4 A D Bm7 Em7 Asus4 A D
- 눈물 속에경배 하 네 - 주의이름부를 때
- 그사랑을확인 하 네 - 주의이름부를 때
G A D Bm F#7 G Dsus2 D A/C#
- 주의이름부를 때 예 수 예 수
Bm F#7 G Dsus2 Cmaj7
예 수 예 수 주의이름부를
Asus4 A A7 D
때 - - 주 경배 -

163
나의 주 다스리시네

Chris A. Bowater
두란노 번역
Worshipfully
G Am Am7 D7 C/G G
나의 주 - 다스리 시 - 네
G Am Am7 D C/G
- 나의 주 - 통치하 시 - 네
Fine
G E7 Am Am7 D7 D#dim/D Gmaj9
- 주의나라 가 - 임할때까 지
E7 Am Am7 D7 D#dim/D Gmaj7 D.C al Fine
- 주님의뜻대 로 - 날붙드소 서 -

164
그이름 예수

Don Moen
& Tom Brooks
예수전도단 번역
♩ = 92
G/A A D Em11 D2/F#
그이름 예 - 수 만유의 주
Bm7 Am7 G2 D2/F# G2
크 신권 능앞 - 에 우리엎드 려
2nd time to coda
G/A A D Em11 D2/F#
거룩한 손 들고 주경배 합 니다
G2 D/A G/A Dsus A/D G/D D
그이름 예 - 수 만유의 주 -
Em11 D2/F# G G2/B A2/C# Bm Bm/A
왕의왕 또 주의주 만 물의창조 자
Em11 D2/F# E2/G# E2 G/A D.C.
왕의왕 또 주의주 만 물이찬양 해
Coda
G2 D/A Bm7 Em7 G/A A/G D2/F# Bm7
그이름 예 - 수 그이름 예 - 수
C2 D/A C/Bb Bb
그이름 예 - 수 만유의 주
D/C C D
- 만유의 주 - 만유의 주 -

165
주 여호와가 통치하시네

찬양하는 사람들
♩ = 72
주 여호와 가 - 통치하시 네 - 주님발 앞에 - 모두 나와
무릎 꿇고 경배드리 세 주 여호와
가 - 통치하시 네 - 주님발 앞에 - 모두 나와
고개 숙여 예배드리 세 - 인자하 신 주찬양
해 - 그는 동일하신주 하나 님
주 여호와 가 - 통치하시 네 - 주님발
앞에 - 모두 나와 소리 높여 찬양드리 세

166
하늘에 있는

Bob Fitts
예수전도단 번역
♩ = 80
하늘 에 있 는 모 든 만 물 들아
왕께 찬 양 돌 릴 지어 다
만 물 의 찬 양 을 보 좌 에 앉 으신
주 일 어나 - 다 들 으시
네 하 늘 에 네 -

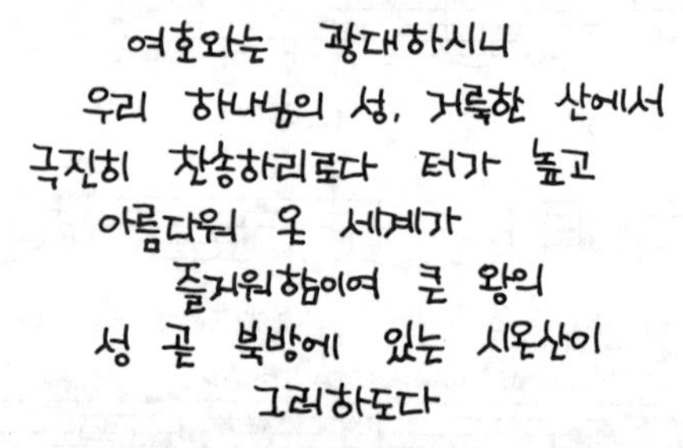
여호와는 광대하시니
우리 하나님의 성, 거룩한 산에서
극진히 찬송하리로다 터가 높고
아름다워 온 세계가
즐거워함이여 큰 왕의
성 곧 북방에 있는 시온산이
그러하도다
시 (48 : 1-2)

167
거룩한 보좌 앞에

Robert Gay
예수 전도단 번역
♩=84
C/D G C
거룩 한 보좌-앞에 - 겸손
G C G
한 마음-으로 - 무릎 꿇고 절하
Em7 Am7 D C/D G
-며 경-배해 - - 거룩 한 손을-들고
C B7sus B/D# Em Am7 D
- 나의 사랑맹- 세하. - 며 신 령 과진- 정으
Am7 D
-로 예 배 드립-니 다 - 내삶
Am7 D C/D D G
주 께찬- 양되 게 하소서 -

168
오 나의 주님

Chris A. Bowater
두란노 번역
G C D/C Bm7 Em
오 나의 주-님- 새롭게- 하소서-
C D7 C/D D7 C/G G Am7/G
-나의영 혼- 에- 임하소 서
G Eg Am7 D7 D#dim7/D Gmaj7
- 내맘을엽니 다 - 주알 게하소 서
- 주앞에엎드 려 - 다고 백합니 다
- 주님만위하 여 - 나살 게하소 서
G Eg Am7 D7 D#dim7/D Gmaj9
- 내뜻을 드리 니 - 주다 스리소 서
- 내죄와 허물 을 - 다씻 어주소 서
은 혜이 예수 님 - 나사 랑합니 다
G C D/C Bm7 Em
- 오 나의 주 -님- 새 롭게- 하소서-
C D7 C/G D7 C/G G Am7/G G
-나의영 혼- 에- 임하소 서 -

하늘에 있는 자들과 땅에
있는 자들과 땅 아래 있는 자들로
모든 무릎을
예수의 이름에 꿇게 하시고
빌 (2:10)

169
예수 이름 높이세

최덕신
수 많은 무리들 — 줄지어 — 그
분을 보기위 -해따르네 - 평 범한목수이신 그
분 앞에 - 모든 무릎이 - 꿇어경 배-하- 네
모 든 문제들 - 하나하나 - 죽
음 까지도 -힘을잃고 - 생 명의근원되신 예
수이름앞-에 모든 권세들- 굴복-하- 네
- 예수 이름높-이세- 능 력의그-이름 예수
이름높-이세-구 원의그-이름 -예수 이름을부-르 는
자 예수 이름을믿-는 자 - 예수
이름앞에-나오는- 자 복이있-도 다 - -

170
주의 이름 높이며

Rich Founds
예수전도단 번역
♩ = 80
주의 이름높- 이 며
주를 찬 양하-리 라 —
나 를 위 해이- 땅 에
오 신 주를찬- 양 해 —
하늘에서 이 땅에 — 내 - 려와
- 십자가 -에 달려서 - 날 구 했네
- 무덤에-서 일어나 - 하늘로 -올라가신
- 주의이름높- 이 - 리 - -
PRAISE

171
모든 민족에게

Roy Grodie.
Dave Bankhead
& Steven Bassett
두란노 번역
♩ = 80
G D/G C/G D/G G G/B
1. 모든 민 족 에게 — — 주 성 령 부어 주소
2. 모든 열 방 에게 — — 주 성 령 부어 주소
C Am7 Em G/D D G/D D
서 — — 하 나님 의 백 성 — — —
서 — — 영 광중 에 오 사 — 주
Am7 Cmaj7/E Dsus D Am/D G D/G
주 의 말씀 주 시고 — 꿈 과환 상
경 외 하게 하 시고 — 큰 신 능 력
D/G C/G D/G G G/B C
주 사 — 주 의 비밀 알 리 노 서 — —
으 로 — 땅 과 하늘 흔 드 소 서
Am7 Em G/D D G/D D Am7 Cmaj7/F G/D
우 리 믿 사 오 니 — 하 늘 이 주 의 날 선 포
주 를 기 다 리 니 — 만 물 이 주 의 날 올 보
G/D Dsus D G D
— 케 하 소서 —
— 게 하 소서 — 그 날 엔 주 — 의 영 이
Esus Em C Am F Dsus D
임 하 여 — 큰 부 흥 이 — 땅 위 에 일 — 어 나 리 라
G D Esus Em C D
모든 영혼 — 깨 어 일 어 날 때 — 주 예 수 를 — 부
B7sus D Em Am7 D13 G
르 는 자 는 — 구 원 되 리 — —

172
더 넓은 세계를

선교한국 94 연합찬양팀
G Am7/G C Am7
더 넓은세계 -를보기 원합니다 -주의 사랑 -의 - 늪길
D7 G Am7/G
-로 - 더 많은삶을 -건지기 원합니다- 우리
C D G Am7/G G Am7/G G
섬 김 -의- 손길 -로- 더 깊은헌신- 가운데
Am7/G C A7/C# Dsus4 D7
이프소서- 오직 성령 -의-불길 -로- 더이
G B7 C C#dim G/D C/D
상 주저 없이내림 게하소서- 우리 믿음 -의 발검
G Am7/G C/D G Bm7 Cmaj7 D
-로- 모든 족속마 -다 교회 를- 그
Bm E7 Am D B7/D# Em
구 원의물결 -을- 모 든 사람에 -게
A9/C# Am/C C C/D G Am7 G(C/D)
복음을- 그 생명 의숨 -결을 -

173
나의 가는 길

Don Moen
두란노 번역
나 의 가 - 는 길 - 주님 인 도 하 - 시 네
- 그 는 보이지 않아도 - 날 위해 - 일 하
- 시 네 - 나 의 인 - 도 자 - 항상
함 께 하 - 시 네 - 매일 사 랑 과 - 힘
주 시 며 - 인 도 하 - 시 네 -
인 도 하 - 시 - 네
Fine
광야 에 길을 - 만 드 - 시 고 - 날
인 도 해 사 막에 - 강 만
드 신 것 - 보라 -
하 늘 과 땅 - 변 해도 - 그 의

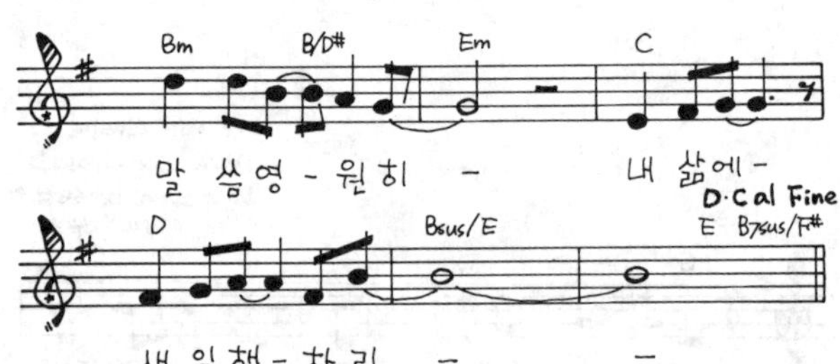
말 씀 영 - 원 히 - 내 삶 에 -
D.C al Fine
새 일 행 - 하 리 - -

174
주 내 맘에 모신후에

Bill Gaither
예수전도단 번역
주 내 맘 에 모 신 후 에 날 주
장 하 시 네 - 주 께 내 맘
드 린 후에 더 욱 섬길 수 - 록 더 귀 한 주
님 - 더 욱 섬길 수 록 더 귀 한 주
님 더 사 랑할 수 록 주 날 사 랑 해 매
일 내맘 속 에 기 쁨 넘 치 네 더
욱 섬길 수 - 록 더 귀 한 주 님

175
오직 주님만

Andy Park
두란노 번역
G   Gsus4   D
오직- 주 님만- 나 의맘의 - 갈급 - 함채 -으네
G C/b G   Gsus4   D6 D C D
- 오직- 주 께만- 더 가까이 -가기를워 -하
G   D/F#   Em7 C   D G D/F#
네 주님 만내갈급함 - 채우 -네- 주만
Em7 C   D/G D/F# Em7 C
내게새생명 -주네 - 주만 기 쁨내맘에 -주시
D G D/F# Em7 C D 1. G Cmaj7/G D/G C/G
-네- 나의 기 도응답하 -시 네
2. G D/F# G D/F# Em7 C D G Cmaj7/G
네 주님일 네 나의 기 도 응답하 -시 네

176
주님의 날개 아래 살리라

D.J. Hadden
& Sulvester
두란노 번역
G   Cmaj7 C
주님의 -날 -개 아래 -살 -리 라 -참나의
G   C/b G
안식처 — 주 안에 -나 함 -께 - 거 -할
Cmaj7 C   Am D Bm
때 -나 경 배 경
Em Am D G C/G G
배 주 경 배 하 리 -

177
새롭게 하소서

전 1:9
고전 5:17
G   C G C   D7
해아 래 새것이 -없나니 이 죄 인건 지신 주
G   C G C A7   D7
보 라 새 롭게 된이피조물 주 의 놀라 운권 능
G   D7   G D7 G
찬 양 하세 우리 주 오 주 여영 광받 으소서
G   D7   G
새 롭게 하소 서 새 롭게 하소 서
G   D7   Am7 D7   G
새 롭게 하소 서 늘 새 롭게 하소 서

이미 있던 것이
후에 다시 있겠고 이미
한 일을 후에 다시 할찌라
해 아래는
새것이 없나니

전 (1:9)

178
주님만이

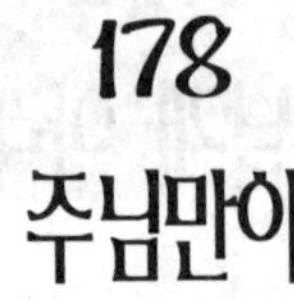
조효성

나 약해있을때에도 주 님은함께계시
시험당할때에도 주 님이지켜주시
고 나 소망없을때에도 주 님은내게오시
실망당할때에도
네 나 님이위로하시네 주님만 - 이
내 힘이시 며 오 주님만 - 이
날 도우시네 오 나의주 - 님 내 아버지
여 오 나의주 - 님 내 사랑이여

저가 네 모든 죄악을
사하시며 네 모든 병을 고치시며
네 생명을 파멸에서 구속
하시고 인자와 긍휼로
관을 씌우시며

시 (103 : 3.4)

179
내 영 자유케

예수전도단 번역
내 영자유 케 하소서 오 주 님
주 경배하 고 찬양하 리 - 다
모 든짐벗 고 자유케 하 소 서
내 영자유 케 하옵소 서 -

180
하나님께로 더 가까이

하 스데반
하 나님께로 더가까 이 갑니 다
고 통가운 데 계신주 님 -
변함없 는주님 의 크신사 랑 -
영원히 주님만 을 섬기 리 -

181
주여 인도하소서

182
주님과 같이

최인혁
지 치고 상 한 내영혼을 주여
받아주소서 내 가 주께 로 지금 가 오
니 버림 받고 깨 진 나의 마음을 주여
받아주소서 내 가 주께 로 지금 갑 니 다
힘한세 상에 날혼자있 게 마 시 고
오 주여 나 를 인도 하소서
거친 비바람 불어 올때 나 를보호하 시고
오 주여 나 를 인도 하 소 서

Lenny LeBlanc
두란노 번역
주님과 같 이 내마음 만지는 분은없네
오 랜세 월 찾아 난알았네 내게 주밖에 없
네 주 자비 강 같이호 르 고 주
손길 치 료하 네 고통받는 자녀품
으 시 니 주밖에 없 네
Fine
D.C.
al Fine

이와 같이 성령도 우리
연약함을 도우시나니 우리가 마땅히
빌 바를 알지 못하나 오직
성령이 말할 수 없는
탄식으로 우리를 위하여
친히 간구하시느니라

롬 (8:26)

183

하나님의 어린양

요 1:29
사 53:4-6
♩=64

고 형원

보라 세 상죄를지고 가는 하 나님 어린 양 그는
실로우리의질고를 지고 우리 슬픔을-당하셨 다 보라
세 상죄를지고 가는 하 나님 어린 양 그는
실로우리의질고를 지고 우리 슬픔을-당하셨 다 그가
찔림은 -우리의 허물 우리의 허물 -인 함이-요 그가
상함은 -우리의 죄악 우리의 죄악 -인 함이-라 그가
징계를 받음 으로 우리가평화누리 고 그가
채 찍에 채찍에 맞음으로 우리 가 우리 가 - 나음
을 -입었도- 다 나음 을 -입었도- 다 나음
을 -입었도- 다 나음 을 -입었도- 다 -

184

놀라워라

John Pantry
최유신 번역

놀 라 워 라 주 베 푸신 그 은혜
놀 라 워 라 주 베 푸신 그 사랑
십 자 가 공로로 자 유 케 했 네
내 죄 사 하시려 피 흘 리 셨 네
놀 라 워 라 주 베 푸신 그 은혜
놀 라 워 라 주 베 푸신 그 사랑
내 모 든 허물을 다 씻 기 셨 네
묶 인 것 푹시고 자 유 케 했 네
- 내 모 든것 을 -주 께 드 리 리 나를
사 랑 하 시는 -주 님 께

그가 찔림은 우리의 허물을 인함이요
그가 상함은 우리의 죄악을 인함이라
그가 징계를 받음으로
우리가 평화를 누리고 그가
채찍에 맞음으로
우리가 나음을 입었도다

사 (53:5)

185
신실하신 주

Lenny Le Blanc 사
Greb Gulley 곡
기쁨 찬양 선교단 번역
날마 다 떠오르-는 해처럼 오 나의주님 은
폭풍 우 몰아쳐와도 - 나
신실하신분 때마 다 주시는 주님의 그비 처럼 -
의뢰하는것 - 신실 하신-분 신실 하신-분 별들
신실하신 - 주 - 봄마 다 -피는-장
이 그빛을잃고-세상다해도 - 신실하신-분 -
-미처럼 오 나의주님 은 신실하신분 주님
주님을의-지-해-요 신 -실
이 내맘에 베푸신 그삶 처럼 - 신실하신 - 주
날마 신 -실 신 실하
- 내죄를 대속해-주신 - 그피 와 - 십자가볼때
신 주님 나 의주 님

여호와의 자비와 긍휼이 무궁하시므로 우리가 진멸되지
아니함이니이다 이것이 아침마다 새로우니
주의 성실이 크도소이다
애 (3 : 22. 23)

186
주 예수 우리 죄 위해

187
고아들의 아버지

Chris A. Bowater
두란노 번역

주 예수 우 리 죄위 해- 상하- 시고-
고 통당- 했네 고 통당- 했네 -주
징 계를- 받음 으로-우린 평 하누-리 고-주
채 찍에- 맞으사- 우리-는 나음-을 입었
네 주의- 피로나-음을 입었- 네 세상-
모 든죄- 와죽-음을-주 님 이지-셨-네
주 의상처- 못박힌손- 우리를—
고치셨- 네 — —

Graham Kendrick
두란노 번역

(오) 고 아들-의 아 버지-모 든가족축
복 하네날 돌 -보시는 아 버지 -
생 명주고- 죄 사 했네-나 죽 의품에
안 전해날 돌 -보시는 아 버지 -
영 원히 - 내아 - 버지되-시네 - 주의
-품안에-나 안 전해 -영 원히 -
주의돌보-심 사 랑해 -
주의돌보-심 사 랑해 - —

너희는 하나님께로부터 나서 그리스도 예수
안에 있고 예수는 하나님께로서 나와서 우리에게
지혜와 의로움과 거룩함과 구속함이
되셨으니
고전 (1 : 30)

188
한 아기가 우리에게

사 9:6
예수전도단 번역
한아기가 우리에게났고 - 한아
들우리게 주셨네 - 그어깨
에정사를메었네- 그이름기묘
자 그이름 모- 사 전능하나님영
존하시는 아ー버지-평강
의왕- 이시라 -

189
주여 여기 오소서

주여 여기 오소서   내맘속에오소
예수 이름 기쁨이   샘솟듯이넘치
서 주여 -오주여 여기에   우리맘에오소
네 예수 -그이름 찬양해   이름속에비밀
Fine
서 주님 주신 믿음소망 사랑 가지고
을 예수 생명 나의것이 되어 버렸네
주님앞에왔으   니 참된 기쁨 참된평화 쾌히
그와함께살겠   네 내가 그로 인해주의 뜻을
D.C.
주시고   영광받아주소   서
알았네   예수 찬양하리   라

190
여호와의 영광을

합 2:14
정종원
여호 와의영광 -을 인정하는것이 세 상에가득하리
- 라 - 여호 와의영광 -을 인정하는 것이
세 상에가득하리 -라 - 물이 - 바다를
덮음 같이- 가득 - 인정되 리라 -
물이 - 바다를 덮음같이- 가득 - 인정되 리라 -

이는 한 아기가 우리에게
났고 한 아들을 우리에게 주신 바
되었는데 그 어깨에는 정사를
메었고 그 이름은 기묘자라,
모사라, 전능하신
하나님이라, 영존하시는 아버지라,
평강의 왕이라 할것임이라

사 (9:6)

191
예수 존귀한 주이름

Brightly
Phil Lawson Johnston
두란노 번역

1. 예 수 존 귀한 주이 름
2. 예 수 주 께경 배하 며
3. 예 수 하 나님 의광 채

예 수 찬 양합니다 뛰어 난
예 수 의 지합니다 주님은
예 수 기 쁨되신 주 위엄의

위엄의 주 이름을 온 땅과하 늘 외 치리 예
왕 의왕 이 되시니 만 물이노 래 하 겠네
주 님다 시 오심을 모 든사람 이 보 리라

수 눈 하 나 님 영광 돌 리며

주를 높 이리 존귀 찬양 드 리 리

라 영광 돌 리며 주를 높 이리

존귀 찬양 드 리 리 라

192
영광과 존귀

예수전도단 번역

영광과 존 귀와찬 양을 주 께

음

영 광 과찬 양 을 주 께 영 광
존귀를

영 광과찬 양 을 주 께 영광
존귀를

존 귀 주 께영광돌리 세

존귀 주 께영광돌리 세

대저 물이 바다를
덮음같이 여호와의 영광을
인정하는 것이
세상에 가득하리라

합 (2:14)

193
주 예수의 이름 높이세

Doug Horley
두란노 번역

주예수의이 -름 높-이 세 - 온땅을덮는
- 깃발-처럼 - 모든사람진 - 리를보 며
- 길되신주 -를 알-리 주예수여
주예수여 높임을받으 -시 옵-소서
- 주예수여 주예수여 높임을받으
-시 옵-소 서 - 한결 음 씩전-진하 -며 이땅을
정복 해-가네 - 기도 로 무기-삼으 -면 원수
는 무너지리 - 무녀- 지리 - -라-

194
주 예수 경배하세

Graham Kendrick
두란노 번역

1. 주 예수 경 배하-세 열방의-왕 만유의주
2. 온 맘과 정 성다-해 사랑으-로 찬양하라
3. 주 님을 경 외하-라 그의심-판 다가오네

위 엄과 영 광존-귀 자비하 신 주
온 민족 방 언으-로 소리합 하 여
전 능한 창 조의-주 경 -배하 라

예 -수 만 유의주 -재 예 -수 열 방의왕
예 -수 만 유의주 -재 열 방의 왕 -

195
나는 노래하리

나는 노 래하리 나의 주님께큰 일 하신나의주 께
나는 찬양하리 주의 이름을위 대 하신나의왕 께
나 팔을불-며 하 프를타-며 탬 버린으-로 춤을 추세
플 룻을 불-며 비 파를타-며 모 두다 찬양하 세

196
주님의 영광

197
샬롬 에루살렘

시 96:5-7
♩=70
고 형원
G   C2   G
영 광을돌 -리세- 우 리하나 -님께- 조 귀와위 -엄과 -능력
C2   Dsus D7   G   C
과 아름다움 만- 방의모든 신은 헛 된우상 -이니- 오직
Am   G3/B   C   D7   G   Am7/D   G   G/B
하늘의하나님- 그 영광찬양해 - 주님의 영 광모
C   D   G   G/B   C   D
든 나 라위에 -주님의 영 광 온 세 계위에 - 하늘
Bsus   B7/D#   Em   Em/D   C   D7
에계신 -우리아버지 영광찬양해 - 우리 주님나라 영원하리라
Em Em7 Em#   Am   D7   G
- 우리 주님 뜻은 이뤄지리라 -

만방의 모든 신은 헛 것이요
여호와께서는 하늘을 지으셨음이로다
존귀와 위엄이 그 앞에
있으며 능력과 아름다움이
그 성소에 있도다
시 (96 : 5. 6)

♩=76
Paul Wilber
두란노 번역
Bm % G   D   A 3 Bm
샬 롬 샬롬 예 루 살렘 평안하 라 -
G   Bm   G   F#sus F#
본 향으로 주인도 할때 네게 찬 양 -넘 치
Bm   Fine Bm   Em
리 -
1. 평안해 - 예 루 살렘 -
2. 이스라엘 주 의 사랑 -
F#sus F#   Bm   Em   Bm
하나님의 성   구원과용서의 기 쁨이 -
에브라임 이여   내 맘에기 쁨준 그 소식 -
G   F#   Bm
너의 길 -을 덮었 네
메시 야 - 가 오 셨 네
Bm   Em   F#sus F#   Bm
주온혜임하 -시 니- 크 게 외쳐 라
형제들아들 -으 라- 주 께돌아 와
1. Em   Bm   G   F#
거룩한주께복 있 도다 - Ye shu-aT-A-do-
Bm   2. Em   Bm
nai - 샬 모두경배하리 A-do-nai -
G   F#   D.S. al Fine
- 메시 야 알 리 라 - - 샬

198
해방되었네

롬 8:1.2
박윤호
해방 되었네 해방되었 네 죄와사망의 법에 서
해방 되었네 해방되었 네 죄와사망의 법에 서
예수안 - 에 있는 나에게 결코정죄함 없나 니
예수안 - 에 생명의법 이 나를 해방하 였 네

199
예수 안에 있는 나에게

롬 8:1-2
구명회 · 박윤호
예수안에있는 나 에게 - 결코정죄함 없 네
생 명의성 령 의 법이 - 해방하 였 네
해방하 였 네 예수 예수 오 직예
수 - 예수 예수 오 직예 수
죄와 사망에서 - 나를 구원했네 -
죄와 사망에서 - 나를 구 원했 네

200
날 도우시네

날도우 시네 오주님나 의하나님 날 도와이길 갈힘주시
네 날도우 시네 오주님나 의하나님 날 도와이길갈힘주시
네 상 한영고 치시며 갇 힌자도우시고 저
눈 자겉 게하고 눈 뜨게 하시네 날도우
시네 오주님나 의 하나님 날 도와이길 갈힘주시 네

그러므로 이제 그리스도
예수 안에 있는 자에게는 결코 정죄함이
없나니 이는 그리스도 예수 안에
있는 생명의 성령의 법이
죄와 사망의 법에서
너를 해방하였음이라

롬 (8:1.2)

201
길 만들라

다드림 선교단

길 만들라 주 오신 - 다 영광 중 - 에
저 상한 마음 고치시고 죄 인 자유 케
눌린 마음으로 우 는 - 자 한 숨 쉬는 자

문 활짝 열고 주 맞이 해 네 삶 속 에
귀 열리고 저는 자 걷 - 고 눕면 자 보 리
옷 음과 기쁨 왕 관으로 단 장 하 리
주 앞에 다른 신 없 - 네 전 혀 없 네

길 - 을 만들 라 왕의 왕위 해 -
길 - 을 만들라 왕의 왕위해

길 - 을 만들 라 주의 나라 임 하 리
길 - 을 만들라 주의 나라 임 하 리

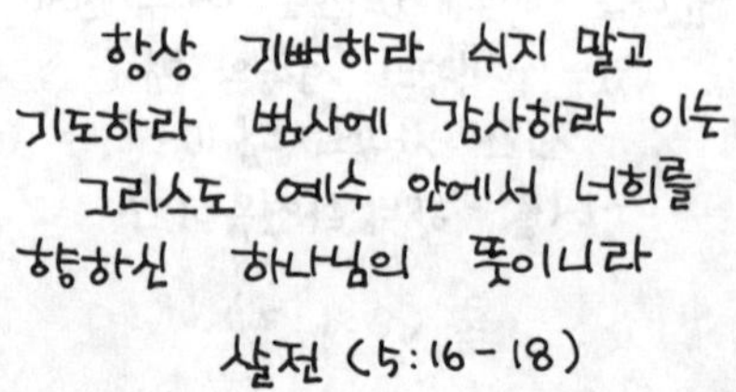
항상 기뻐하라 쉬지 말고
기도하라 범사에 감사하라 이는
그리스도 예수 안에서 너희를
향하신 하나님의 뜻이니라

살전 (5:16-18)

202
항상 기뻐해요

최덕신

항상 기뻐 해요 - 항상 기뻐 해요 - 항상 기뻐 해요 - 주님

주 신 기쁨 - 쉬지말 고 기도 해요 - 쉬지말 고 기도 해요 - 쉬지말

고 기도해요 - 기도 는 우리 호흡 - 범사 에감사해요 - 범사

에감사해요 - 범사 에감사해요 - 모든 일 주님 주관하시니 - 이는

그 리스도 - 예 수 - 안에서 우리 를 향하신 - 하

나님 의뜻 이 - 니 - 항상 기뻐 해요 - 쉬지말

고 기도해요 - 범사 에 감사해요 - 주님 뜻 대로 삽 시

다 이는 다 항상 기뻐 해요 - 쉬지말

고 기도해요 - 범사 에감사해요 - 주님 뜻 대로삽 시

다 주님 뜻 대로 삽시 다 주님

뜻 대로삽 시 - 다 -

203
나팔소리 천사의 노래

Graham Kendrick
1. 나팔소리 천사의 - 노래   하늘의
2. 하늘의 평화와 - 기쁨   다 와서
3. 가난한 마음채 - 우고   그 에게
축제열 - 리네   하늘문   활짝열 - 고서
함께맛 - 보세   주 사랑   네게넘 - 치니
천국주 - 시네   놀라운   주 의선 - 하심
주님널 맞이하 - 시네   기쁨의노래
나에게 부족함 - 없네
하늘과 땅 이외 - 치네
함께부 - 르세   하늘의빛과   사 랑안 - 에서
왕의식탁에   와 서앉 - 으라   하 늘의
축제열 - 리네   하늘의   축 제열 - 리네

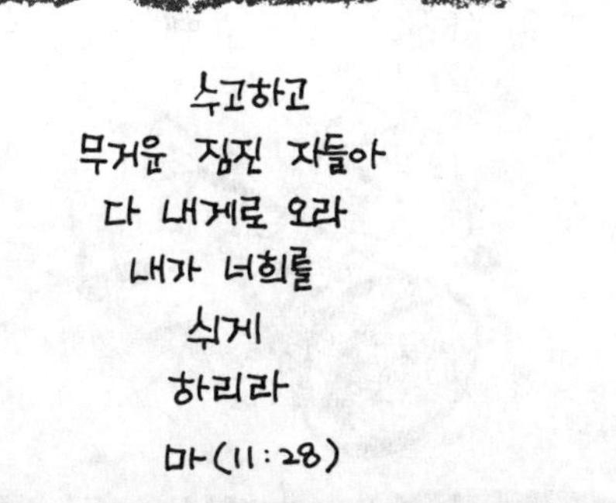

수고하고
무거운 짐진 자들아
다 내게로 오라
내가 너희를
쉬게
하리라
마(11:28)

204
내게 오라

Linda Rich
내게 오라너 무거운 짐을진자 쉬게 하리 라
나는 널 인도 하는 목자 -
또 나는 저 산 밑의 백합 -
길 진리 생명되나 니
빛 나는 새 벽별되 니
너지체 말고 어서 오라 - 내가
너이제 네모 습그 대로 - 내가
너희들을 쉬게하리 라 -
만 나기를 원 - 하노 라 -

205
우리 주만 참 하나님

Lynn de Shazo
다드림 번역
우 리주 만참 - 하나 님 - 우리
하나 님만 이참 - 반 석 - 요
내
새 와 - 방 - 패 - 구 원 의 - 망 - 대 가되시
손 을 - 가르쳐 - 싸 워 서 - 이 - 기 게하시
네 주의지하 는 - 자에 게 - - -

206
기쁨의 탄성

207
오시오

노기돈
G   D7
1. 가난한 자가 복음듣게 될 때 포로된 자
2. 어둠속 에서 빛 을 보게 될 때 잃은 양을
G
결 박 풀 어 질 때 눈 먼 자 가 다 시 보 게
다 시 찾 게 될 때 절 망 중 에 주 를 보 게
D7   G
될 때 눌 린 자가 자 유 - 케 될 때
될 때 풍 랑 중 에 주 함 - 게 할 때
G   D7
기 쁨의 탄 성 을 - 누 가 막 으 리 요
G
기 쁨의 탄 성 을 - 누 가 막 으 리 요
D7
기 쁨의 탄 성 을 - 누 가 막 으 리 요
G C G
기 쁨의 탄 성 을 - 누 가 막 으 리 요 -

빠르게   최인혁
G   D/F#   Bm   Em G7/D
외로움에 - 지친 사 람들 오 시오 - - 당
C   A   Dsus D7
신을 - 워로 - 할 사람있소 - - - -
G   D/F#   Bm   Em G7
외로움에 - 지친 당 신의 마 음에 - - 영
C   D7   G   (G7)
원한 - 사랑 - 을 전 해주네 - -
C   D   Bm   Em
그 분우 우릴 위해 - 죽으 신 주 -
C   D   G   G7
영원한 생명 되신 주 - - -
C   D   Bm   E7
그 분우 사 랑 그 분우 생명 - 우릴
Am   D7   G
구 원 하 신   예 - 수

너희 속에 착한
일을 시작하신 이가 그리스도
예수의 날까지 이루실
줄을 우리가
확신하노라

빌 (1 : 6)

208
주를 찬양

209
주님은 항상 살아계셔서

최덕신 사.곡
G(add9) G/B C D G
1. 세 상의유혹 시험이-내게 몰려올 때-에 나
2. 거 짓과속임수로 — 가득 찬세상에-서 어
3. 주 위를둘러보면 — 아 무 도없는-듯 믿
C G/B Am9 Dsus4 D G G/B
의힘으로그것들-모두 이길 수없네-거 대한폭풍 가운데-위축
디로갈지몰라 — 머뭇 거리 고있네-공 중의권세잡은자-지금
음의눈을들면 — 보이 눈밖 계시네-지 금도내안에서 — 역사
C D G C G/B Am9
된나의영-혼 어 찌할바를몰라 - 헤메 이고 있을때
도우리들-올 실 패와절망으로 -넘어 뜨리 려하네
하고계시-는 사 망과어둠의권세물리 치신 예수 님
Dsus4 D7 C/G G C D7 G C G/B
- 주를 찬양 손 올 들고찬-양 전 쟁은 나에게-속-
Am9 Dsus4 D C/G G C D7 G
한것 아니니-주를 찬 양 손 을들 고찬-양 전
C G/B Am Dsus4 D C/G G
쟁은 하나 님께-속 한- 것 이 니

정종원
G C/D D Em C
주 님-은-향상 살 아 계셔서- 진실
G/B A/C# D C/D D7 G C/D D
한 믿음 만을찾으시네 - 주 님-은- 능히
Em G7 C D7 G Fine
중 심을아시고 -사랑 과 능력을 베푸시네 -
Bm B/D# B7 Em
내영혼은 평안 하네- 두 려 움과 걱정
B/F# Cmaj7 A/C#
없네- 주께 맡긴- 모든 삶은- -주님
Am C6/D D7 D.C
께서 - -이미아-시네 -

자녀들아 너희는 하나님께
속하였고 또 저희를 이기었나니 이는
너희 안에 계신 이가 세상에
있는 이보다
크심이니라

요일 (4:4)

PRAISE

210
주예수 다스리시네

211
죽임을 당하신

Bob Farrell
& Dave Robbins
두란노 번역
♩=66
주 예 수 다 스 리-시 네 주
예 수 다 스 리-시 네 주 네
1. 주
2. 위
인 자와 성실하 심을 다 감사드 리세 영
엄 으로 옷 입고 능력과 영광두 르신 주
원히 주 보 좌는 전부터 섰으니 영원한
예수 거 룩한 주의일 그 나라 높여지
주님 영원 하 신 주 네 주
리라 높여 지 리 주
다 스 리 시 네
Fine

계 5:12
정종원
죽임을당 하신- 하 나 님의 어린양-
은- 찬 송을 받으소 서 -
Fine
능 력 과 부- 귀 지 혜 와 힘
죤 귀 와 영- 광 찬 송 돌려
이 모 든 것 받 으 시 기- 에
함- 당 하- 신 주 -
D·C

하늘에 있는 자들과 땅에
있는 자들과 땅 아래 있는 자들로 모든
무릎을 예수의 이름에
꿇게 하시고
모든 입으로 예수 그리스도를 주라
시인하여 하나님 아버지께
영광을 돌리게 하셨느니라

빌(2:10.11)

212
나는 광대한

Russell. L. lowe
예수전도단 번역
나 는 - 광대한- 주이름 - 찬-
나는 - 광대한 — 주이름 찬-
양 - 나 는 - 영원-히-
양 - 나 는 영 원-히 —
주 를 높이 리 왕의왕 주 의주 통
치하네 그 크신 위엄 으로 - 전 능하신
아버지 만 물 의 창조- 자 -
자 - 만 물의창조 자 -

213
거룩하신 하나님

♩ = 96
Steve and Vikki Cook
예수전도단 번역
A F#m7 Bm7 Bm7/E E/D C#m7 F#m7
거룩하신 하나님 홀로 찬양존귀
Bm7 E D/F# E/G# A F#m7 Bm7 Bm7/E E#07
받으소서 거룩하신 하나님 내
F#m B7 Bm7/E E D/F# E/G# A E/G#
온 맘 다해 찬 양 — 위 대 하
F#m C#m/E Dmaj7 C#m7 Bm7 E D/F# E/G#
신 주 찬 양 해 —
A C#/G# C# F#m C#m7 Bm7 Bm7/E D/A A
거룩하고 진실하신 주하나님 —

214
왕되신 주

♩ = 68
Brian Doerksen
두란노 번역
Asus A Esus E
왕되-신 주 — 사랑 합—니다
D/F# A Esus E
— 왕되-신 주 — 경배 합니다
D F#m7 D A/E E
주께무릎 - 꿇고- 기쁨으로- 내 삶을드리
1. D 2. D F#m7
네 왕되-신 네 내꿈과소 - 망도-
D A/E E D
주 손에- 다 맡 겨드리 - 네- 주를
A E Bm7 F#m7 D E
사 — 랑 사 — 랑 예 — 수 주를-
A E Bm7 F#m7 D E A
사 — 랑 사 — 랑 주 나의왕 -

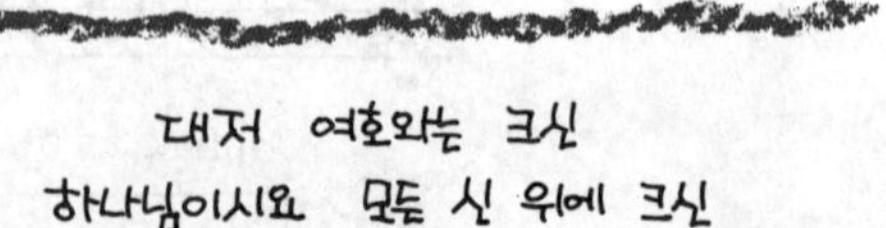

대저 여호와는 크신
하나님이시요 모든 신 위에 크신
왕이시로다

시 (95 : 3)

215
오 하나님

Pauline Michael Mills
예수전도단 번역

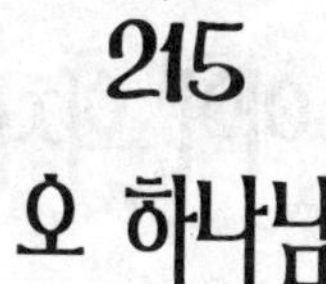

오 하 나 님 영광 존귀 능력 받으소
서 - 받으 소서 나 -의
주님 - 영 -광 존귀 능 력 - 만
물 - 을 지으신 우리 - 주님 모 든 것 창
조 하셨 네 - 주님 뜻 대로
창조하 셨네 - 주 님 받으소 서 -

우리 주 하나님이여
영광과 존귀와 능력을 받으시는
것이 합당하오니 주께서
만물을 지으신지라
만물이
주의 뜻대로 있었고 또
지으심을 받았나이다 하더라

계 (4 : 11)

216
주님 보좌앞에 나아가

Robert & Dawn Critchley
두란노 번역

Bulding, With Strength

1. 주 님 보 좌앞 - 에 나 아 가 참된
2. 기 도 들 으시 - 는 하 나 님 폭풍
안 식과 기쁨 - 나 누 리 - 겠네 경
속 에 내 등불 - 내 노 래 - 시 라 주의
배 하 - 며 주 의얼 - 굴 구 할 때 신실
날 개 - 아 래 서 내 - 맘 쉬 리 니
하 신주 - 님 찬 양 해 신실하 - 신
하 나님 - 신실하 - 신 - 주 -
나의주 - 하 나님은 - 신실 - 하신 주
님 3. 평 화 내 려주 - 신
하 나 님 나로 고 통받 - 는자 - 를 위로
하게하 - 소서 - 나의 평생에 - 주의 사랑 을 전하
리 - 신실 하 신주 - 님찬 양 해 신실하 - 신

217
나는 생명 양식

S. Suzanne Toolan
& Betty Pulkingham
예수 전도단 번역
나 는 생명 양 식 내게 오 는 자 주 리지 않고 나를
믿 는 자 는 목 마름이 없네 아 버지널 부르 셨네
내 너를 일 으키 리 - 내 너를 일 으키 리
내 너를 일 으키 리 마지 막 날 - 에

218
나의 영이

고 형원
나의 영이 주 께 노 래합 니 다
나 의영이 주 를 찬 양합 니 다
하 늘 아 버 지 - 나 경 배합 니 다
아 바아 버 지 - 나 사모합 니 다 -

219
하늘이여 외치라

Stephen Hah
하 - 늘이여 외 치라 - 하 나 님의 - 크
신 위엄 - 주의 영 광을 - 선포 하 여라 - 주
지으신 만 - 물 아 산과 바닷물이 - 기뻐
외 치네 - 주 행한일 - 놀라 운 권능 - 모든
땅의 끝이 - 경외 하리라 - 선하신 하 - 나
님 귀한 생명주신 - 나의 창 조자 -
주님 만을 - 송축 하 리라 - 빛난 영광중에 - 다시
오 실왕 - 영원히찬 - 양 해

진실로 너희에게 이르노니
믿는 자는 영생을 가졌나니
내가 곧 생명의 떡이로라
요 (6 : 47. 48)

220
죽임 당하신 어린양

Don Moen
예수전도단 번역

죽임 - 당 하 신 어린 양 -
죽임 - 당 하 신 어린 양 주 님 께
영 광 과 존 - 귀 지 - 혜 와 능 - 력
죽임 - 당 하 신 어린 양 -

222
날 구원하신 주

J. A. Hultman
문정선 번역

날 구 원 하신주 감 사 모든 것 주심감 사 지난
응 답 하신기도 감 사 거절 하 신것감 사 헤쳐
길 가 에 장미꽃 감 사 장미 꽃 가시 감 사 따스

추 억인해 감 사 주내 곁 에계시 네 향기
나 온풍랑 감 사 모든 것 채우시 네 아픔
한 따스함 가 정 희망 주 신것감 사 기쁨

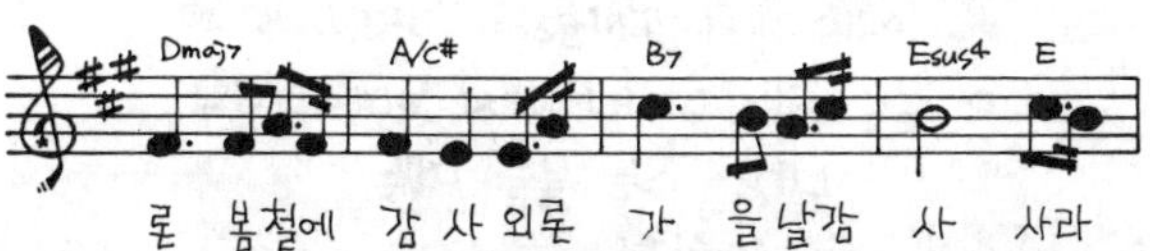
로 봄철에 감 사 외로 가 을날감 사 사랑
과 기쁨도 감 사 절망 중 위로감 사 측량
과 슬픔도 감 사 하늘 평 안을감 사 내일

진 눈물도 감 사 나의 영 혼평안 해
못 할은혜 감 사 크신 사 랑감사 해
의 희망을 감 사 영원 토 록감사 해

221
일어나 새벽을 깨우리라

조동희

1. 지금 우리는 - 마음을 합하여 - 진정으로 찬양할때니
2. 지금 우리가 - 하나님의 지하고 - 담 - 대히 나갈때이니
- 모 이자 - 하나되 자
우 리가갈 길이라 - 찬양과 (온맘과
주 님이지키 시리라 - 찬양과 (온맘과
정성을다해 -) 기도와 (주님께서 기도 하신것 처럼 -)
말씀속 에 (권능으로 임 하시니) 사랑으 로 하나 되
자 우리의 젊음 모두다 해 주님을 찬 양하
며 온세상 에 주의사 랑 전하리 라 -
일 어나 - 새벽을 깨 우리 라 - 지금
너 회가 - 하나될때이 니 일어나 - 새벽을
깨우리 라 - 내가 너희와 - 함께 하리라 -

223
나는 알아요

224
우물가의 여인

Peter Jacobs 사
Hanneke Jacobs 곡
샬롬 노래 선교단 번역

나는알아요 나기도 할때 - 주 님곁에서모두 듣고
나는알아요 나어려울 주 님날위해기도하고
나는주님느낄수있 어요 - 나
주님항상날기 달리 시네 - 내
기 도하며주님앞에 나갈 때 - 조용히내 곁에오
모 든염려가지고나 아오 길 -
계신 것 -
셔서 - 내맘어루만지 시 고 - 놀라운주 - 님의그
평안 - 내맘에채워주 - 시 네 - 주님
언 제나 - - 함께 하 시네 - - 어려운
- 일당할때 - 또 기쁜일에도 - 함께 하시네 -
- 주님 언 제나 —— 함께 하 시네 - - 나는
알고있어요 - 주 님내곁에계심을 - -

우 물 가의여인 처럼난구 했네 - 헛
많고 많은 사람들이 찾았 없네 - 헛
내친 구역 거기서 - 돌아 오라 - 내
되 고 헛된것들 을 그 때 주님 하신
되 고 헛된것들 을 주 안 에게품 추인
주의 넓은 품의 로 우 리 주님 너를
말씀 - 내샘에 와 생수를마셔 라 오 -
보배 - 세상것 과 난비길수없 네
반겨 - 그넓은 품 에안아주시 리
주님 - 채우 소서 - 나의 잔 을높이 듭니 다 하늘
양식 내게채워 주소서 넘치 도 록 - 채워주소 서

예수께서 대답하여 가라사대
이 물을 먹는 자마다 다시 목마르려니와
내가 주는 물을 먹는
자는 영원히 목마르지
아니하리니 나의 주는 물은
그 속에서 영생하도록 솟아나는 샘물이
되리라
요 (4:13.14)

225

사람들은

226

새 벽

최덕신
사람들은 이렇게멋-진것을
무엇-때문에 외-면하-는가
사람들은 이렇게값-진것을
무엇-때문에 원하지않-는가
주예수 모-셔-요-당-신의구주
로 주예수모시-면- 구원받는이기쁨
거듭나는새생명
- 사람들은 이렇게멋-진것
을-무엇-때문에 외-면하--는
가 사람들은 이렇게값-진것을
무엇-때문에-원하지않-는가

♩=68
천만찬
1. 새벽에 나는 알았소 형제가죽어감을-
2. 한낮에 나는 알았소 태양이뜨거움을-
3. 해질때 나는 알았소 고난이끝났음을-
새벽에 나는 알았소 내게서멀어져감을
쏟아지는 햇볕아래 내형제가 또다시쓰러져가 네
해지는 저산너머 저끝에는 주님이나를부르 네
주여 구원하소 서 우리를인도하소 서-
생명보다귀한 사랑이 여기있습니 다

여호와는 나의 빛이요
구원이시니 내가 누구를
두려워하리요 여호와는 내 생명의
능력이시니 내가 누구를
무서워하리요
시 (27:1)

227
부흥

느헤미야
함 3:2
♩=72
고형원
A E/G# F# F#/E D
이땅의 황무함을 보소서 - - 하늘의 하나님 - 긍휼을
E E7 A E/G# F# F#/E
베푸시는주여 우리의죄악 용서 하소서 - - 이
Bm G E E7 A E/G#
땅 고쳐 주소 서 이제우리모두하
F# F#/E D E E7
나되어 — 이땅의 무너진 — 기초를 다시쌓을때
A E/G# F# F#/E Bm G
우리의우상들을 태우실 — 성령의불 - 임하소
Esus4 E7 A F#
서 부흥의불길 - 타오르게 하소서 —
Bm E7 E/D E7 A
진리의말씀 - 이땅새롭게 하소서 — 은혜의강물 - 흐르게
F# Bm Esus4 E7
하소서 — 성령의 바람 - 이제불어 와 오-
A C#7 F# F#/E D Bm E
주 의영 - 광 가득한 새 날주소 서 오-
A C#7 F# F#/E Bm E7 Asus4 A
주 님나 - 라 이 땅에 임 하소 서

228
비젼

계 7:9-11
♩=74
고형원
A Amaj7 D E
우리 보 좌앞에 모 였네 함께주를찬양 - 하
A D E C#7 F# D
며 하 나님의사랑그 아들주셨네 그 의피 로우린
Bm E E7 A Amaj7
구원받았 네 십자 가 에서쏟으신그 사랑
D E A D E
강같이온땅에 - 흘 러 각 나라와족속 백
C#7 F# D Bm Esus E
성 방언 - 에서 구원받고주 경배드리 네
A2 F#7 D2
아 - 멘 찬 - 송과 영 광과지 혜
구 원하심이 - 보 좌에앉으신 우 리하나 - 님과 어
Bm Esus E A2 F#7
감 - 사 존 귀 와 능 력과힘 우
리양께있도 다 구 원하심이 - 보 좌에앉으신 우
D2 Bm Esus E Asus A
리 하나님 께 세 세토록아 멘
리하나 - 님과어 린양께 있 도 다

229
주님 나라 임하시네

♩=40
고형원

주님 나 라임히 시네 - 주의날은멀지않았 네 너는
일 어나 주를따-르라 하나님널부르-시 네 세상
은 아직 어둠 속에 - 빛되신주 보기원하 네 너는
일 어나그 빛을발-하라 주님의영광 네게임 - 했
네 일어나 주 위해서라 - 강한용사 - 여 -
주님이너와 - 너와 함께하 - 시네주께서 다 시오실길 - 그
길 예 비하 - 라 - 영광의주님 - 오
만 왕의왕 - 곧 오시 네 -

230
주님이 주신 땅으로

수 14:12
홍진호

주님 이 주신 땅으로 - 한걸 음씩 - 나아
갈 때에 수많 은 적들과 견고 한성이 - 나를
두렵게 - 하지 만 주님 을 신뢰 함으로 - 주님
을 의지 함으로 - 주님 이 주시는 담대함으로 - 큰
소 리 외치며 - 나아가 네 이산지 를 내게주
소 - 서 그날 에 - 주께서 말씀 - 하신 이제내
가 주님의 이름으로 - 그땅 을 취하리
니 이산지 을 취하리 라 -

그날에 여호와께서 말씀하신 이 산지를 내게
주소서 당신도 그 날에 들으셨거니와 그곳에는 아낙
사람이 있고 그 성읍들은 크고 견고할찌라도 여호와께서
혹시 나와 함께 하시면 내가 필경 여호와의
말씀하신대로 그들을 쫓아내리이다

수 (14:12)

231
난 여호와로 즐거워하리

하박국 3:17-18

Tony Hopkins
예수전도단 번역

무화과 나뭇잎이- 마르고- 포도 열매가없 으며

- 감 람 나무열매 그 치고- 논밭에

식 물이없 어도 - 우리 에 양 떼가

없 으며- 외양간 송 아지없어도 - 난 여호와로

즐 거워하리 난 여호와로 즐거워하리 난

구 원의하나 님을 인해 기 뻐 하-리라 -

여호와의 속량함을 얻은 자들이
돌아오되 노래하며
시온에 이르러 그 머리
위에 영영한 희락을
띠고 기쁨과 즐거움을 얻으리니
슬픔과 탄식이 달아나리로다

사 (35:10)

232
주께 구속된 자들이

사 35:10

예수전도단 번역

주께구속 된 자들이 돌아 오네 시온으

로 오 며노래 하네 — 그머리 위에영 영 한

기 쁨을 쓰겠- 네 주께구 속 네

즐 거움 과 기쁨얻 고 - 눈

물- 근 심은 사라지 리 주께구 속

된 자들이 돌아 오네 시온으 로 오 며노래

하네 — 그머리위에영 영 한 기쁨을 쓰겠 네

233
가서 제자 삼으라

마 28:16~

최용덕

234
성령이여

Brian Doerksen

갈- 릴 리 마을 그 숲속 에서 - -
주님 그 열 한 제자 다 시 만나시사 - -
마지 막 그 들에게 부 탁 하시기 를 -
너희 들은 - 가라 저 세 상으 로 -
가서 제 자삼으 라 세상 많 은사람 들 을
세상 모 든영 혼이 네게 달렸나 니 -
가서 제 자삼으 라 나의 길 을가르 치 라
내가 너 희와 항상 함께 하 - 리 라 -

성령이여 내영혼 에 넘치도 록 채워주소서
- 채워주 소서 - - 주의사 랑
주의자비 간절하 게 기다리 오니 -
채워주 소서 - - 크 신 자비
-로-내-죄-를 씻으소서 - 순전 하신
-주의사 -랑-을 - 새롭게 - 간절히
원하네 주임재 하 심을 간절히
원하네 주 님의 임재 하 심을

Last Time

1st Time D.C
2st Time D.S
3st Time D.S.S

235
유월절 어린양의 피로

Martin J. Nystrom
& Rhonda Gunter Scelsi
예수전도단 번역
♩.=60
D/E A D₂ Esus E A D₂
유월 절어린양 - 의피 로 나의 삶의문이 - 열렸
Esus E C F/C G/C
네 - 저 어둠의권 - 세는 힘이없네 주
F/A Dm7 Esus E A D₂
보혈의 능 - 력으로 - - - 원 수가날 정죄할
Esus E A D₂ Esus E F#m C#m/E
때 - 도 난 의롭게설수있 네 - 난 더이상 정죄함
D A₂/C# Bm7 D/E E A D/E E
없 - 네 난 주보 혈아 - 래있네 - 난
A A/C# D D/E E A F#7
주보 혈아 - 래있네 - 그 피로 내죄 - 사했 -
Bm7 Esus E F# C# D A/C# Bm7 Bm7/A
네 - 하 나 님의긍휼날 거룩케 하시었
Gmaj7 D/E E/G# A A/C# D D/E E
네 - 난 주보혈아 - 래있네 - 난
A F#7 Bm7 Esus E F# C#
원수의어 - 떠한 공격에도 더이상넘 어
D A/C# Bm7 D/E E A
지지않네 난 주보 혈아 - 래있네 - -

236
위엄의 주하나님

Stuart Townend
두란노 번역
A Asus4 A Asus4 A E/A
위 엄의주 하나 님 - 나주볼때 모 든 짐벗기셨
Bm7/A A Asus4 A Asus4
네 - 주말씀 - 내발의등 불 - 주손들고
A E/A Bm7 D/E A C#m7 D
축복을 베푸시 네 주나의 모 든 것 하늘과
A E/A D A E/A
땅 - 을지으신 주 내마음 다 - 해주 이름
D Bsus4 B D/E A C#m7 D
을 부릅니 다 - 경 배하 리 내생명
A E/A D A E/A
주 - 관하 - 시 고 죄와사 망 - 정복 - 하
D Bsus4 B D/E A Asus4 A
신 주나의 왕 - 내모든 것 -

내가 애굽 땅을 칠 때에 그
피가 너희의 거하는 집에 있어서
너희를 위하여 표적이
될지라 내가 피를 볼 때에
너희를 넘어가리니 재앙이 너희에게 내려
멸하지 아니하리라

출 (12 : 13)

237

고요한 아침의 나라

사 60:1-3
♩=116
고형원
C#m2   B2   A   G#
고요 한아 침의 나라   길었던흑암의세 월
E   B2   A   G#   C#m
하나님 보우 하사   이 땅에 - 새날이 - 왔 네
C#m2   B2   A   G#
주님이흘리신 보혈   생명의강으로흘 러
E   B2   A   G#   Amaj7   B7
죽었던이땅살 리고   하 - 늘 - 은혜열 - 렸네 -
E   3   B   A   G#
고 요한 아침의 나라   주를위해 - 주를위해 -
E   3   B   A   G#
흰옷입은 주님의 백성   일어나라 - 일어나라 - 빛을
C#   B   A   G#
발하라 - 주의영 광네위에 - 임 하였으 니 빛을
C#   B   A   B   C#
발하라 - 열방에 빛비추라 - 너 의 주를위 해 -

238
나는 주의 깃발든 군사

박정관
Dm   F   Gm   3
나는 주의 깃발든군 사 존귀한 그이름새겨진
우린
A7   Dm   F
깃발 들고 승리 하신 우리주의 개선 행 렬 그
A7   Dm   F   Gm
위 에 - 휘날리 리 높이올 려서휘날리 리 그이름
A7   Dm   Bb   G
주의백 성모 두 소고치 며 나팔불 고 제금울
C   A7   Bb
리며 춤출 때 그이름 높 이- 휘날
A   Dm/A   A7   Dm
리 리 그이름 예수 (예수) 예수 (예수) 예수 -

239
나는 주님을 찬양합니다

♩ = 126   Linda Duvall
Dm   Gm
나 는 주님을- 찬 양합니다-
Asus   A7   Dm   Dm   Gm
새 노래로주를 찬 양 주 를
C   Fmaj7   Bb   A7   Dm   Gm
찬 양 새 노래로주를 찬양 주 를
C   Fmaj7   Bb   A7   Dm   Fine
찬 양 새 노래로주를 찬 양
Dm   Gm
할 렐루 야 할렐루야 할렐루 야 할렐 루 야
Em7sus   A7   Dm
할 렐루 할렐 루 야 할렐루 야할렐루 야
Gm   Em7sus   A7   Dm   D.S
할 렐루 야 할렐루야 할 렐루 할렐 루 야

여호와여 주의 행사로
나를 기쁘게 하셨으니 주의 손의
행사를 인하여 내가
높이 부르리이다

시 (92:4)

240
다 와서 주께 찬양드리며

Paul Wilber
두란노 번역

1. 다 와서 주 — 께 찬 양 — 드리며 — 크게
외 치세 — 구원 의 반석을 향해 —
주께 모두 나와 감사 드 리며 — 주의
이름 높여 찬양하 세 — — 찬양 할
렐 할 렐 루야 — — 찬양 할 렐 할
렐 — 루 — 야 찬양 할 렐 할 렐 루야 —
— 찬양 할 렐 할렐루 야 —
2. 다 무릎 꿇 고 — 주 경배해 — 우리
를 — 지으신 주 — 하 나 님 —
그 는 우리 주 — 우 린 그의 — 백성
— 주님의 사랑 우릴 — 품으시 네 —

241
샬루 샬롬 예루샬라엠

1. 샬 루샬롬 — 예루샬 라 — 엠 — 샬 루 샬롬 — 예루샬
2. 평안을 — 너에게 끼치니 — 곧 나 평안을 너에게
3. 내 가너에 — 게주는 평안은 세 상 주는 — 것 같지
라 — 엠 — 샬 루 샬롬 — 예루샬 라 — 엠 — 샬
주노라 — — 평 안을 — 너에게 끼 치니 — 곧
않 으리 — 내 가 너에 — 게주는 평 안은 — 세
루 샬롬 예루샬라 — 엠 샬 루 샬롬 예루샬라 —
나 의평안을 — 주노 라 — 나 의 평안을 — 주노
상 과 같지 않 — 으 리 내 상 과 같지 않 — 으 —
엠 샬 롬 샬 롬 샬 롬 샬 롬 샬
라 리
롬 샬 롬 — 샬 루 샬롬 예루샬라 — 엠 샬 엠

평안을 너희에게 끼치노니 곧 나의
평안을 너희에게 주노라
내가 너희에게 주는 것은 세상이
주는 것 같지 아니하니라
너희는 마음에 근심도 말고
두려워하지도 말라
요 (14 : 27)

242

이스라엘의 하나님

John Laudon
두란노 번역
이스라엘의- 하 나-님 날위 해죽 으신 주
하나님의- 어린-양 예수 평강의 왕 무릎꿇
고 경배하 리 주-께 죽님 은 만왕 의- 왕 무릎꿇
고 경배하 리 주-님 존귀 하신 평강의 왕

244

예수를 깊이 생각하자

히 12:1-3
정종원
구름같이 허다 - 한 예수의- 증인들 있으
우리앞에펼쳐 - 진 삶들은- 믿음의 경주
니
니
모든 무거운짐 얽매이기 쉬운죄를
인내로써모든 경주들을 힘써싸워
벗어버리 라
승리하여 라
믿음의-본되신 예 수-
십 자가지신주 님 - 어려움 닥칠때
마 다- 예 수를깊이 생각 하 자-

243

나 항상 주 송축하며

Stuart Dauermann
예수전도단 번역
♩=70
1. 나 항 상주송축하며 내
2. 여 호 와의천사들이 주
입 술 주를찬-양 내 영혼 주를 자랑하- 리
경 외 하는자들을 악 에서 보호 하시리- 로
라 — 곤 고 한자-가 듣고 — 크게
다 — 젊 은 사자 눈굶주려도- 우리
기 뻐 하리- 라나 와 함께- 광 대 하신- 주찬
부 족 함- 없네우 리 함께- 소 리 높여- 찬양
양 다함께 주 이름 높 이세 영원히 내
해
가 외치- 매 환난에서 나를건 지셨 -
네 다함께 주 이름 높 이세 영원히 오
광 대하- 신 주를찬- 양 해

이러므로 우리에게 구름같이 둘러싼
허다한 증인들이 있으니
모든 무거운 것과 얽매이기 쉬운 죄를
벗어버리고 인내로써 우리 앞에
당한 경주를 경주하며
히 (12:1)

245
휘장을 지나

246
내 잔이 넘치나이다

Bruce Clewett
예수전도단, 다드림 공역
I. Anderson

휘장을지나담 대히 - 주님의보좌앞에
주께서뿌린씨로 맺은열매 - 향기로운 제물들
고 - 우리 입술의찬양드 리며 - 주님을 송축하
리 왕되신 주-님께 드리는 경-배 향
기되 어올라가 네 ——— 마음 속에넘치는노래
부릅 니다 -두 손들 고소리높 여
축복 과조-귀- 영광능-력 주께돌 려 기뻐하
세 기 뻐 하세 축복 과조-귀-
영광능-력 주께돌 려 기뻐 하 세

나에게생수 부으시니 나에게생 수 부으시니
나에게 생-수 부으시니 내잔이 넘치나이
다 ——— 내잔이 넘치나이 다
메마른사막 거 친광야도 꽃 피고 즐거워하 네
저넓은벌판 많은곡식들 주 솜씨 드러낸다 네
할렐-루야 할렐루-야 할 렐루 야할렐루 야
이 세상모-두 주 를알리니 내잔이넘치나이
만 백성모-두 기 뻐춤추니
할 렐-루-야 할 렐루-야
다 ——— 내잔이 넘치나이 다

나는 여호와를 인하여
즐거워하며
나의 구원의 하나님을 인하여
기뻐하리로다
합(3:18)

247
주 그이름 거룩

248
GOD IS GOOD

With awe
Tom Shirey
두란노 번역
주 - 그이름 거룩 주 - 그이름
거룩하신 주 거룩 하신 주 그는
거룩하신 주 - 사랑해요 - 그
거룩한 - 이름높여찬 양 주 - 사랑해
요 - 그 거룩한 - 이름 높여찬 양

Graham Kendrick
God is Good 소리쳐 노래해 God is Good
찬양하라 God is Good 의심치않-네
God is Good 진리말 씀
그사랑을 생각 할 때에 찬양 부르네 난-
춤을 추네 은혜의보 좌로 담 대히 나아
갈 길을 주셨 네 -

너희는
여호와를 영원히 의뢰하라
주 여호와는
영원한 반석이심이로다
사 (26:4)

Sing!

249
거룩하신 주님

Bruce Clewett
다드림 번역

거룩하신주님 만-군-의 여호와---그
조귀

주님하신일-엔 불의가-없 네 -늘

인자-하-심이 아 침마 다새로 원

진-리를 지 키고-또 거-짓이 없으니-저

의-로우 시 지만-또 자비로우신 주님

하늘-도 주 께찬양하 네-

거-룩 오-거-룩 어제

조-귀 오-조-귀

오 늘 영원 변함 없-이 아

무 런흠 도 없으신 주 님의 그이름-

거룩 하 신 주-
조 귀

250
전신갑주 입고

Jamie owens Cdlins
두란노 번역

1. 전신 갑주입고-그땅에-가리라-전 쟁이주께-속했네
2. 어 둠의권세-내게다-가올때-
3. 주 님의보혈-나를일-으키리-

-그 아무것도-우릴해-치못해-전

너의 적들과만-날때두-려말라-

구 원이다가-온다담-대하라-

쟁이 주께-속했네-찬양해 영 광

조-귀 주님의힘-과능력-찬양

영 광 조-귀 주님의힘-과능력-

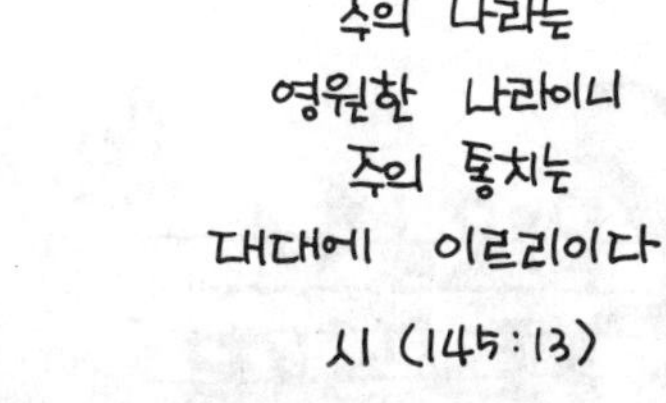

주의 나라는
영원한 나라이니
주의 통치는
대대에 이르리이다

시 (145:13)

251
우리 주의 성령이

252
져 높은 보좌에

Anonymous
Austin Martin
1. 우리 주의성령이 내게 임 하 여 주를
2. 우리 주의성령이 내게 임 하 여 손뼉
3. 우리 주의성령이 내게 임 하 여 소리
4. 우리 주의성령이 내게 임 하 여 춤을
찬 양합니 다 우리 다 찬양 합 니다 찬양
치 며찬양합니 다 우리 다 손뼉 치 면서 손뼉
높 여찬양합니 다 우리 다 소리 높 여서 소리
추 며찬양합니 다 우리 다 춤을 추 면서 춤을
합 니다 주를 찬 양합 니 다 찬양
치 면서 주를 찬 양합 니 다 손뼉
높 여서 주를 찬 양합 니 다 소리
추 면서 주를 찬 양합 니 다 춤을
합 니다 찬양 합 니다 주를 찬 양합니 다
치 면서 손뼉 치 면서 주를 찬 양합니 다
높 여서 소리 높 여서 주를 찬 양합니 다
추 면서 춤을 추 면서 주를 찬 양합니 다
저높 은보 좌 에 그 를앉히 사
뛰 어난이 름 지어주 신 하나 님 모 두무
릎 꿇 고 엎 드 려외 치 세 예 수님
나 의 주 영광 의 아들 예 수 그리스도
저높 은보 좌 에 그 를앉히 사
뛰 어난이 름 지어주 신 하나 님

253

우주 만물 창조하신

Graham Kendrick
두란노 번역

1. 우 주 만물 창 조 하신 하 나 님 아 버 지 와
2. 능 력으로 교 회 위에 임 하 신 주 성 령 님
성 령 으로 잉 태하신 아 들 을 믿 사 오 며
진 리 말 씀 열 방 중 에 우 리 를 보 내 시 네
우 리 죄 담 당 하 시 고 십 자 가 를 지 신 주
영 광 중 에 다 시 오 사 이 세 상 심 판 할 때
부 활 하 사 승 천 하 신 주 님 을 믿 나 이
모 든 백 성 주 님 앞 에 절 하 며 고 백 하
다 - 예 수 만 유 의 통 치 자 —
리 - 예 수 만 유 의 통 치 자 —
예 수 만 유 의 통 치 자 —
예 수 만 유 의 통 치 자 —
예 수 만 유 의 통 치 자
- 뛰 어 난 이 름 뛰 어 난 이 름
- 뛰 어 난 이 름 -

254

주의 사랑 주의 능력

Jude Del Hierro
예수전도단 번역

주 의 사 랑 - 주 의 능 력 - 더 욱 부 - 어 주 소 서
내 삶 가 득 - 주 님 으 로 - 더 욱 채 - 워 주 소 서
주 경 배 합 니 다 - 내 마 음 다 해 - - 주 경 배 합 니
다 - 내 뜻 을 다 해 — 주 경 배 합 니 다 - 내 힘 을 다 -
해 - 오 나 의 주 님 - 나 의 - 주 님

255

왕의 왕과 주의 주께

Naomi batya and
Sophie Conty
예수전도단 번역

♩ = 80 to 120

왕 의 왕 과 주 의 - 주 께 영 광 할 렐 루 야
왕 의 왕 과 주 의 - 주 께 영 광 할 렐 루 야
예 수 평 강 의 왕 께 영 광 할 렐 루 야
예 수 평 강 의 왕 께 영 광 할 렐 루 야

256
주 나의 은신처

시 32:7
M. Lender
주나의 은신처 날보호 하시며 또
구원의 노래로 날 에우시 리로 다 주를 의지
해 주를의지 해 오직그 능
Fine
D.C.
력으로 살기 원 합니 다

257
하나님 우리와 함께 하시네

예수전도단 번역
하 나님우리와 함께하시오니 주를 찬양하 세 —
우 리가 모일때 임하시는 주님 주를 찬양하 세
찬 양 찬 — 양 주를 찬양하 세 ———
찬 양 찬 — 양 주를 찬양하 세 —

258
기뻐하라 시온의 딸

♩ = 152
David Loden
두란노 번역
기뻐하라 시온의 — 딸 크 게외쳐라 이스라엘 — —
찬 양하라 온 맘으 — 로 오 예루 살 — 렘
Fine
1. 우 리죄용 서 하신주 — 님 원수멸하 셨 네
2. 너 의가운 데 함께하시는 능 — 력의 주 님
D.C. al Fine
이스라엘의왕 만 유의 — 주 우 리가운데 함 께하시네
너 로인하여 기 뻐하시며 즐 거운노래 부 르시리

PRAISE

주는 나의
은신처이오니
환난에서 나를 보호하시고
구원의 노래로
나를 에우시리이다 (셀라)

시 (32:7)

259
파송의 노래

수 1:9
요 16:33
고형원
너의 가는길-에주의평-강 있으라 - 평강 의 왕함께가-시
니 너의 걸음 걸음 주 인도하-시리 주의
강한- 손널이고-시 리 너의 가 는길-에주의축-복
있으리- 영광 의 주 함께가-시 니 네가
밟는모든땅- 주 님다스-리 리 - 너는
주 의-길예비케-되 리 - 주 님나라위-하
여 길떠 나는 나의형-제 여
주 께서가라-시 니 너는 가라 주의이름으로
- 거칠 은광야위에- 꽃 은 피어나고- 세상
은네안에서- 주님의 영광보리라- 강하고 - 담대하
라 세상 이기 신주 늘함 -께- 너와 동행- 하시
며 네게 새힘 늘- 주시 리 -

이것을 너희에게 이름은 너희로 네 안에서
평안을 누리게 하려함이라 세상에서는 너희가 환난을
당하나 담대하라 내가 세상을
이기었노라 하시니라

요 (16:33)

260
주의 이름을

주의이름을 나는 찬양하리라
온땅위에서 가장 높으신이름 - 름
주님을 찬양하리라 내맘을다해
주님을 찬양하리라 온정성다해 -

262
예수 예수 예수

Chris A. Bowater
두란노 번역

예 - 수 예 - 수 예 ─── 수 내
맘 을 녹이 셨 네 -
예 - 수 예 - 수 예 ─── 수 내
맘 을 녹이 셨 네 -

261
내 구주 예수님

Darlene Zschech
두란노 번역

내구주 예수님 주같은분-없-네
- 내평생에 - 찬양하리 - 놀라운주의
사 랑 을 위로자 되시며
피난 처되-신주님 - 나의영혼 - 온맘다해
- 주를 경배 합 니 다
온땅이여 -주님께 - 외쳐라 - 능력 과위-엄의왕
- 되신주 - 산과 바다-소리쳐 - 주의 - 이름
을 - 높이 리 - 주행한일-기 뻐노
- 래하며 - 영 원히 주님-을 사랑 -하리라-
신실 하신-주 의약 -속 나반-았네 - -

263
담대하라
송정미
담 대 하 라 하나 님 의 군 사들-아 하 나 님 승 리하 신
싸-움 에서 하 나 님의 말씀 으로 나 아 갈 때 하
나 님 너의 앞서 싸우 시리라- 두 손 들어 승 리하 신
하 나 님 찬양 정 의 위해 싸우시 는 하 나 님 찬 양
이 제 부 터 이루 실일 바 라 보 아 라 그 눈 우리위하 여
싸우 시 는 자 우리하나 님- 우리위 하여——
싸 우 시 눈 자 라
264
참 기쁜 노래
백승남
우리 함께 만 - 나 눈 - 기쁜 찬양 의 시 간 사랑
의 목 소리 들 려 오 눈 - 여기 귀 기울여 봐 - 요 -
빛 나는 눈 맑 은 미 소 - 로 우리 만날 때 마 다 사랑
스 - 럽게 - 무르 익어 가는 - 음 - 찬양의 - 열 매
하늘 문 이 열 리고 - 마음 문이 열 리 눈 —— 이 씨간
참 기쁜 노 래 - 를 - 우리 함께 나눠 요

여호와여 일어나소서 나의 하나님이여 나를
구원하소서 주께서 나의 모든 원수의 빰을 치시며 악인의
이를 꺾으셨나이다 구원은 여호와께 있사오니
주의 복을 주의 백성에게 내리소서
시 (3:7-8)

▪축복과 평안▪

어느 때나 하나님을 본 사람이 없으되
만일 우리가 서로 사랑하면 하나님이 우리 안에 거하시고
그의 사랑이 우리 안에 온전히 이루느니라(요한일서 4 : 12)

265
사랑하며

최인혁
세 - 상에 - 소중하고 - 귀 한 것 너무 많 지만 -
세 - 상에 - 아름답고 - 귀 한 것 너무 많 지만 -
주님께서 - 보내신 당 - 신은 - 정말 노 중 하 고 귀
주님께서 - 만드신 당 - 신은 - 정말 아 름 답 고 귀
- 해요 - 해요 저 하늘에 별 들 보다 - 들에
핀 꽃들보 다 저하늘 에 빛 나 는 태
- 양 보다 - 더 - 욱 아 름 답 고귀 - 해요 - 나는
당 신을 - 당 신을 - 영 원 한 주 의
사 랑으로 - 사랑 하며 - 사랑 하며 - 사랑
하며 - - 살 - 겠 어요 - -

266

왕국과 소명

우 리의 만남 은 주 님의은혜라 오
우 리의 모든 것 주 여인도하소 서
우리의 모임 은 주님의 축복이라 오 우리는
우 리의 모든 것 주 님께바치웁니 다 오나의
하 나님 영광 위 해 지 음받았으 니 우리를
하 나님 아버 지 여 당 신의 뜻대 로 오나의
하 나님 나라 위 해 충 성되게 하소 서 오
하 나님 아버 지 여 따 라살게 하소 서
주 여나의 소 명 항 상인도하소 서 오
주 여우리 소 명 항 상인도하소 서

268

복있는 사람은

시 1

이무하

저 눈시 냇가에 심 은나 무 라
시 절 을좇아 과 실을 맺 으며
그 잎 사귀가 마 르지않 음같이
그 행 사 가다 형 통하 리로다

267

시편 133편

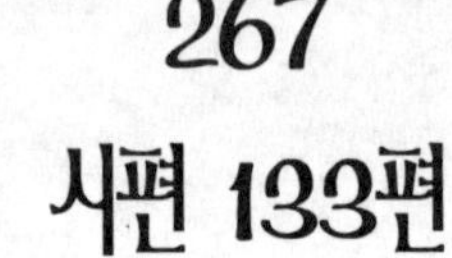
유인철 사
유주환 곡

우 리 가 하나되 어 함께 함 이
- 어찌 그리 - 선 하고아름다 운 지요 -
- 우 리 가 서 로 감싸며 사 랑한 - 다면 - - 약속됨
낮 추며 용 서한 - 다면
축 복이 - 엄 하시 - 리 라 - 우리 하 - 시 - 리
라 - 향기 로 - 기름이 흘 러흘 - 러 축 복의이 슬
이 - 시온을 적시며 - 차 고 - 넘 치네 - -
- 우 리 는 - 하나님 의 형상 - 귀 하고 - 아름 다
운 - 영원히 아름다운 - 시 - 온 의생명이 라 -

저는 시냇가에 심은 나무가
시절을 좇아 과실을
맺으며 그 잎사귀가 마르지
아니함 같으니

시 (1 : 3)

269
아름답게 하리라

곽상엽
지 금 우리 가- 주 님안에하나 가 되어-
- 바로 주님 이- 원 하시는뜻 대
-로- - 주님의 크 신영광- 높 이- 는
노 래가되어- 온세 상을- 아름 답게하-리라
- 지금 - 우리 모 두가
- 주를 노 -래하는 - 아름 다운-
소 리-로 하나 가되어 - 바로 이 곳
을 더욱 아 름답 게 아름답
게 하 리라 - -

270
주의 사랑 안에서

김성조
주의 사랑안 에서-우리는 - 모두 다 한 가족이죠
- 날마 다 - 사 랑을 나 누는- 그런
삶을- 살아봐요 - 주의 사랑안 에서- 우 리는
- 모두 다 한 마음이죠 - 날마 다 - 사 랑이
넘 치는- 사랑 의 샘이되어 요 우리
모 두다- 손에손을 잡 고 주의사랑- 나누어요
- 서로 를 용서하고 사랑나눌때
세 상은아름 다와요 - - 주의

271
셔로 용납하라

롬 15:7.6.
예수전도단 번역
서 로용납하 라 주 너 를용납함 같이
서 로용납하 라 주 너 를용납함 같이
우리 모두하나되어 주하나님아버지께 영광돌려드 리
세 서 로용납하 라 주 님 하신대 로,주
님 하신대 - 로서 로 용 납 하 - 여 라

273
갈릴리 호숫가에서

1. 갈릴 리 호수 가 에 서
2. 사마 리아 우물 가 에 서
주님 은 시몬에 게 물으셨 네
여인
사랑 하 는시몬 아 너날 사 랑하느 냐
여인
오 주 님 당신만 이 아십니 다

272
형제와 함께 사는 것

딤후 2:25
이윤수 번역
형 제 와 함께사 - 는 것 그
것 은아름다 - 운 것 우리 들은 한가족 - 예
수안 에서한가족 - 당신 을 사 랑 해

274
헤어짐 속에서

로뎀나무 이명남
하나 님앞에서 - 생활 할때 - 많은 만남과 헤어짐
그동 안정들었던 모든 사람 - 다시 만나기 힘들어
이 나에 게 - 추억으로 다가와 - 많은 그리움 - 안겨주 네
도 그러 나 - 소 - 망이 있어요 - 다시
만날 - 그소망 이 우리 생활이 - 떨어져 있어도 - 우리
마음은 - 늘함께 있어요 주님 안에서 - 다시 만날
그날까지 - 항상 진실하게 살아가 요

275
이날은 이날은

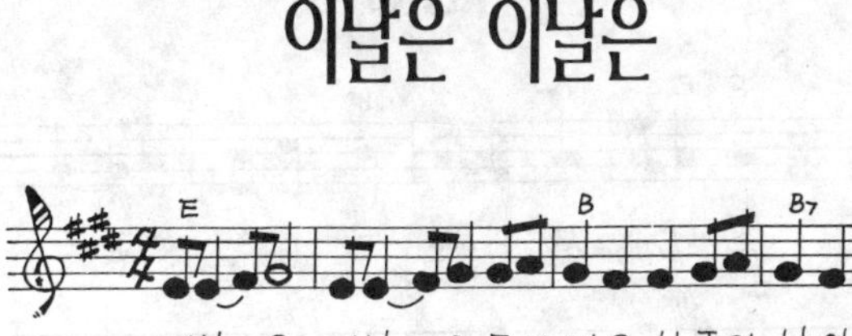
이날-은 이날-은 주의 지으신 주의 날일세
나의 모든 죄 사함 받은 날
우리 주님 이 부활 하신 날
성령 님께서 임하 시던 날

기뻐하고 기뻐 하며 즐거 워 하세 즐거 워하세

이날 은주 의-날일-세 기뻐 하고 즐거 워하-세
이날-은 이날-은 주의 날일 세

277
하나님은 우리를

시 67 : 1.2
김진호
하나님은 우리 를 긍 휼히 여기 사
우 리에게 큰복 을 쌓 아주 시- 네
그 얼굴빛 으로— 우리에게 비추 사—
주 님의구원을 온 세계에 알 리소- 서

276
하나님은 너를 지키시는 자

시 121
정성실
하나 님은 너를지키 시 는 자 너의 우 편에 그늘
되-시니- 낮의 해 와 밤의달- 도 너를
해치 못하리 - 하나 님 은 너를지키 시 는 자너의
환란을 면케 하-시니- 그가 너를 지키시리 라 너의
출입을 지키시리 라 눈을 들어 산을 보 아라 너의
도움 어디 서 오나 천지 지으신 너를
만드신 여 호와께 로- 다

278
사랑의 나눔

사 랑 의나 눔 있 는 곳 에
하 나님께 서 계 시도— 다

279
주의 사랑으로 사랑합니다

주의 사랑으로 사랑합니 다 주의
사랑으로 사랑합니 다 형제 안에 서 주의
자매
영광을 보네 주의 사랑 으로 사랑합니 다

281
주님의 그사랑이

류 주숙 곡
주님의 그 사랑이 늘 함께 있으라
주님의 그 은총이 항상 풍성 하여라
주님의 참 소망이 언제나 넘쳐라
주님의 그 기쁨이 영원히 네게 있으 라

너희가 서로 사랑하면
이로써 모든 사람이
너희가 내 제자인줄 알리라
요 (13 : 35)

280
사랑송

주 님께 서 주시는 그 사랑 으로 -
당 신을 사 랑합니 다 -
주 님께 서 주시는 그 축 복 으로 -
당 신을 축 복합니 다 - 형제의
삶 속에 주 영광 나 타날때 에 주님의
나 라가 임 하 리 - 자매의
삶 속에 주 사랑 나 타날때 에 주님의
구 원이 임 하 리 -

282
아버지여 우리는

시 133편
예수전도단 번역
아버 지여 우 리 는 - 하나 되었습 니 - 다 - 우리
가 서로 섬김 으 로써 - 하나 되었습 -니 다 -

283
사랑합니다

사 랑 합 니 다 - 형제 님 사랑
합 니 다 - 자 매 님 우리
모 두 한 마음 - 한뜻 으로 주의
나 라 이 루 어 요

285
모든 일이 끝나고

284
하나님의 큰 사랑이

최덕신
하나님 의큰 사 랑이 넘치는이날 에
우리의친구주 셨으니 감 사 합니 다
축하 해요 여러 분 만남 을 축하해 요
오 늘 은 주님께 서 당신 에게주신 날
하나님 의큰 사 랑이 넘치는이, 날 에
우리의친구주 셨으니 감 사 합니 다

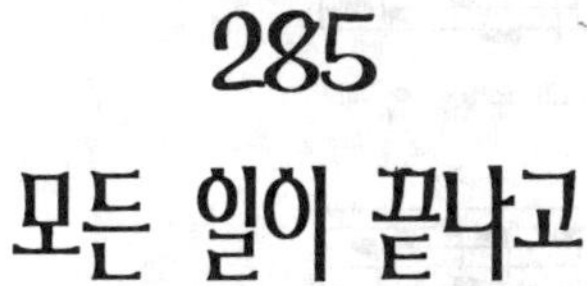

백승남
모든일이 - 끝나고 시작될때 주께기 - 도 해
주께감 - 사 해
주님 안에 - 우리가 하나되 - 어 주께기 - 도 해
주께감 - 사 해
모든일이 - 끝나고 시작될때 주를찬 - 송 해
주께맡 - 기 세
주님안에 - 우리가 하나되 - 어 주를찬 - 송 해
주께맡 - 기 세

내가 너를 보배롭고
존귀하게 여기고 너를 사랑하였은즉
내가 사람들을 주어 너를
바꾸며 백성들로
네 생명을 대신하리니

사 (43:4)

286

주만 바라볼찌라

하나 님 의 사 - 랑을 사모하는 자 하나
님 께 찬 - 양과 경배하는 자 하나
님 의 평 - 안을 바라보는 자 너의 모 든 것 창조하신
님 의 선하심을 닮아가는 자
우리 주님 이 너를 얼마나 사랑하시는 지 하나
자녀 삼으셨 네 하나 님 사랑 의 눈 으로 너를
어느때나 바라보시 고 하나 님 인자 한 귀로써 언제
나 너에게 기울어시 니 어두 움 에 밝은 빛을
비 춰 주시고 너의 작은 신음에도
응답 하시 니 너는 어느 곳에 있 - 든지
주 를 향하고 주만 바라볼 찌 라
라 주만 바라 볼 찌 라 -

▪ 특별 찬양 ▪

땅의 모든 끝이 여호와를 기억하고 돌아오며
열방의 모든 족속이 주의 앞에 경배하리니
나라는 여호와의 것이요 여호와는
열방의 주재심이로다(시편 22편 27절, 28절)

287
꿈이 있는 자유

정종원
나 비록- 힘이 들 고- 어려 움이 닥쳐 도
- 용기와- 소망을- 주는꿈 -이 있-다 오
- 여 기- 이순 간 까지- 나를
붙 잡아-주 고 - 끝없는 - 행복을
- 주는- 꿈 이있 는- 자유 -
어떤 시 련과-고 통 이 몰려와 도
- 나는 이길수-있 어 - 주 님 이 품으신
그 꿈을- 나 는 굳게믿 고 주 님이 만드실
세 상을- 나는 그 려 가 -며- 항상
- - 생-각하네 - - 나

288
나의 사랑이 되시는 주여

정 지홍

나의 사랑이- 되시는 주-여- 나의
기쁨이- 되시는 주-여- 크신 권능을- 나타내
시-어- 나의 영-을- 다스리 소 서 온땅
위'에- 왕되신 주-여- 이세 상에- 참빛되신
주-여- 엎드 리 어- 간구하 오-니- 내게
당신뜻을 가르 치소 서 내 입 술이- 당신을
찬양 하며 나의 온 몸이- 당신께 향 하니 나의
찬양을- 받으시 고 - 나의 온 몸을- 이끄소
서 나의 주-여- 나의 왕이여-
새 롭게 하-소 서 - 나의 주-여- 나의
왕이여- 새 롭게 하-소 서 -

289
내게 음악 주신 분

이유정

내게음악주신분 - 이기쁨의 노래 - 주님이주신
모두모여부르자 - 이기쁨의 노래 - 주님이주신
선물 - 높은하늘과 - 푸르 른저나무 - 모두 나의
선물 - 맑은하늘과 - 지저 귀는새들 - 모두 나의
노래 내게음악주신분 - 이사랑의 노래 - 주님이주신
노래 모두모여부르자 - 이사랑의 노래 - 주님이주신
선물 주님의사랑 - 그이 름의비밀 - 모두 나의
선물 주님의백성 - 그나 라의소망 - 모두 우리
찬 양 할 렐 루야 찬 양을 드리자 -
찬 양
나의영혼을다해 찬 양할 렐 루야 찬 양을 드리자 -
우리영혼을다해
나의영혼을다해 찬 양 내게음악주신분
우리영혼을다해 찬 양
- 영혼깊은 곳 흘러 나는 그 사랑을 - 그기쁨을 - 그
생명을 - 다 찬 - 양 해

290
볼찌어다

김지현

1. 볼 - 찌 - 어다 내가 문 밖에서서 두 드리노 니
2. 볼 - 찌 - 어다 그의 음 성을듣고 맘 문열 - 라
볼 - 찌 - 어다 내가 문 밖에서서 두 드리노 니 -
볼 - 찌 - 어다 그의 음 성을 듣고 맘 문열 - 라 -
누 구든지 내음성 듣 고 - 문 을열 면 -
주 의크신 사랑을 믿 고 - 문 을열 면 -
누 구든지 내 음성 듣 - 고 - 문 을열 - 면 - 내가
주 의크신사 랑을 믿 - 고 - 문 을열 - 면 - 나의
들 어가 그로더불어 먹 - 고 그 는 나로 더불어 살 -
하 나님 생명의반석 되시니 나와 항상 함께하 시 -
리 - 내가 들 어가 그로 더불어 먹 - 고
리 - 나의 하 나님 생명의반석 되 시니
그 는 나로 더불어살 리 나와 항상 함 께 하시
리 - 나의 하 나님 생명의반석 되 시니
나와 항상 함 께하시 - 리 - 나의 하 나님 생명의반석
되 시니 나와 항 상함께하시 리
나 와 항 상 함께하시 리

291
사람들에게

최인혁
세상 슬픔에 - - 시달 린 많은 사람
들 - 그들 에게 —— 무 슨 말로 위로
를 할수 있을 까 슬픔과 괴 로 움에
지친사 람 들 - 그들 에게 - - - 무 슨 말로 참
평안을 - 전할수있을 까 사람의 어떤말 로도
- - 그들 의 아 픔위로할 - 수 없고 -
세상의 어떤것 으로 - 도 - - 그들
에게 — 참된평안 전할수 없네 - 오직
예수 - 예수 - 예 수의 이름으 - 로 - 그들
의 영혼을 구할 수 있으며 - 오직 예수 - 예수 - 예
수의 사랑으 - 로 - 그들 에게 - 영원한위로가 - 되 리

292

아기예수를 보고

♩=63
노기돈
G G+ G6 G+ G D7
1. 양을 치는 목자들에게 한밤 중에 천사나타
2. 별을 보는 박사들에게 한밤 중에 별이 나타
G G G+ G6 G7 C C G D7
나 아기 예수 탄생 하-신- 기쁜 소식 전해주었
나 구주 예수 탄생 하-신- 복된 소식 알려주었
G (♩=66) Am7 D(add9) D7
네 기쁜소-식 듣고 목자들-은 서로 다
네 복된소-식 듣고 박사들-은 서로 낙
G Gmaj7 Em7 Cmaj7 Am7
투 -어달려 갔네 아기 예수나신- 베들
타 -로달려 갔네 구주 예수나신- 베들
D7 G Gmaj7 G7 (♩=63) C
레헴으로- 달 렸네- 마 굿-간에 - -서
레헴으로- 달 렸네- 마 리아품에 - -서
G Em Am
- 아기예수 - -를 보고 - 그들 은 모두
- 아기예수 - -를 보고 - 그들 은 꿇어
D7 G Gmaj7 G7 C
- 경배 했네 - 꼴 위에자 - -는
- 절하 였네 - 구 유에누 - -신
G Em
- 아 기 예수 - -를 보고 - 그들
- 아 기 예수 - -를 보고 - 그들
Am D7 G
은 기뻐 - 찬양 했네 - -
은 예물 - 을드 렸네 - -

293

여호와는 나의 목자시니

시편 23편
최덕신 곡
여호와 는 나의 목자시 니 내가 부족함
이 없으리 로 다 그가 나 를
푸른 초 장-에 누이 시 며 쉴만한 물가으 로인
도 하시는 도-다 - 내-영혼 소-생시
키시 고 자기이름 위하여 의-의 길-로 인
도하시는도 다 - 내가 사 망의- 음침한
골짜기- 다닐찌 라-도- 해를두려 워않음은 주께
서 나와 함께- 하-심이 라 -
나의 평생-에 선 하심 과 인 자하
심-이 나를따 르리니 내가여 호 와집에
영원토 록 거하리 로 다 알렐루
알 렐루- 야 — 아 —
멘 - 아 - 멘 -
아- —멘 아 - —멘 아
- 멘 - 아 - 멘 -

여호와는 나의 목자시니
내가 부족함이
없으리로다
시 (23:1)

294
예수 그분은

•작사·곡 천민찬
예-수- 그분은 누구신-가 예-수- 그분은누구신-가
예-수- 그분은누구신 - 가 예-수- 오
-예-수 — 그분은- 그분은- - 예-
수 그분은누구신가 - 예-수 그분은 누구신가
- 그는 주 그는 주 그는 왕 — 그는
왕 — 예-수 그분은 누구신가 - 예수
수 그분은누구신가 - 그는 주 그는 주 그는
왕 — 그는 왕 — 살아 계신주 - 살아 계신왕 -
할렐루야 할렐루야 내가주-를 찬 - 양하리
-내입술 -로주를찬양하리 —— 호산 나 —
할렐루 -야우-우 -내가주 -를 찬 - 양하리 —
그는 주 그는 왕 — 그는
우 리예수 —— 찬양하 - 라 호산 나
오 — 그는 주 그는
왕 그는 주 그는 왕

밑음의 주요 또 온전케 하시는 이인
예수를 바라보자 저는 그 앞에
있는 즐거움을 위하여
십자가를 참으사 부끄러움을 개의치
아니하시더니 하나님 보좌 우편에
앉으셨느니라
히 (12 : 2)

295
그이름

송 명희 사
최 덕신 곡
예 수 - ' - 그 이 름 - 나 는
마음에 - 새겨진 이 - 름 은 - 아 름 - 다
- 말할수 없 네 - 그 이름 - 속에있는
운 보 석 - 내 게 있는 - 귀한비
비 밀 을 그 이름 - 속에있는 사 랑을
밀이라 - - 내 마음에 - 숨겨진 기 쁨
- 그 사 랑을 - 말할수 없 어서 - 그
- 예 수 - 오 - 그 이 름 - 나
풍 부함 - 표현못 해서 - 비 밀이
는 말할 수 없 네 - - 그 이 - 름의 비 밀
- 되었네 그 이 름 비 밀이 - 되- 었
을 - - 그 이 - 름의 사 랑 을 -
네 - 사 람들 그 - 이름 건 축자
의 - 버린 돌 처럼버려진 자 만
사랑은 여기 있으니 우리가 하나님을 사랑한
것이 아니요 오직 하나님이 우리를 사랑하사 우리
죄를 위하여 화목제로 그 아들을
보내셨음이니라
요일 (4:10)

296

귀한 이름 예수

노 기동
♩=63
1. 예수 나의 주님 세상에서 가장 귀한
2. 예수 나의 주님 사람들의 비밀 이된
이름 오 예 수 나의 생명
이름 오 예 수 나의 기쁨
예 수 나를구원하시려 사람의 몸을 입으
예 수 나를섬기기위해 자기를 친히 낮추
시고 이 세상에 태 어나신 예
시고 종 의형상 덧 입으신 예
수 예수 나의 주님 사람에게 비밀
수 예수 나의 주님 하나님의 지혜
이된 이름 오 예 수 나의 소
이신 이름 오 예 수 나의 찬
망 예 수 내게영생주시려 십자가
송 예 수 내게평화주시려 모두고
에 매 달 린 그리스도 귀
통 담당 하신
한이름 예 수 수
예 수 내게평화주시려 모두고
통 담당 하신 그리스도 귀
한이름 예 수

297
모든 것 되시는 주님

백승남
예수님은 - 나 - 의 - 모든것 되 - 시어 -
늘 바른길로 - 오직한길 - 로 인도하시 네
예수님은 - 나 - 의 - 모든것되 - 시어 -
가 르치시며 - 서로나누 - 라 말씀하 - 시
네 - 우리 모두다주 - 찬양 -
사랑나누 며 - 크고 작은만물 - 들 아 - 다
주께 찬양해 - - 모 든 것 되
신 그 - 이 름 영 광과찬송 주님께 - 모두
모 두드 - - 리 리 놀 라 운 예
수 그 - 이 름 영 광과 찬 송
주 님께 - 모두 모 두드 - 리 리
리 모두 모 두 드 - 리 리 -
주 께 드 - 리 리 -

내가 낙헌제로 주께 제사하리이다
여호와여 주의 이름에 감사하오리니 주의 이름이
선하심이니이다

시 (54 : 6)

298
왕께 찬양해

· Liberamente
(♩ = Ca. 120)
·작사·곡 Gray Parette
1. 왕 만 — 왕의 왕 주 평 — 화의 주
2. 죄 가 — 득 찬 세 상 날 삼 — 키려하 나
빛 온 - 세상의 빛 만물을 지으 신 주 - 를 찬양
주 나 - 를 위하 여 죄악을 이겼 네 승전가 울리
해 오 오 해와달도 - 주를 찬양하네 - 들의
세 오 오 해와달도 - 주를 찬양하네 - 들의
나무 들도 - 손뼉 쳐 산과 언덕들도 - 왕께 경배하네 -
찬양 찬 - 양하라 - 왕 께찬 - 양 해
우리가잠 — 잠 할지라도 - 찬양은 울 - 리 리
라 저 바위들도 - 영광 선포하네 - 주 앞에 모두
— 나 와 왕 께찬 - 양 해

왕 만 — 왕의 왕 주 평 — 화의
주 빛 온 - 세상의 빛 만물을 지으
신 주 - 를 찬양 해 오 오 해와달도 - 주를
찬양하네 - 들의 나무 들도 - 손 뼉 쳐 산과
언덕들도 - 왕께 경 배하네 - 찬양 찬 - 양 하라
— 찬양 찬 - 양하라 - 찬양 찬 - 양 하 -
라 왕 - 께찬양 해 —

하나님이여 주의 생각이 내게
어찌 그리 보배로우신지요 그 수가 어찌
그리 많은지요 내가 세려고
할지라도 그 수가
모래보다 많도소이다 내가 깰 때에도
오히려 주와 함께 있나이다

시 (139 : 17. 18)

299
하연이에게

한 웅재

우 리가- 간직 -해야할- 소 중한것있 -다 면
- 내 삶을- 누군 -가에게- 나
뉘 줄 수있-는 것 - 약 하고- 어리
- 석은- 나 자신을 볼-다해도 -
그 모습- 그대 -로를- 사 랑할수있-으 며
비 교하기보-다 는 - 나
내 안에-숨-겨 진- 큰

자신을 가 -꿔가고 - 우 리를 사랑 -하신그
비밀을 발 -견하고 - 그 소중한꿈 -안에내
-분을 믿 -으며 - - 외
-삶을 이-루 며 - - 삶에
로운 사 -람들 - 품에 안아줄 수 -있 도록
지친 사 -람들 - 찾 -아와쉬어 -가 도록
우 리 맘속 -에 소 중한것 -을 간
우 리 맘속 -에 누 군 가의자 -리 남
직하며살-아요 - 겨두며살-아 요
- 사 랑하며살-아 요 -

또 새 영을 너희 속에 두고 새 마음을 너희에게 주되
너희 육신에서 굳은 마음을 제하고 부드러운
마음을 줄 것이며

겔 (36 : 26)

300
주님만을 사랑합니다

♩ = 64
Karen Baty
주의얼 굴 - 바라봅 니다 주님음 성 - 듣게하소
서 내맘속 에 -울리눈 기도 주님만 을 -사랑합니
다 나의맘 이 -심히괴 롭고 아무것 도 -볼수없을
때 나의믿 음 -지켜주 소서- 주님만 을 사랑합니
다 아픔과 고 -통이와 도 내생명 주 -께드리
리 성실하 신 -주손으 로 나를붙 드소 서
- 나의맘 이 -방-황 하며 나의욕 심 -이헛되
고 모든것 이 -사라져 가도 주님만 을 -사랑합니
다 사랑합니 다 -

301
나 누구이기에

시 H.S. Rice
곡 노기동
♩=63
크 고작-은 만물속-에 하나님 의손-길 드러
당신 의섭 리다-이루 시 -니 -
내 -니 - 어디 서나 무엇이 -나
죄없으신 - 그아들 달 리신 - 십자가로 -
끝 없이 오묘하 -신 솜씨 -
나의구원얻게하셨는 가 죄인 들 깨끗함얻게
온 갖 사랑스런모습으 -로 소리 로 땅과하 -늘의
하 시어 - 나같은 자 하나님의 자녀
하나님을 - 선포하 -는 봄의숲 한기 적속에
삼 으시 -니 -저 -하 늘 본 향의 -영생
서 혼자묻느니 나 누구이기에 -
내려 시려고 -예수 고 난당하셨 는 가
하 나님 -은 외아들 -을 보 내시어 -

나 여호와가 너를 항상 인도하여 마른 곳에서도
네 영혼을 만족케 하며 네 뼈를 견고케 하리니 너는
물댄 동산 같겠고 물이 끊어지지 아니하는 샘
같을 것이라
사 (58 : 11)

302

내일 일은 내일 염려하라

작사. 곡 이성균
내일일 - 은 - 내일 염려하라 -
한날 괴로움은 그날 - 에 - 그날에족 - 하 - 니
피곤한 하루 - 힘겹게 지나 가 - 고 -
또 다른날이 하얗 - 게 - 다 가서는데 -
2nd Time
16 마디 간주
번잡한 생각 - 생각이 너무 많 - 아 -
내 마음 뒤척 - 이 - 며 - 쉬지 못할 때 -
따뜻한 그 손 내 - 려 - 와 - 젖은 내 이마쓰 - 다듬고 - 이제는
내일일 - 은 - 내일 염려하라 -
한날 괴로움은 그날 - 에 - 그날에족 - 하 - 니
내일일 - 은 - 내일 염려하라 -
한날 괴로움은 그날 - 에 - 그날에족 - 하 - 니
- 그만쉬 - 라 - 고 - 다정히 토닥 여주 - 네 -

그는 곤고한 자의 곤고를 멸시하거나 싫어하지 아니하시며
그 얼굴을 저에게서 숨기지 아니하시고 부르짖을
때에 들으셨도다

시 (22 : 24)

303
물고기가 살 수 있도록

하나님께서는 - 우리들에게 - 아름다운 하늘을
하나님께서는 - 우리들에게 - 맑은 파란 물을
주 - 셨지만 - 우리들의 하늘은 - 매 - 연으로 -
주 - 셨지만 - 우리들의 강물은 - (온갖) 폐 - 수 - 로 -
매일 어두워갔 - 죠 -
매일 오염됐갔 - 죠 - 하나님께서는 -
우리들에 - 게 - 아름다운자 - 연 - 을 주 - 셨지만 -
우리들의자 연은 - 온갖 욕심으로 매일 파괴되갔
- 죠 - 우리 모두 - 하나님이 - 주신 밤 하늘에 -
별을볼수있 - 도 록 우리 모두 - 하나님이 - 주신
맑은물에 - 물고 기가 살 - 수있도 - 록 -
우리 모두 - 하나님이 - 주신 밤 하늘에 -
별을볼수있 - 도 록 우리 모두 - 하나님이 - 주신
맑은물에 - 물고 기가 살 - 수있도 - 록 -
하나 - 님이 - 주신 밤 하늘에 - 별을볼수있 - 다면
날 마다 하나님이 주신 맑은물에 - 물고
기가 살 - 수있다 - 면 - 주 께서주 - 신 - 세상을
만 들어 - 가요 - 주님주신그 - 대 - 로
더이상다 - 른 - 실수는 하지말 - 아요 - 좋은세상위하
- 여 - - 우리 모두 - 하나님이주신 밤 하늘에 -
별을 볼수있 - 도 - 록 - 우리 모두 - 하나님이 주신
맑은물에 - 물고 기가 살 - 수있도 - 록 - 우리
Guitar Solo edlib

304
골목길 걸을 때

작사·곡 이성균
한걸음 두걸음 - 골목길 — 걸을때 -
들려오는 — 찬양 소 - 리에 -
어깨를 흔들며 - 밤하늘 - 보며는 -
우리주님 네온 십 -자가 -
아무리 바라-보-고바라 보 - -아도 -
그사랑 알 수 가없 - 어
기쁜날을 주신 - 나의 예 - -수님 -
나항상 흥에 -겨 워요 — - -
나눈예 수님이 -정말로 - -좋아요 -
나항상 사랑 -할 — 래요 —
2nd Time To
한걸음 두걸음 - 골목길 — 걸을때 -
들려오는 — 찬양 소 —— 리에 -
어깨를 흔들며 - 밤하늘 - -보며는 -
우리주님 네온 - 십 -자가 ——
아무리 바라-보-고바라 보 —아도 -
그 사랑 알 수 가없 - 어 Um ——
기쁜날을 주신- 나의 예 - -수님 -
나항상 흥에 - 겨 워요 — - -
나눈예 수님이 -정말로 - -좋아요 -
나 항상 사랑 -할 - -래요 —

비전북은 줄과춤 도서출판 와 하늘사다리 가 연합하여 설립한 출판사로서

오직 믿음으로만 살았던 개혁 신앙을 계승 발전시키고

다시 오실 주님의 길을 예비하는 마음으로 21세기에도 역동적인 신앙을 세우는데

꿈과 비전을 품고 예배와 삶의 일치를 이루는 출판 공동체입니다.

프레이즈 합본1집

편자 : 편집부 / 악보정사 : 박아영

발행처 : 비전북출판사

전화 : (02)966-3090 / 팩스 : (02)3293-6620

공급처 : 비전북

전화 : (031)907-3927 / 팩스 : (080)403-1004

값 7,000원